班组长
管理基础知识

韦建华　编著

"理论+方法+工具+模板"四位一体

· 向班组长提供 ·
管理技能提升方案

中国劳动社会保障出版社

图书在版编目(CIP)数据

班组长管理基础知识/韦建华编著．—北京：中国劳动社会保障出版社，2013

班组长职业能力提升系列丛书

ISBN 978-7-5167-0173-7

Ⅰ.①班… Ⅱ.①韦… Ⅲ.①班组管理 Ⅳ.①F406.6

中国版本图书馆 CIP 数据核字(2013)第 028489 号

中国劳动社会保障出版社出版发行

(北京市惠新东街1号 邮政编码：100029)
出 版 人：张梦欣

*

北京鑫海金澳胶印有限公司印刷装订　　新华书店经销

880 毫米×1230 毫米　32 开本　8.75 印张　230 千字
2013 年 2 月第 1 版　2024 年 8 月第 9 次印刷
定价：25.00 元
营销中心电话：400-606-6496
出版社网址：http://www.class.com.cn

版权专有　侵权必究

如有印装差错，请与本社联系调换：(010) 81211666
我社将与版权执法机关配合，大力打击盗印、销售和使用盗版图书活动，敬请广大读者协助举报，经查实将给予举报者奖励。
举报电话：(010) 64954652

"班组长职业能力提升系列丛书" 序言

班组长是企业生产管理的直接指挥者和现场组织者,是企业与生产员工主要的沟通桥梁,也是企业最基层的负责人。班组长管理水平的高低直接影响班组的效率和士气,从而影响企业产品的生产进度、质量以及生产安全等。

相信不少班组长在工作的过程中,都遇到过以下几大类问题:有计划无调度、紧急订单生产无秩序、生产线不均衡、现场管理混乱、工艺准备不充分、防呆措施不充分、设备维护不到位、生产效率低下、质量问题层出不穷……

"班组长职业能力提升系列丛书"力图为企业及生产一线的班组长解决上述困扰,全面阐述班组管理的实用知识与技巧,并提供了"拿来即用"的制度、方案、表单等工具,以帮助企业打造一支高士气、高效率、零缺陷、低损耗的班组。

本系列丛书具有以下三大优势。

一、知识体系健全

在生产现场,班组长的主要任务是交货期管理 D (Delivery)、成本管理 C (Cost)、质量管理 Q (Quality)、设备管理 M (Machine)、安全管理 S (Safety)、班组员工与劳务管理 H (Human)。"班组长职业能力提升系列丛书"按照这一体系进行分册编写,全面阐述了班组长管理基础知识、现场管理知识、安全管理知识、成本管理知识、质量控制知识、设备管理知识等,内容针对性强,适合开展班组长专题培训时使用。

二、突出行业班组的特殊性

在不同的行业中,班组长的工作方式、工作重点差别很大。因此,专业化、行业化的班组图书才能更好地适应不同行业班组的真正需要。"班组长职业能力提升系列丛书"根据这一需求,特别针对冶金、电力等特殊行业的班组安全管理,单独重点编写,有利于特殊行业的班组借鉴使用。

三、理论方法与实战工具相结合

"班组长职业能力提升系列丛书"突破了以前单品种班组长培训图书只讲理论方法的局限性,将理论知识与班组长的工作实践相结合,在阐述班组管理理论知识与方法的同时,还提供了大量的制度、方案、案例、表单等工具模板,真正做到了实际、实用,不仅有利于班组长建立健全自身的知识体系,还可以在实际工作中"拿来即用"或"稍改即用"。

所以,本系列丛书既可以作为企业实施生产班组管理的指导手册,也可以作为班组长进行自我培训的指导用书。

前言

"班组长职业能力提升系列丛书"第一批共推出8本,《班组长管理基础知识》是其中的一本。班组是企业组织生产经营活动的基本单位,是企业最基层的生产管理组织。企业的所有生产活动都是在班组进行的,所以,班组工作质量直接关系着企业生产经营的绩效。

企业班组长作为班组的直接领导者,其业务与管理技能的娴熟程度、管理水平的高低将直接影响生产进度、产品质量、班组士气等一系列的问题,从而对企业的生产经营产生重大影响。

本书以班组长必备的技能与职业素养为主线,详细叙述了班组长在班组管理中会用到的业务技能、管理技能以及技能养成的方法与实用工具。全书具有以下三大特点。

一、内容全面实用

本书从企业班组长进行班组管理的实际出发,详细阐述了班组长的角色认知、目标管理、沟通管理、督导管理、绩效管理、团队管理、压力管理、业务管控、自我管理、人际管理、问题解决共11大技能提升的基础知识,并针对各种管理技能的提升提供了实用工具与对策。

二、图文并茂便于阅读

本书集结了作者多年在企业指导、咨询过程中实际运用的资料和工具,其最大的特点就是以图文并茂的形式,将理论与实践密切结合,既生动地介绍了生产现场的相关理论,又将与生产一线紧密相关的案例、经验介绍给读者。

三、实战工具便于使用

因书中给出的图表、制度、方案、案例、工具大部分都是在作者生产现场实际经过演练和操作的，所以读者只需根据本企业的实际稍加改动或"拿来即用"，就可以让它们在生产现场的管理工作中发挥作用。

在本书编写的过程中，董连香、刘井学、程富建、刘伟、董建华负责资料的收集和整理，赵帅、董芳芳、任玉珍、李苏洋、廖应涵负责图表的编排，杨彩负责编写了本书的第一章，池永明负责编写了本书的第二章，姚小风负责编写了本书的第三章，刘柏华负责编写了本书的第四章，金成哲负责编写了本书的第五章，薛显东负责编写了本书的第六章，杨晓溪负责编写了本书的第七章，杨雪负责编写了本书的第八章，孙玖凡负责编写了本书的第九章，王胜会负责编写了本书的第十章，程淑丽负责编写了本书的第十一章，全书由韦建华统撰定稿。

准正锐质生产管理咨询中心
2012 年 12 月

内容提要

这是一本关于企业实施生产班组管理的指导手册,是班组长进行自我培训、提升自身管理技能的指导用书。

本书从企业班组长进行班组管理的实际出发,详细阐述了班组长的角色认知、目标管理、沟通管理、督导管理、绩效管理、团队管理、压力管理、业务管控、自我管理、人际管理、问题解决共11大技能提升的基础知识,并针对各种管理技能的提升提供了实用工具与对策,理论性、实操性两者兼具。

本书适合企业生产部管理人员、人力资源部或培训部人员、生产现场管理人员(班组长、线长、拉长、工段长等)以及生产管理领域的人员研究、阅读和使用。

CONTENTS 目 录

第1章 班组长的角色认知 ································· 1
1.1 班组长的管理认知 ································ 1
1.1.1 班组长的地位认知 ························· 1
1.1.2 班组长的职业使命 ························· 2
1.1.3 班组长的素质体系 ························· 3
1.2 班组长的业务认知 ································ 5
1.2.1 班组长的职责定位 ························· 5
1.2.2 班组长的业务体系 ························· 10

第2章 班组长的目标管理 ································· 12
2.1 班组长的目标设定 ································ 12
2.1.1 目标设定的原则 ···························· 12
2.1.2 目标设定的程序 ···························· 14
2.1.3 目标设定的问题 ···························· 16
2.1.4 目标设定的工具 ···························· 17
2.2 班组长的计划管理 ································ 20
2.2.1 如何制订计划 ······························· 20
2.2.2 如何应对变化 ······························· 21
2.2.3 计划制订工具 ······························· 23
2.3 班组长的时间管理 ································ 26
2.3.1 如何规划自己的时间 ····················· 26
2.3.2 如何有效地利用时间 ····················· 28
2.4 班组长的目标执行 ································ 29
2.4.1 如何控制目标执行 ························· 29

I

2.4.2　如何进行有效弥补 ··· 32
第3章　班组长的沟通管理 ··· 36
　3.1　班组长的倾听技巧 ··· 36
　　3.1.1　听不一定是倾听 ··· 36
　　3.1.2　有效倾听的方法 ··· 37
　　3.1.3　有效倾听的技巧 ··· 39
　3.2　班组长的表达技巧 ··· 42
　　3.2.1　选取表达的方法 ··· 42
　　3.2.2　高效表达的技巧 ··· 44
　3.3　班组长的反馈技巧 ··· 49
　　3.3.1　有效反馈的标准 ··· 49
　　3.3.2　反馈的技巧 ··· 51
　3.4　班组长的沟通技巧 ··· 53
　　3.4.1　与上司的沟通技巧 ··· 53
　　3.4.2　与下级的沟通技巧 ··· 55
　　3.4.3　与同级的沟通技巧 ··· 57
第4章　班组长的督导管理 ··· 59
　4.1　用制度去管理人 ··· 59
　　4.1.1　了解制度的作用 ··· 59
　　4.1.2　了解制度的体系 ··· 60
　　4.1.3　起草有效的制度 ··· 61
　　4.1.4　完善制度的体系 ··· 62
　4.2　用流程去管理事 ··· 64
　　4.2.1　认识流程的作用 ··· 64
　　4.2.2　流程设计的知识 ··· 65
　　4.2.3　流程设计的范例 ··· 68
　　4.2.4　流程优化的案例 ··· 70
　4.3　在现场监督指导 ··· 75
　　4.3.1　如何现场监督 ··· 75

- 4.3.2 如何有效指导 …… 77
- 4.3.3 如何有效改进 …… 79

第5章 班组长的绩效管理 …… 81
5.1 班组长的激励管理 …… 81
- 5.1.1 员工激励需求分析 …… 81
- 5.1.2 有效激励员工方法 …… 84

5.2 绩效考核指标量化 …… 84
- 5.2.1 考核指标量化方法 …… 84
- 5.2.2 班组量化指标大全 …… 89

5.3 绩效考核执行管理 …… 93
- 5.3.1 考核方案的设计 …… 93
- 5.3.2 绩效考核的程序 …… 101
- 5.3.3 直面绩效考核问题 …… 101

5.4 绩效考核结果管理 …… 102
- 5.4.1 绩效考核结果评估 …… 102
- 5.4.2 绩效考核面谈技巧 …… 103
- 5.4.3 绩效考核结果应用 …… 105

第6章 班组长的团队管理 …… 108
6.1 班组长的团队建设 …… 108
- 6.1.1 团队角色定位分析 …… 108
- 6.1.2 团队需要的8种人 …… 110
- 6.1.3 团队如何进行协作 …… 113

6.2 如何化解团队冲突 …… 115
- 6.2.1 团队冲突原因分析 …… 115
- 6.2.2 有效化解团队冲突 …… 117

6.3 班组长的育人管理 …… 120
- 6.3.1 培育下属的方法 …… 121
- 6.3.2 培育下属的技巧 …… 123

6.4 班组长的纪律管理 …… 127

- 6.4.1 团队纪律的制定 ·· 127
- 6.4.2 团队纪律的执行 ·· 130

第7章 班组长的压力管理 ·· 134
- 7.1 班组长职业压力 ·· 134
  - 7.1.1 班组长的职业规划 ·· 134
  - 7.1.2 班组长的职业危机 ·· 136
  - 7.1.3 班组长的职场压力 ·· 139
- 7.2 班组长压力化解 ·· 144
  - 7.2.1 寻找并分析压力源 ·· 144
  - 7.2.2 有效化解压力方法 ·· 147
  - 7.2.3 预防压力产生方法 ·· 149

第8章 班组长的业务管理 ·· 153
- 8.1 物料管理 ·· 153
  - 8.1.1 物料需求确定方法 ·· 153
  - 8.1.2 物料存储管理方法 ·· 153
  - 8.1.3 物料使用管理方法 ·· 155
  - 8.1.4 物料防护管理方法 ·· 156
- 8.2 设备管理 ·· 157
  - 8.2.1 设备操作管理方法 ·· 157
  - 8.2.2 设备养护管理方法 ·· 160
  - 8.2.3 设备故障原因分析 ·· 161
  - 8.2.4 设备故障管理方法 ·· 163
- 8.3 质量管理 ·· 164
  - 8.3.1 质量检验方法 ·· 164
  - 8.3.2 质量控制方法 ·· 165
  - 8.3.3 质量改善工具 ·· 166
- 8.4 安全管理 ·· 169
  - 8.4.1 安全预防管理方法 ·· 169
  - 8.4.2 安全事故处理方法 ·· 172

- 8.5 成本管理 ·········· 175
  - 8.5.1 成本管理内容 ·········· 175
  - 8.5.2 成本控制方法 ·········· 178
- 8.6 现场管理 ·········· 181
  - 8.6.1 现场管理内容 ·········· 181
  - 8.6.2 现场管理方法 ·········· 182
- 8.7 工具管理 ·········· 188
  - 8.7.1 工具管理分类 ·········· 188
  - 8.7.2 工具摆放方法 ·········· 190
  - 8.7.3 工具使用管理 ·········· 190
- 8.8 班会管理 ·········· 192
  - 8.8.1 班前会的作用 ·········· 192
  - 8.8.2 班后会的作用 ·········· 193
  - 8.8.3 如何开好班前班后会 ·········· 193

第9章 班组长的自我管理 ·········· 196
- 9.1 班组长的职业素质 ·········· 196
  - 9.1.1 态度意识 ·········· 196
  - 9.1.2 责任意识 ·········· 197
  - 9.1.3 安全意识 ·········· 199
  - 9.1.4 成本意识 ·········· 200
  - 9.1.5 服务意识 ·········· 201
- 9.2 班组长的自我认知 ·········· 202
  - 9.2.1 自我分析 ·········· 202
  - 9.2.2 自我定位 ·········· 205
  - 9.2.3 自我改善 ·········· 207
- 9.3 班组长的能力提升 ·········· 208
  - 9.3.1 目标设定能力 ·········· 208
  - 9.3.2 情绪管理能力 ·········· 210
  - 9.3.3 持续学习能力 ·········· 213

9.3.4 总结分析能力 ································· 215
9.3.5 自我调整能力 ································· 216
9.3.6 业务精进能力 ································· 217

第10章 班组长的人际管理 ································· 220
10.1 内部人际关系的处理 ································· 220
10.1.1 如何与上级搞好关系 ································· 220
10.1.2 如何与下级搞好关系 ································· 221
10.1.3 如何处理好班组长之间的关系 ································· 224
10.1.4 如何处理好与协作部门间的关系 ································· 225
10.2 建立良好的对外关系 ································· 227
10.2.1 与供应商建立良好的关系 ································· 227
10.2.2 与设备商建立良好的关系 ································· 228
10.2.3 与协作单位建立良好的关系 ································· 230
10.2.4 与客户单位建立良好的关系 ································· 231
10.3 化解人际交往中的冲突 ································· 233
10.3.1 冲突发生的原因 ································· 233
10.3.2 解决冲突的模式 ································· 236
10.3.3 解决冲突的步骤 ································· 237

第11章 班组长的问题解决 ································· 239
11.1 认识班组问题 ································· 239
11.1.1 什么是问题 ································· 239
11.1.2 班组存在的问题 ································· 241
11.1.3 分析问题的思维 ································· 242
11.1.4 问题解决的步骤 ································· 245
11.1.5 问题解决的注意事项 ································· 249
11.2 问题分析与解决工具 ································· 251
11.2.1 问题分析的工具 ································· 251
11.2.2 问题解决的方法 ································· 260

第1章 班组长的角色认知

1.1 班组长的管理认知

1.1.1 班组长的地位认知

班组是企业组织生产经营活动的基本单位,是企业最基层的生产管理组织。企业的所有生产活动都是在班组中进行的,所以,班组工作的好坏直接关系着企业生产经营的绩效。而企业班组长作为班组的直接领导者,其业务与管理技能的娴熟程度、管理水平的高低将直接影响生产进度和产品质量等,从而对企业的生产经营产生重大影响。

由此可见,班组长在企业生产经营过程中的地位很重要,也比较特殊,主要特点是职位不高但是责任很大。他们不仅承担班组领导责任,是班组管理的直接指挥者和组织者,也是企业最基层的负责人。

1. 班组长地位展示图

为了更清晰地了解班组长的地位,可以用图来展示,具体如图1—1所示。

2. 班组长地位的具体表现

班组长作为企业生产经营最基层的管理者,是企业与生产员工的主要沟通桥梁,这种桥梁关系主要表现为既是上级领导的各项计划、政策的执行者,又是基层员工的领导者和指挥者。他们在生产经营过程中的地位具体表现为6个方面,如图1—2所示。

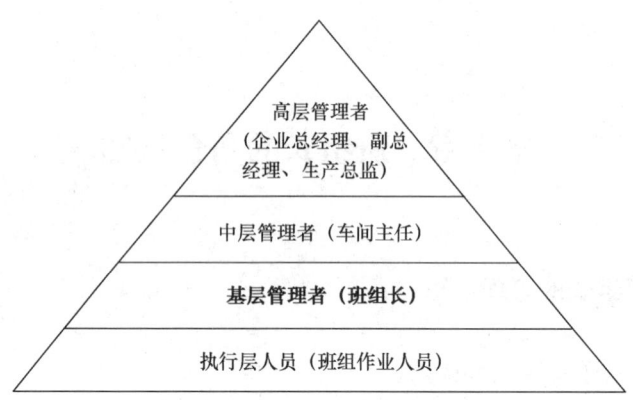

图1—1 班组长地位展示图

地位表现	具体表现
班组的当家人	○ 班组长是班组的主心骨，贯彻执行上级的各项指令、任务，组织研究和解决生产、生活中的疑难问题，统一协调班组活动
班组的代言人	○ 班组长代表班组向上级反映班组出现的问题、希望提供的支持等
班组工作的指挥者	○ 直接带领和指挥班组成员从事生产工作，完成生产任务并遵守劳动纪律
生产的组织者和参与者	○ 组织班组成员进行生产作业，制订各种具体生产目标和计划，参与生产作业的现场指导与示范
班组建设的组织者	○ 通过员工建设，带出一支有理想、有道德、有文化、有纪律、有技术的员工队伍
上级领导的辅助者	○ 班组长应站在企业领导层的角度，提出建设性建议，配合上级开展工作

图1—2 班组长地位的6大表现

1.1.2 班组长的职业使命

"使命"是指最根本性的任务，作为企业最小的"细胞"——班组的"领导"，班组长的职业使命就是让班组这个"细胞"健康地成长,只有这样才能确保企业的健康。班组长的职业使命具体表现为完成生产任务、提高产品质量及生产效率等8个方面,具体见表1—1。

表1—1　　　　　　　班组长的职业使命

职业使命		具体说明
使命1	完成生产任务	按时、按质完成企业、车间交给的生产任务
使命2	提高产品质量	质量关系到市场和客户甚至企业的兴衰,班组长要带领员工为按时、按量地生产高质量的产品而努力
使命3	提高生产效率	通过不断地消除浪费、创新、挖掘生产潜力以及改进操作和管理方法,生产出更多、更好的高质量的产品
使命4	降低成本	包括原材料的节省、能源的节约、人力成本的降低等
使命5	保证交期	严格执行生产计划,确保交期
使命6	保证安全生产	坚持安全第一,防止工伤和重大事故,包括努力改进机械设备的安全性能,监督班组员工严格按照操作规程办事等
使命7	提高员工士气	通过早会的宣传教育以及日常工作的指导、培训、激励,提高员工士气
使命8	创建学习型班组	通过学习型班组的创建,提高员工素质,使员工养成自我超越、自我完善的习惯

1.1.3　班组长的素质体系

班组长综合素质的高低决定着企业班组作业人员能否听从指挥,努力完成工作;班组生产活动能否有序、高效开展;企业的政策能否顺利地实施。因此,班组长应不断提升和完善自我,努力使自己成为一名合格的基层管理人员。

班组长需具备的素质可从知识、能力、技能及素养这四个方面开展分析,见表1—2。班组长应针对该体系对自己进行分析,发挥已具备的优秀素质,改进、完善尚欠缺的素质,不断提升自我,为更好地完成班组管理工作打下坚实的基础。

表 1—2　　　　　　　班组长的素质体系

素质项	素质子项	具体要求
知识	专业知识	1. 熟悉与班组工作相关的基础理论和专业技术知识、技术标准 2. 了解本行业的技术状况和发展趋势，以及其他相关岗位的专业技术知识
	业务知识	1. 熟悉工艺设备管理知识 2. 熟悉产品知识，全面掌握企业产品的名称、性能、特点等 3. 掌握生产现场管理知识、生产安全管理知识
	基础知识	1. 熟悉生产作业相关法律、法规，熟悉企业制度 2. 掌握安全生产作业规范，熟悉新员工培训流程
能力	基础能力	1. 能够熟练操作计算机，精通 Word、Excel、Photoshop 等办公软件的使用方法 2. 具有一定的信息处理及应用能力，能及时下达上级领导的经营决策指令，并向上级反馈班组成员的落实情况 3. 具有一定的英语读写能力
	通用能力	1. 具有良好的计划管理能力，能够根据上级的指导或要求制订工作计划并实施 2. 具有应变能力，能根据变化适时调整班组的工作流程、方法及资源分配等，从而有效降低变化带来的负面影响 3. 具有发现与解决问题的能力，能够发现工作中的一般问题并进行简单处理 4. 具有开拓创新能力，管理方法不墨守成规，具有创新精神，勇于献计献策，对企业、各部门出台的规章制度，结合本班组实际及时提出改进方案 5. 具有生产指导能力，能够指挥现场并对生产作业进行指导，带动本班组人员操作水平的提高
	管理能力	1. 具有目标管理能力，能理解企业经营目标中本班组的主要工作任务并能合理分配 2. 具有协调能力，善于引导员工，能充分调动和发挥班组成员的积极性、创造性 3. 具有良好的团队领导能力，能够根据班组成员的优点，有针对性地分配任务，确保组织目标的实现；同时采取合理的激励措施，提高团队成员的积极性 4. 具有较强的团队建设能力，能够有意识地开展团队合作及建立适当的竞争机制，提高团队的整体绩效

续表

素质项	素质子项	具体要求
技能	上岗技能	根据行业不同,要求具有生产相关的初级以上技术职称证书
	业务技能	1. 熟悉各种设备的使用及简单维护知识 2. 负责安排班组具体产量、质量、环境、工具,并能有效掌控 3. 善于学习新知识、新技能,不断提高自己的技术能力 4. 具有安全操作能力,不仅能够按照安全生产要求操控自身所负责的环节,还能对他人的不合理行为进行纠正,使班组高效、安全地完成各项任务 5. 具有较强的安全管理能力,能够及时发现班组作业中的安全隐患并采取措施,当安全事故发生时,能带领本班组安全撤离,并将损失控制到最小
素养	自身素养	1. 积极主动 2. 有团队意识 3. 良好的身体素质
	职业素养	1. 具备较高的职业道德素养,诚实正直 2. 具有为企业和班组成员服务的意识 3. 具有高度的责任心和责任感,勇于承担责任 4. 具有敬业精神,能够脚踏实地、努力地完成工作任务 5. 具有成本意识,能够将工作成本控制在预算范围内,节约资源,不浪费,并对成本控制及流程优化提出合理建议

1.2 班组长的业务认知

1.2.1 班组长的职责定位

班组长是班组的负责人,在车间主任或工段长的领导下,全面负责班组的生产和管理工作,在确保安全和质量的前提下降低生产成本,完成生产任务,做好班组建设工作。

1. 班组长的定位

班组长要想全面掌握自己的职责,完成生产任务,必须对自己有个良好的定位。班组长在企业生产经营活动中既是管理者也是执行者，其角色定位如图1—3所示。

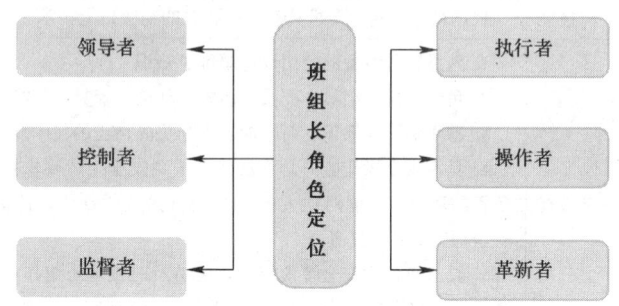

图1—3　班组长角色定位

2. 班组长的职责

根据对班组长主要工作的分析及归类，其主要承担的职责可细分为6类，如图1—4所示。

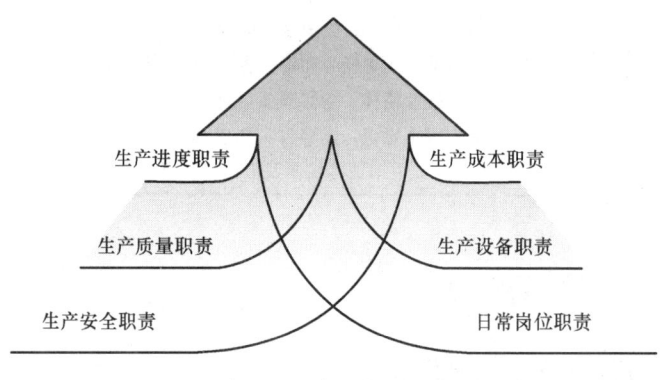

图1—4　班组长的职责

（1）生产进度职责。班组长根据生产计划合理安排班组生产进度，确保按时完成生产任务。

（2）生产质量职责。班组长的生产质量职责主要包括6项，具体如图1—5所示。

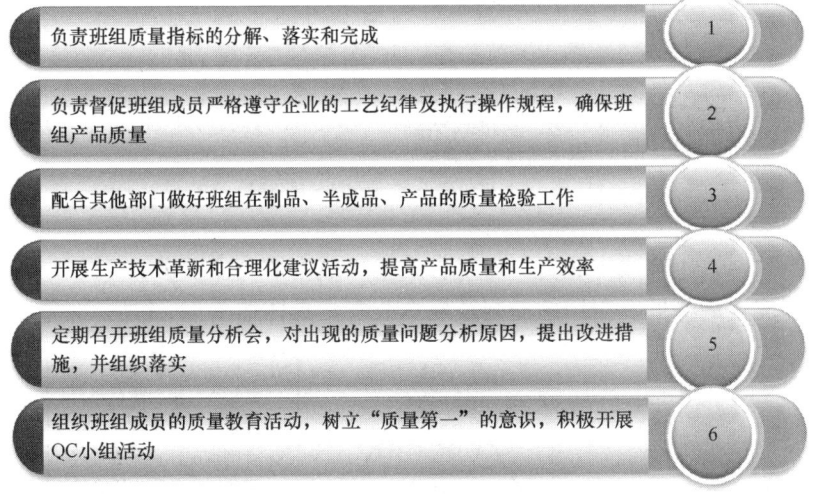

图1—5　班组长的生产质量职责

（3）生产安全职责。班组长在生产安全方面的职责可从安全责任方面、安全教育方面、安全检查方面、应急演练方面、安全事故处理方面这五个方面细分，具体见表1—3。

表1—3　　　　　　班组长的生产安全职责

职责内容	职责说明
安全责任方面	▶ 根据生产任务，进行安全生产布置和班前安全检查 ▶ 支持和配合安全管理人员做好班组的生产安全管理工作
安全教育方面	▶ 组织班组成员学习、贯彻安全政策、法规、安全生产制度和操作规范 ▶ 组织策划班组的生产安全宣传活动，提高员工的安全意识
安全检查方面	▶ 定期组织安全检查工作，落实各项安全防范措施，及时汇报或解决班组存在的安全隐患 ▶ 带头遵守各项安全操作规程，制止违章行为
应急演习方面	▶ 不断修订和完善应急预案 ▶ 定期组织班组成员进行应急演练

续表

职责内容	职责说明
安全事故处理方面	▶ 按应急预案及时处理突发事件 ▶ 安全事故发生时应立即上报，积极控制现场并抢救伤者，尽力将损失降到最低 ▶ 参与班组安全事故的调查和分析

（4）生产成本职责。班组长的生产成本职责主要分为三个方面，即成本的降低、费用的控制及成本改善，具体如图1—6所示。

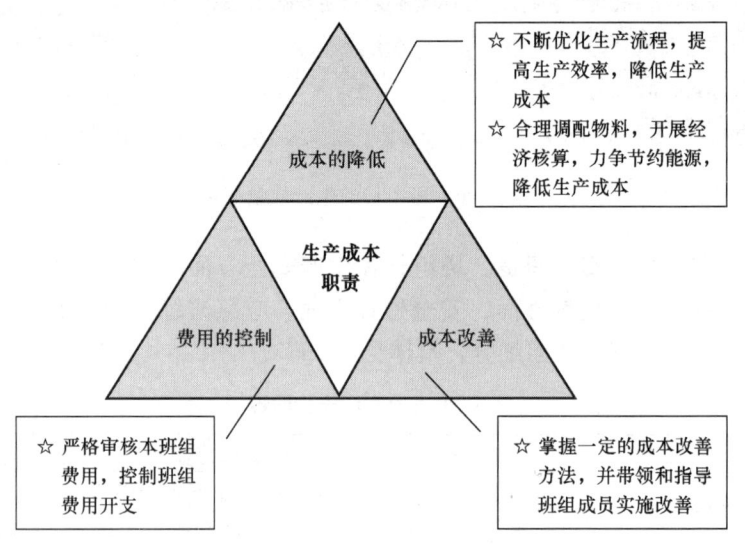

图1—6　班组长的生产成本职责

（5）生产设备职责。班组长的生产设备职责主要包括5项，具体见表1—4。

表1—4　　　　　　班组长的生产设备职责

生产设备职责	具体职责
掌握设备状况	了解设备的运作状况，配合设备管理人员及时做好设备的更新、改造工作

续表

生产设备职责	具体职责
监督设备使用	负责监督班组设备的使用情况,确保班组设备操作人员的操作符合设备相关操作规程
设备使用培训	负责班组设备使用的相关培训、指导工作,提高班组设备操作人员的操作技能
设备日常养护	负责设备日常维护与保养工作,提高设备的完好率和利用率
设备点检管理	负责监督班组成员的设备点检工作,杜绝设备事故

(6)日常岗位职责。班组长的日常岗位职责主要是指班组长开展日常工作时所应承担的职责,具体见表1—5。

表1—5　　　　班组长的日常岗位职责

职责分类	职责内容	具体职责
工作执行方面	日常工作安排与运行	★ 指挥本班组成员按质、按量地完成各项任务
		★ 协调和管理本班组的生产作业活动,并有效指导班组成员的业务
		★ 做好本班组的激励、考核工作
	执行和传达上级各项指令,并汇报工作	★ 执行生产法规、标准、操作规程、安全生产规章制度等
		★ 向班组成员传达上级的指示精神和工作部署
		★ 向生产车间主任请示、汇报班组工作
	原始记录的统计和保管	★ 做好生产过程中各种原始记录的统计工作,保证原始记录完整、准确
		★ 按照企业相关要求做好原始记录的存档保管工作
班组建设和管理方面	提高班组整体管理水平	★ 建立健全班组各项规章制度,并加强管理
		★ 掌握班组成员的思想动态,运用各种方式、方法充分调动其工作积极性
		★ 提高班组整体素质,增强班组凝聚力
		★ 督促、检查班组成员严格遵守企业规章制度和班组纪律

1.2.2 班组长的业务体系

班组长主要负责的业务有目标管理、沟通管理、督导管理、绩效管理、团队管理、压力管理、业务管理、自我管理、人际管理及问题解决共10项。班组长应对自身的业务有一个整体的、体系的认识,具体班组长的业务体系可参考表1—6。

表1—6　　　　　　　班组长的业务体系

主要业务	业务详述
目标管理	1. 目标设定、执行及执行控制 2. 生产计划的制订、修改及执行 3. 班组时间的规划与合理利用
沟通管理	1. 认真有效地倾听班组成员、各级管理者等的意见、建议 2. 准确表达自己的意见、态度、看法等 3. 及时向上级反馈班组的工作 4. 及时向班组成员反馈其提出的意见、问题的处理结果
督导管理	1. 建立健全班组管理制度,并监督落实 2. 建立班组生产流程并不断改善,确保生产作业的规范性及标准性 3. 对生产现场作业人员进行现场监督及业务指导,并制止违章行为
绩效管理	1. 运用科学的方法调查、分析班组成员的需求 2. 针对班组成员的需求采取合适的激励措施,调动其工作积极性 3. 掌握班组的绩效考核指标量化方法,熟悉本班组当期的各项考核指标 4. 协助人力资源部制订及实施班组绩效考核方案 5. 合理进行与班组成员的绩效面谈,客观地指出员工的成绩和不足、优势和劣势 6. 制订班组成员的绩效改进计划并实施
团队管理	1. 进行团队建设,增强团队的凝聚力、协作性及服务意识 2. 及时处理团队内部的冲突并有效化解,避免团队成员有矛盾从而影响生产 3. 及时发现团队成员的优点,有针对性地进行培养 4. 及时制定适宜的团队纪律并公布,对违纪者实施处罚

续表

主要业务	业务详述
压力管理	1. 识别自我压力,准确地查明压力的来源,从而采取积极的、有针对性的措施 2. 培养自我调控及适应能力,使自己能够很好地处理和缓解压力 3. 做好压力的预防工作,尽量消除一些可避免的压力
业务管理	1. 进行班组物料管理,主要指做好班组生产物料的申领、存放、使用、处理等工作 2. 进行班组设备、工具管理,主要指做好班组设备和工具的领用、使用、维护、保养工作 3. 加强班组质量管理,提高班组生产质量合格率,减少废品和次品 4. 加强班组安全管理,及时发现并排除安全隐患,防止班组安全事故的发生 5. 加强班组成本管理,合理控制班组成本,节约班组费用,从而提高生产效益 6. 加强班组现场管理,并做好现场改善工作
自我管理	1. 了解班组长应具备的职业素质及相关要求 2. 进行自我分析及定位,确定自己已具备的素质及需改善的地方 3. 不断地进行自我完善,提升自我素质
人际管理	1. 处理好与企业内部的人际关系,主要指与上级、下级、同级及其他部门的关系 2. 处理好与企业外部的人际关系,如与客户、设备供应商等的关系 3. 分析人际关系冲突发生的原因,并进行有效化解
问题解决	1. 认识到班组生产与管理中的问题,并进行有效分析 2. 根据分析结果,制定解决策略并组织实施

第 2 章 班组长的目标管理

2.1 班组长的目标设定

哈佛大学曾经对某一届的毕业生进行了关于人生目标的调查。有27%的人没有目标、60%的人目标模糊、10%的人有清晰的短期目标、3%的人有清晰而长远的目标。25年后,哈佛大学再次对这群学生进行了调查,结果显示:有清晰而长远目标的那3%的人,25年朝着自己的目标不懈努力,最后成为各界成功人士;那10%的人,不断实现自己的短期目标,成为各个领域中的专业人士;那60%的人,过着稳定的生活,没有什么特别的成绩;那27%的人,做任何事都没有目标,常常抱怨,生活得很不如意。

管理的前提是计划,计划的前提是目标,没有目标,计划就会流产。因此,班组长在进行管理时首先就应该设定目标,给自己和下属设定可行、有效的目标,从而使工作保质、保量地完成。

2.1.1 目标设定的原则

> **寓言小故事**
>
> 有一位父亲带着3个儿子去一个池塘钓鱼。他们到达目的地后,父亲就问老大:"你看到了什么?"老大说:"我看见了清澈的湖水、小鱼、青苔。"父亲摆了摆手,走到老二面前问:"老二,你说你看到了什么?"老二说:"我看见了水草、小虾、小鱼,还有各种石头。"父亲又摆了摆手,走到老三面前,以同样的问题问老三。老三低着头回答:"我看见池塘里的鱼。"父亲拍着老三的肩膀,高兴地说:"这就对了,只有当你有清晰、明确的目标时,你才能心无旁骛地去做好一件事。"

从这个故事中，人们能够看到目标的重要性。这个故事也反映出设定目标的一个非常有效的原则——SMART 原则。

SMART 原则是指目标应该是具体细致的、明确的（Specific）；目标应该可以用数字来衡量，或者它的表现形式可以用数字化来描述，是可量化的（Measurable）；目标不是越高越好，那些过高、无法实现的目标只是海市蜃楼，不仅不能达到，还会挫伤员工的积极性，所以目标应该是切实可行的（Achievable）；人们设定的目标应该与其他目标有关联，与岗位职责也应该是相关联的，不能跑偏了，所以设定的目标必须与其他目标具有相关性（Relevant）；设定任何一个目标都应该是有时间限制的（Time-limited），有了时间限制，工作才会更有条理。

> 1953 年，凯蒙斯·威尔逊在美国创建了第一个假日酒店。1972 年，假日酒店公司在各地开设的假日酒店共有 1 405 家，分布在美国的 50 个州以及 20 个国家和地区，一年服务的旅客高达 7 200 万人。假日酒店提供的膳宿超过了除美国陆军之外的世界上的任何一个组织，而且假日酒店集团成为世界上第一家资产达到 10 亿美元规模的酒店集团。
>
> 随着公司的业务不断扩大，威尔逊为集团设定了新的目标，将原定的"旅馆业务"扩大到"旅行业务"。为了完成这一目标，威尔逊决定购买一家大的汽车公司和一家轮船公司。可是，随后集团没有能力经营和管理好这些业务，最后不得不放弃。威尔逊制定的这一不可行目标浪费了公司大量的财力和物力，公司开始出现资金周转困难。
>
> 在 1998 年，BASS 公司和假日酒店集团签署收购协议。完成收购后，BASS 公司根据假日酒店集团的状况，为假日酒店集团制定了明确可行的发展全球性品牌的新目标，要求其在能力范围内扩大酒店种类和服务种类；另外，还设定了每个阶段目标的完成日期以及量化的目标完成考核制度。按照 BASS 公司制订的目标计划，假日酒店集团终于度过了危机。

不管是身为高层的CEO还是身处一线的班组长，为自己和员工设定目标是不可缺少的。生产目标是生产管理活动的中心，是生产系统运行管理的最基本的工作，正确、有效的生产目标也是提高生产效率的根本保证。班组长是生产的组织领导者和指挥者，也是直接生产者。

因此，要想提高生产效率，班组长就应该为大家设定一个明确的、可量化的、切实可行的、能够在规定时间内完成的目标，使所有人朝着这个目标有计划、有步骤地完成任务。班组长在运用SMART原则时，可按图2—1所示的5点建议来实施。

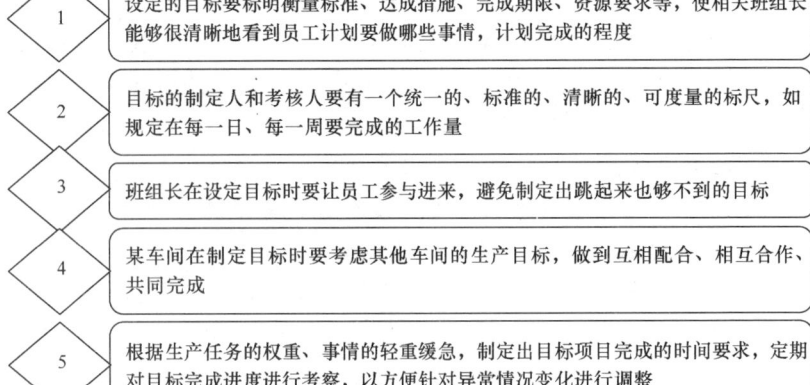

图2—1 SMART原则实施建议

2.1.2 目标设定的程序

做任何事情都会有一个程序，设定目标也不例外。做到有序，遇事才不会慌乱。

第2章 班组长的目标管理

2011年10月4日,贵州省荔波县立化镇安平煤矿发生一起煤与瓦斯突出事故,造成17人死亡。2011年12月,辽宁华泰煤矿的7名工人进行巷道维修过程中遇到坍塌,7名工人被困,由于长时间一氧化碳中毒,7名工人窒息死亡。类似的煤矿事故经常发生。

为了避免类似事故的发生,郑州煤炭工业集团制定了自己的《安全目标管理制度》。他们制定目标时也有着自己的一套程序。

首先,他们会对企业安全状况进行调查分析和评价。了解的情况包括:企业生产技术状况、技术装备安全程度、各种危险因素和危险程度、安全管理的薄弱环节、曾经发生过重大事故的统计分析和原因分析、历年相关安全目标的指标统计数据。

然后,通过各个班组长开会讨论制定目标,分析目标的可行之处和不可行之处,不断修正,直到确定最后方案。

最后,制订行动计划以及相应的对策和措施。他们在设定任何一个生产目标前都要设定一个安全目标,他们严格按照程序操作。两年来,他们的安全事故发生率比郑州其他煤矿的事故发生率低20%。

在煤矿等企业,安全工作一直都放在首位,设定安全目标不容忽视。对于一线的工人,安全问题显得更为突出,于是安全目标管理就成为班组长管理工作中最重要的一部分。班组长作为安全生产第一责任人,要遵循一定的程序制定出安全生产目标。

所有事情的发展都有时效性和顺序性,处理任何事情是要有顺序的。现代企业的管理注重高效性,作为基层管理者的班组长的管理同样需要高效。所以,班组长设定目标要遵循一定程序,执行目标也需要按照一定的程序。目标制定的程序性是有效执行的保证。

耶鲁大学曾指出目标设定程序有7个步骤,即先拟出期望达到的目标;列出好处;列出可能的障碍点;列出所需的知识、帮助、训练等信息;列出寻求支持的对象;拟订行动计划;制定达成目标的期限。具体内容见表2—1。

表2—1　　　　　　　　目标设定程序

步骤	项目一	项目二
1. 认定目标		
2. 达成目标所得到的好处		
3. 达成此目标所面临的阻碍		
4. 达成此目标所需的知识与技能		
5. 必须共同协力达成此目标的个人、团队及组织		
6. 达成此目标的行动计划		
7. 完成日期		

2.1.3　目标设定的问题

一个人有了目标，就有了责任，有了勇气，有了动力。设定目标对每个人来说确实是很重要的事情，但是在设定目标时会出现各种各样的问题。有的管理者给员工设定的目标过高，他们认为对员工的期望越高，员工就会表现得更好。但是高目标不一定带来高的绩效，相反，较高的目标会超过员工的心理承受能力。有的管理者给员工设定的目标又过低，造成资源的浪费。还有一些管理者会设定不切实际、偏离重心、好高骛远的目标。

于某在担任空调配件生产车间的班组长时，制定了一个看似美好却无法实现的目标。他为了迎合营销副总年度销售突破3亿元的计划，为整个车间制定的生产目标是去年的一倍。在公布目标时，几乎所有的工人都提出反对意见，认为这是不可能完成的任务，但于某仍然坚持自己的目标是可实现的。

在上半年总结时，于某发现这半年的生产量只有去年同期的80%。许多员工夜以继日地赶工，造成身心疲惫，工作激情锐减。同时，生产效率直线下滑，产品的质量也没有以前的高。于某这时意识到了问题的严重性，发现之前的目标根本就不可能达到。于是他听取工人的意见，及时地进行了调整，不再追求过高的目标，只要求与上年保持相同水平，而且要求工人一定要在保证质量的前提下尽量提高效率。

在调整目标后，下半年的工作效率明显提高。经过大家的共同努力，在年终总结时，该生产小组的生产量竟然比上年增长了30％。

上述案例中班组长设定目标时出现的问题是很常见的，特别是针对于计件生产的企业，许多班组长一味地追求高数量而制定难以实现的目标。班组长制定目标时一定不要忽视目标设定中可能出现的问题，要学会吸取前车之鉴，不断审视和修正目标，把重心放在正确的位置。

2.1.4　目标设定的工具

很多成功人士总结出这样一个成功方程式：目标→计划→行动→评估→成功。由这个公式可以看出，要想获得成功，设定目标是第一个关键。如今，对于很多企业，班组目标是企业目标实现的重要支撑，因此，班组长要掌握目标设定的工具、方法，制定出切实可行、有利于企业发展的目标。

目前，有些班组会采用浮动目标法制定目标。浮动目标法是指将同一岗位所有员工这一年度或一个季度或一个月完成目标的平均成绩乘以一个系数，作为员工下一年度或一个季度或一个月的目标。这一系数通常在80％~100％浮动。

某一汽车零件制造厂的一个零配件生产小组有员工小张、小刘、小李、小王四人。他们5月份生产的零件数分别为3 000、2 900、3 100、2 700。由于这个月的市场销售量下降，导致库存积压。

班组长管理基础知识

> 于是班组长根据浮动目标法来设定新的目标,由于他们这个月的平均生产量为2 925,在此基础上乘以浮动系数80%,那么下个月他们的生产目标为2 340。虽然他们的目标下降了,但是对企业的发展没有任何影响,反而还会有一定的促进作用。班组长计算了一下,按照这个目标生产,这个月的生产量加上之前的库存足以满足市场的需求。与此同时还能缓解库存积压的问题,减少员工压力,使员工能够保质、保量地完成任务。
>
> 与其他生产小组相比,该生产小组的员工生产效率是最高的,员工的满意度也是最高的。

浮动目标法可以综合反映市场行情,削弱外部环境的变化对员工业绩的影响。浮动的目标能够做到随机应变,以减少不必要的损失。

班组长制定目标时可以采用多种工具,制定多种方案,然后进行对比,选择最实用、最有效的目标。

管理者类型趣味测试表

类型	测测你是哪种类型的管理者? A类型:每天从早忙到晚,被工作追得团团转,经常为了处理一些棘手的问题而忙得焦头烂额 B类型:不肯特别卖力,工作能力看起来不错,处理工作很轻松,对工作是游刃有余。每天的工作比较轻松,一点也不紧张 C类型:对自己的工作非常重视,常常是努力去发掘问题,解决问题。非常执着地要达到自己预定的目标,对工作充满热忱,是积极主动地自发去挖掘工作,而不是被动地等待工作找上门
你的选择	

第2章 班组长的目标管理

续表

解答	A类型的管理者处于被动状态,经常会感觉到压力很大。对所有事情采取的是保守态度。这种类型的管理者如果长期处于疲惫、焦虑的状态,会导致其心力交瘁 B类型的管理者虽然能够主动应付工作,但没有积极的目标,不愿接受任何挑战。这种管理者随着年龄的增长会逐渐丧失活力和自信,自身的各种能力、素质会每况愈下 C类型的管理者是现代企业比较需要的一类。他们能够设定自己的目标,也能够为企业制定出合适的目标;同时,还能够全身心地投入。他们对工作保持着兴趣与热忱,能在工作中找到乐趣
建议	秘诀:设定目标,积极行动 努力成为C类型管理者:热情执着、积极投入、工作及快乐

做一做

每个人在不同的阶段及不同的工作环境下,都要设定不同的工作目标作为自己的挑战方向。确定了工作目标,能够测知自己的效率,节省自己的时间,完成目标后让自己有成就感,乐在工作中。

在下面的每个领域写下3~5个目标:

事业/职业的目标:＿＿＿＿＿＿＿＿＿＿＿＿＿＿＿＿

自我成长目标:＿＿＿＿＿＿＿＿＿＿＿＿＿＿＿＿＿＿

在写下目标时请记住以下几点:

1. 目标必须是能做的且能做成的事。
2. 目标必须是可以衡量的,是可以量化的。
3. 目标必须是自己极度渴望获得的事情。
4. 目标必须是在自己的控制之下的。
5. 目标必须是很明确的。
6. 目标必须通过积极自我确认的语气,要肯定地表达出来。

2.2 班组长的计划管理

刘伯温在《百战奇略·计划》中指出：凡用兵之道，以计为首。一切工作和任务，若无计划就会陷入盲目，终归失败，要完成好一项工作首先要有一个好的计划。计划是根据工作目标预先拟定的具体工作内容和工作步骤。计划管理是计划的编制、执行、调整、考核的过程，是有目标、有策略、有步骤地完成任务指标，达到预期目的的重要方法之一。

班组长的计划管理是班组管理的重要内容之一，是企业各项生产计划的基础。班组长的计划管理是根据企业和班组已经制订的计划，通过编制和执行班组计划，把班组全部生产活动归入班组统一的计划管理之内，使组织生产中的各个环节和各种活动能够按计划进行，使得各项工作任务能够准时完成，为企业赢取最大效益。

2.2.1 如何制订计划

计划是管理的四大基本功能之一。班组长作为企业生产一线的最大执行者，日常的管理工作都需要做好计划，如人员、机器、原料、方法等众多事务都需要做好计划。通常制订一项计划应该包括：清晰的目标、明确的方法和步骤、必要的资源、可能的问题与成功的关键。只有通过精心周密的计划，才可能把工作失误减到最少，才能保证任务的顺利完成。

班组长是企业组织中的基本细胞，是公司的战略和规章的落实者。班组长是直接带兵打仗的人，他们的管理水平直接影响公司的经营绩效。班组长要将公司的目标转化为基层的计划。计划可以协调行动，减少重复和浪费，他们只有制订了计划，才能协调员工的行为，员工才知道做什么和怎么做。

第2章 班组长的目标管理

> 谢某是某著名计算机主板生产企业的工人，由于出色的表现，被提升为该生产车间的组长。之前的组长经常将计划订得很高，要求员工每天必须完成上千台主板的任务，员工完成起来相当地困难，经常是彻夜加班，因此造成了许多员工的不满。谢某上任后，汲取前任的教训，制订出周生产计划。
>
> 谢某拟订的周计划内容为：每周五把该周遗留的事项和下周需要处理的事项具体罗列出来，同时标明负责人、完成日期和完成状况。然后确认顾客的订单，同时确认供应商的材料是否具备齐全。周一根据现实情况规定员工每天完成的任务，将任务分配表和进度表张贴在公告栏上。每周工作计划表包括周一至周五的工作进度、完成状况、上周遗留事项、本周主要事项。谢某的周计划表其实覆盖了两周的内容，定性的只有一周，第二周是参考。这样的弹性周计划不会给员工造成过大的压力，还能很好地应对一些临时特殊状况。
>
> 谢某强调班组长制订计划前要充分收集情报，分析现状，权衡各种因素，选择执行方法。制订的计划内容不能太苛刻，规定的任务不能过高；而且制订的计划不能只有目标，没有具体操作步骤。计划发布后不能朝令夕改，不能超越员工的心理承受力。在谢某缜密的计划下，该车间的任务总是提前完成。

班组长在制订班组计划时，应遵循下列 4 点原则与要求，具体如图 2—2 所示。

2.2.2 如何应对变化

人们常说计划赶不上变化，在计划好的事情中常常会出现一些意想不到的其他状况。班组长怎样才能应对计划中的变化呢？有一个很有效的方法——滚动式计划法。

滚动式计划是一种动态的编制计划方法，它与静态计划不一样。

班组长管理基础知识

1	编制班组计划时,要服从企业和生产部门的工作计划。班组计划的制订要在生产部门计划的统一指导下进行
2	制订班组计划时,要充分地了解班组人员状况、各种技术能力、相关设备情况,分析及总结利弊,制订出合理有效的计划,并且要保证制订的班组计划有可行性
3	班组长要组织和动员所有员工参与,共同制订班组计划,让所有员工明晰自身在班组建设中的任务和职责,使他们能够在生产工作中充分发挥出自身的优势
4	班组长在制订班组计划时,要充分考虑到其可行性。制订的计划需要有一定的灵活性,以便在出现紧急情况时可以及时改正

图 2—2　制订班组计划的原则与要求

静态计划是等一项计划全部执行完后再进行下一期的计划,而滚动式计划是将整个计划分为几个阶段,第一阶段为执行阶段,后几个阶段为预定计划。根据计划的执行情况和环境变化,对之后的计划进行调整和修订,使计划逐期向后移动,是短期计划、中期计划和长期计划的有机结合。

> 山西某煤矿一直坚持自己的物资供应计划。他们根据每年度的生产大纲编制年度分季和季度分月的物资供应计划,每一个月的物资供应计划完成后,着手制订下一个计划。他们认为这样的计划能够尽可能减少物资消耗和资金的占用。久而久之,这种供应计划引发了各种问题。
>
> 在煤矿的施工过程中,工程、地质等情况是经常变动的,按照固定的年度分季、季度分月的计划很难应对这种变动的情况。计划经常执行到第二、第三个月时,计划的准确性、指导性就会越来越低。而且计划编制的时间和每季度第一个月的时间间隔很短,这导致供应上的很多问题都不能及时地采取措施予以解决,这也就会给每季度第一个月的供应工作带来被动和

忙乱。该煤矿的一名班组长发现了这种情况，他提出必须对现行的物资计划制度和方法进行改革，要打破过去按季按月整体衔接的计划方法，应该尝试采用滚动式计划法。

该班组长对整个煤矿的物资供应情况进行了调查，制订新的物资供应计划。他在编制第一个月的物资供应计划时，对第二、第三个月做出预测物资供应计划；编制第二个月的物资供应计划时，也做出第三、第四个月的预测供应计划。这样不管到哪一个月都能知道下两个月的物资供应情况和问题，这种滚动式计划很好地解决了之前供应工作的被动和忙乱问题。

一线的工作经常会受到各种突发状况的影响，班组长要做好一线的管理工作，就应该学会如何根据情况的变化及时地调整计划。除了采用滚动式计划法应对变化外，班组长还可以采用快速响应机制应对变化，例如，班组长每天到达企业后的第一件事，就应该去生产现场召开班前会，加强同工人的协调和沟通，尽早了解变化。同时，还应该制定突发事件响应机制，安排临时加单、加班、代工等任务。

图2—3所示为班组长运用滚动式计划法应对班组计划的调整办法。

2.2.3　计划制订工具

古语有云"凡事预则立，不预则废"，说明任何事都始于计划。管理的五大功能是计划、组织、指令、控制与协调，其中计划是排在最前面的。管理大师戴明博士的PDCA管理循环系统中也是由计划（Plan）开始的。这些都说明制订计划的重要性。

制订计划过程中常用的工具有很多，如愿景描绘法、心理图像法、PERT图、甘特图、目标树、检查表等。针对班组长的工作内容，可采用PERT图来制订计划。

PERT即计划评审技术，也就是利用网络分析来制订计划并且对计划予以评价。采用PERT能够协调整个计划的各个工序，便于合理安排人力、物力、时间、资金等，使计划能够顺利完成。

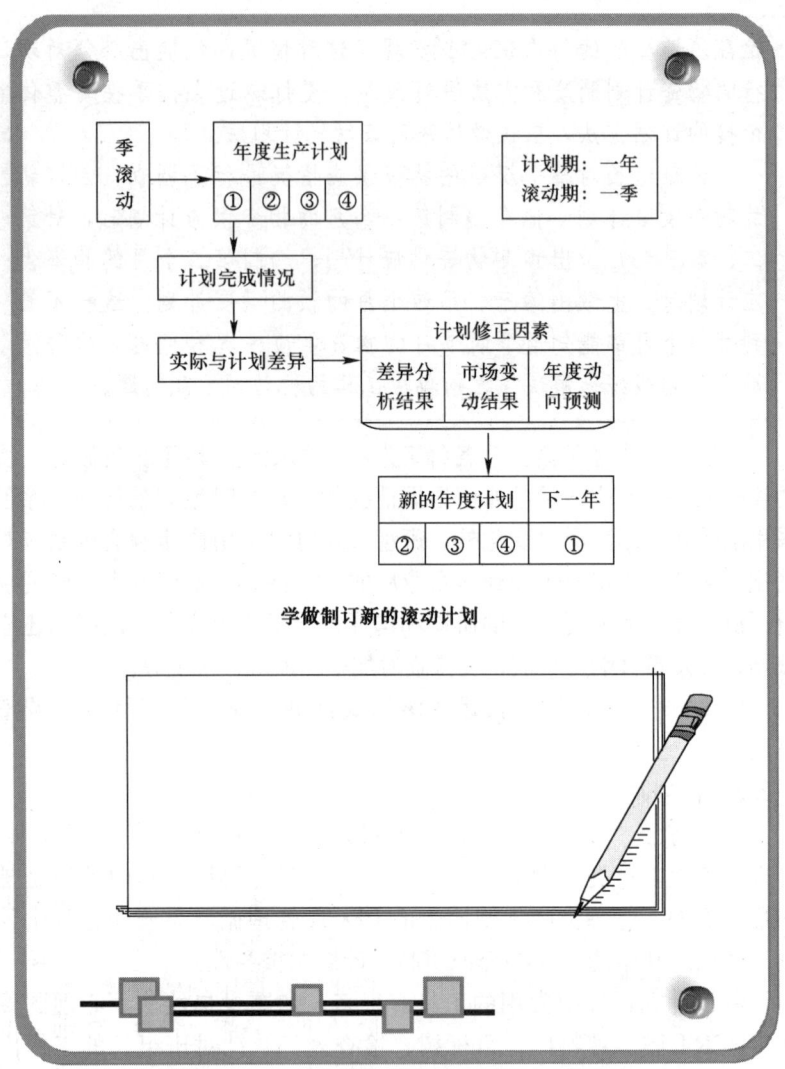

图 2—3 运用滚动式计划法调整班组计划

某一建筑小队接到一个任务,为一个大型企业建造办公楼。该小队的组长接到任务后,进行了一番思考:要做哪些工作;怎样确定时间之间的依赖关系;辨认出潜在可能出问题的环节;如何借助PERT制订计划、控制方案进度和节约成本。

思考完毕,他拿出计划本开始写出自己的计划,具体包括以下内容:

1. 列举出要进行的多种任务活动。

A. 审查设计和批准动工　　B. 挖地基　　C. 立屋架和砌墙　　D. 建造楼板　　E. 安装窗户　　F. 搭屋顶　　G. 室内布线　　H. 安装电梯　　I. 铺地板和嵌墙板　　J. 安装门和内部装饰　　K. 验收和交接

2. 根据各项任务的紧急情况确定先后顺序。
3. 绘制出PERT网络图。
4. 估算完成各项任务活动所需的时间。
5. 根据关键路线制订出完成任务的计划。

计划制订出来后,该组长给每位工人安排了工作,并且规定了完成期限,要求工人们保质、保量地完成。该组长每天拿着PERT图和进度表盯着施工现场,对于出现的任何突发状况他都能及时解决。仅仅花了四个月的时间,办公楼就成功地建造完成。

如今在现代项目管理中PERT已被广泛地使用。通过PERT不仅使管理者能够熟悉整个工作过程,还能明确工作重点,将注意力集中在需要采取纠正措施的关键问题上。虽然PERT有很多优点,但是它的局限性也不容忽视。PERT应用的领域有比较严格的限制。例如,适合PERT的项目在工作过程前要能够进行准确的描述,而且整个过程要能划分为相对独立的各个子活动等。因此,班组长要想通过PERT图来制订计划,还需三思而后行。

2.3 班组长的时间管理

2010年6月11日,一年一度的"与巴菲特共进午餐"拍卖活动最终以262万美元的价格成交。股神巴菲特一顿3 h的午餐时间竟然卖出200多万美元,这充分展现出"时间就是金钱"的道理。一线生产与企业效益是直接挂钩的,班组长更应该意识到"时间就是金钱"。许多班组长可能有这样的困惑,每天都很忙,但每天还是有工作没时间完成。班组长要解决这些困惑,就要做好时间管理,合理安排自己的工作计划,保持焦点,一个时期只有一个重点。

2.3.1 如何规划自己的时间

常常有人抱怨他们时间不够用,很多事情做不完。时间对于每个人来说,都是一天24 h、1 440 min、86 400 s,时间可以说是最公平的资源,可是有些人却不知道如何规划好自己的时间。林肯曾说:"每个人都要树立时间观念,都应珍惜时间,要掌握时间管理策略,学会利用有限的时间。在限定的时间内办完事,把握零碎时间,做好时间管理计划。"

> 美国近代诗人、小说家、钢琴家艾里斯顿在他的一本小说里讲述了他的一位钢琴老师爱德华教会他如何利用零散时间。
>
> 爱德华是他的钢琴老师。有一次上课的时候老师问他:"你每天要练习多少时间钢琴?"他回答:"大约每天三四个小时。"老师又说:"你每次练习的时间都很长?"他说:"我认为这样很必要。"老师突然拍着他的肩膀说:"不要这样!你将来不会有很长的空闲时间。你要养成习惯,一有空闲就几分钟几分钟地练习,把小的练习时间分散在一天里面,这样,钢琴就会成为你日常生活中的一部分。"
>
> 后来他在哥伦比亚大学教书,想利用课余时间创作,可发现自己的时间全都被占满,两年都不曾动一下笔。他突然想起了爱德华的话,就决定只要有5 min就坐下来写100个字或几句

> 话。几个月下来,他竟然积累了相当厚的稿子。后来,他用同样的方法创作了他的长篇小说。他发现每天小小的间歇时间足够从事创作工作。

管理者除了管理别人外,还必须管理好自己。任何生产程序的产出量都会受到稀缺资源的限制。其中,最稀缺的资源就是时间,因此,班组长管理好自己的第一步就是规划好自己的时间。对于处于基层管理地位的班组长来说,做好时间管理不仅意味着给企业带来丰厚的经济效益,还能令自己的事业突飞猛进,使班组的效益达到最大化。

艾里斯顿的经历告诉人们,生活中有很多零碎的时间是可以利用的,不要抱怨时间不够,要学会化整为零。班组长作为基层领导者,每天应对状况百出的车间就需要花费大量的时间,也就没有多少时间去做计划或对员工进行培训等。

所以,班组长唯有规划好自己的时间,整合好零碎时间,做时间的主人,才能将工作做得更好。个人时间管理的关键点见表2—2。

表2—2　　　　　个人时间管理的关键点

关键点	具体内容
列一张"个人清单"	将每天、每周、每月要完成的事情都列出来,越详细越好。列出后,把优先顺序排好,并且设定完成期限
要有明确的目标	自己这个月要取得什么成果,是工作业绩完成80%,或者是开展一个新的项目,再或者处理好与工人的关系等
每天至少给自己半个小时的不被干扰时间	身为班组长,应将自己的工作时间划分成若干时间段,并给自己规划出半小时的不被干扰的时间
控制电话时间	身为班组长不能每天只是忙着处理各种问题,要思考如何高效地工作。一般来说,每个人需要花20 min才能将自己的头脑冷静下来,只有在大脑非常清楚的情况下,才能发挥最大的力量
做时间日志	养成做时间日志的习惯,记录每天做的事情以及所花的时间。寻找自己浪费时间的环节,及时进行改正

2.3.2　如何有效地利用时间

每人每个星期有 168 h，其中 56 h 用来睡觉，21 h 用来吃饭、休息，剩下的 91 h 则用来工作。当人们不能有效利用时间时，它就会悄无声息地流逝。基层管理者面对繁重的工作任务，要学会牵住时间的鼻子，妥善管理时间，有效利用时间。

> 曾经有个农夫，每天都忙得晕头转向，可每年的收成却不与他的忙碌成正比。
>
> 每天早上天还没亮，他就准备去耕田，到农田准备发动拖拉机时发现没油了，于是他又跑到集市上去买油。在他去买油的路上，突然想到家里的鸡还没有喂食，于是又连忙赶回去喂鸡。他去粮仓取饲料时，发现饲料受潮了，他得先把饲料拿出去晒一晒。在他搬饲料的时候，发现旁边的几只鸭子没精打采的，他担心鸭子生病了，便放下饲料，去查看鸭子的情况。等他抱着鸭子的时候，看到旁边空着的油桶，突然想起来自己要去买油，于是他又放下鸭子拿起油桶往集市走去……
>
> 当他最后想起今天应该去耕田时，发现太阳已经下山了。农夫感慨地说："我今天真是忙坏了！"

这位农夫每天都忙得不可开交，可到最后一件事情都没有完成。在基层管理中，像农夫这样的事情经常会发生，例如，需要提高产量时，班组长就去安排员工，安排员工时想到有人请假，不得不向其他车间借调；等员工凑齐时，发现材料不够，又需要从其他地方运送材料；等材料准备好、开始工作时，又发现有机器出现问题……这样一来，任务最终还是没有完成。如果班组长不会有效利用时间，就会大大降低生产效率。

所以，做任何事要分析事情进行的先后顺序，将能够在一个时间段完成的事情合并起来完成，减少时间的浪费。有效利用时间的法则如图 2—4 所示。

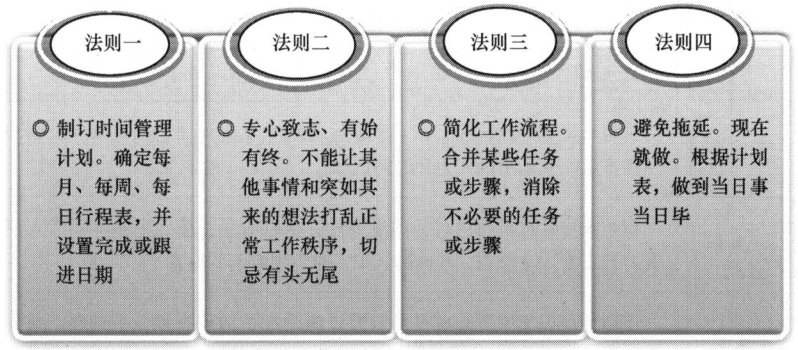

图 2—4　有效利用时间的法则

2.4　班组长的目标执行

很多时候，班组长的目标制定得相当完美，班组成员也很努力，可最后并没有达到预期目标。这就是目标执行出了问题。因此，班组长应该以结果为导向，以高执行力为手段，努力做好每一个环节，真正把目标管理落到实处。

2.4.1　如何控制目标执行

企业最缺乏的就是懂得如何控制目标执行的班组长。经调查，只有45%的班组长知道关注目标，并不断追踪和调整目标，愿意为实现目标而持之以恒地付出努力。班组长如何有效控制目标执行呢？概括来说，可以从下列几个方面入手：

1. 目标执行前：集思广益，充分沟通

事后管理越多，造成非生产性的活动就越多，班组长也就越忙碌。所以，班组长应在目标执行前集思广益，充分沟通，调动成员的积极性，让所有人明白目标。班组长常用的目标控制方法及具体要求见表2—3。

2. 目标执行中：紧紧跟进，及时辅导

(1) 日常监督与临时抽查相结合。管理过程中，班组成员往往

表 2—3　目标执行前班组长常用的目标控制方法及具体要求

方法	具体要求
预防会	班组长应做好预防性工作，变事后管理为事前管理，大大减少失误和纠错次数，从而节约人力和时间成本
吹风会	班组长应让成员明白目标的重要性、执行方法、绩效考核体系等，使其对目标有一个全面、准确的认识，避免理解上的偏差
讨论会	班组长可以集中所有成员的智慧，调动成员的积极性、主动性，减少目标执行过程中的人为障碍，增强成员对完成目标的信心和决心

一开始认真、积极，到了中期渐渐懈怠、消极，到了最后只能两手空空。因此，班组长要把平时的监督与关键抽查相结合，用最少的时间和精力去控制成员完成目标的进度与质量，从而顺利完成班组目标。

（2）质量控制点。目标控制琐碎且繁多，班组长应在有限的时间内重点关注质量控制点，如关键工序、特殊工艺、事故多发区、两岗位之间的交接处等。班组长可以根据自己的生产经验，划分出若干个质量控制点，有重点地加以注意，做到事半功倍。

（3）以人为本。班组长应时刻留心班组成员的身体、思想变化，积极与成员沟通，扮演好教练和班组长的角色，帮助其克服困难，顺利完成目标。如成员情绪低落，班组长应主动关心，了解情况，帮其调整心态，激发士气。

（4）随时随地培训。班组长多数是在企业里的业务骨干，精通本班组的操作流程和核心技能，所以应善于利用自身特长，提高班组成员生产水平，从而保证目标执行的进度和质量。培训可以专门抽出时间集中进行，也可以在车间现场随时给班组成员传授相关知识、经验和技能。

（5）沟通透明化。目标执行的过程实质上就是克服各种困难和障碍的过程。班组长应将班组目标以及分解到成员的个人目标透明化,时时提醒,人人监督。例如,可在公示板上张贴日常工作清单等。

(6)赏罚严明。班组长应将"严"和"细"贯穿到生产中的每一个细节,精细管理,严格执行。没有完成当天任务目标的,必须给予相应的惩罚;超额完成的,则及时奖励。班组长执行公开、公正的考核体系,还能提高班组成员的责任感和荣誉感。

3. 目标执行后:持续总结,精益求精

班组长是企业管理中的执行者、参与者和管理者,应要求班组成员在完成目标后及时总结、梳理个人的经验教训;同时加以汇总、筛选,最终形成系统化、成熟化的操作细则,为班组下次更快、更好地完成目标夯实基础。

> 庞某是某控股有限公司汽车分厂的铸件乙班组长。乙班连续三个月没有完成月度生产目标。现在庞某有些想打退堂鼓,可生性好强的他又怎会轻言放弃呢?他在笔记本上一条条地写出失败原因。原来他每月只是公布班组和个人任务目标,却很少认真地检查班组成员目标执行情况。即使偶尔问起,他也没有批评进度落后的同事。同事遇到困难时,他会热心地帮助解决,却没有利用机会培训班组其他成员。
>
> 庞某决定改变自己过去"散放"的工作作风。每天他召开班组讨论会,及时了解各班组成员的目标执行情况,并指出工作易错环节及改进方法。他还把班组目标任务和个人目标任务张贴在告示栏内,让后进员工无形中有了追赶意识和紧迫感。他还会抽出半个小时去查看其他同事的工作情况,遇到困难召集大家现场解决。随时随地进行培训,时间很短,效果却出奇地好。每周他都会对关键控制点认真核查,确保产品保质、保量。一个月后,由于有效控制目标执行,庞某利用自己高超的铸造技能,带领班组创造了全厂第一的佳绩。

总之,班组长应该扮演好"领头雁"角色,激发成员完成班组目标的潜能和热情,保证班组目标执行得到有效控制。

 **培养班组长的目标执行力**

班组是企业全部工作最终的落实点。班组长是班组最重要、最直接的管理者。因此,班组长的目标执行力直接影响着企业战略目标能否实现。班组长可以先从以下几个方面检查自己:

1. 布置目标任务时,是否每个班组成员都清楚自己应该干什么。
2. 是否知道目标的关键控制点有哪些,有无检查班组成员执行目标的方案。
3. 有无培训计划,是否经常想办法帮助班组成员解决困难。
4. 是否严格实行目标问责制,是否会主动发现班组成员工作中的闪光点。
5. 是否每天开班组会议,总结班组目标执行情况及经验教训。
6. 能否及时发现班组成员执行目标时出现偏差并及时纠正。
7. 完成目标后,有无开班组总结会,并形成书面报告。

以上7个方面既是检查内容,也是努力方向。班组长可以结合自身情况,逐步提升自己控制目标执行的能力,提高班组的工作效率。

2.4.2 如何进行有效弥补

执行过程是达到班组目标的保障。如果目标执行过程中出现了偏差,就实现不了班组目标。因此,班组长在生产过程中不仅应紧密关注目标执行情况,还应掌握相关的弥补目标技巧。一般来说,当目标出现偏差时,首先要查明原因,然后采取有效措施,改进工作流程。

1. 查明目标偏差的原因

目标偏差最常见的原因是执行偏差,即目标的执行是快了还是慢了,是多了还是少了。班组长根据实际情况对执行的行动适度调整。其次是员工行为偏差。若员工违反企业规定的行为标准、劳动纪律等，弥补措施是强制性的；如果违背企业文化、价值观等，弥补措施则是软性的。最后是操作流程执行偏差。若员工违反各岗位的劳动标准、业务细则等，弥补措施是强制性的。

2. 弥补目标偏差的基本要求

弥补目标偏差的要求是及时、准确、经济、灵活等，具体见表2—4。

表2—4　　　　　　　弥补目标偏差的基本要求

要求	具体内容
及时、准确	若发现目标偏差，第一时间内采取准确的弥补措施
适宜、恰当	实施机会是适宜的，措施是切合实际且易被班组成员接受和理解的
适度、经济	弥补目标是有成本的，包括时间、金钱、人力等。任何矫枉过正的行为都是不可取的
灵活而有战略性	若发现目标偏差，应从解决偏差的根源入手，灵活采取恰当措施。这样不仅能解决某个具体目标偏差，还能预防目标偏差的再次发生

3. 弥补目标偏差的基本方法

（1）主动控制与被动控制相结合，即前馈控制和反馈控制。发现问题立即提出整改方案，并迅速付诸行动。同时，要及时总结经验教训，探索事物发展规律，避免类似偏差再次发生。

（2）追踪检查，及时调整。班组长应实时跟踪目标执行情况，一旦发现偏差，迅速查明原因，及时弥补，直至偏差回归到正常范围内。

> 肖某是某晚报发行组组长。他上任不久，就提出晚报发行量比去年翻一番的目标。第一季度结束时，晚报发行量比去年同期增长300%。发行组欢欣鼓舞，按照这个发展势头，年底奖金肯定没问题。可没想到二季度发行量却与去年相差无几。

肖某立刻召集发行组开会。有人抱怨当前经济不是很景气，报价又上涨，客户订阅晚报的积极性不高。肖某很快想出几条促销措施，如订满半年赠送一箱牛奶等。经过发行组众人大力宣传，晚报发行量再度大幅上扬。

然而，肖某并不满足，因为他知道按照这个涨幅，实现年度翻一番的目标无疑是有难度的。他和发行组同事利用休息时间走访客户，征求意见。他发现有客户抱怨个别投递员态度不太好，偶尔会发生投递不及时或漏投现象。肖某高度重视这种情况，迅速召开会议，严肃批评了个别同事，还提出一系列的弥补措施，争取客户的谅解。通过肖某采取的及时得力的措施，发行组提前完成了翻一番的目标。

班组长完成对目标的有效弥补后，应该及时汇总目标偏差的动态变化、原因及弥补措施等相关资料，认真分析发展趋势，努力形成一份具有研究价值的报告，帮助日后修订操作手册、培训教材等。

带球闯迷宫

游戏目的

? 提高班组长弥补目标偏差的能力。

游戏过程

人数	10人	时间	1 h
场地	一个有两扇门的房间	用具	绳子、眼罩、秒表、桌椅、气球等
注意	班组长要时刻注意正在参加游戏的班组成员的安全		
游戏步骤	1. 场地设置 （1）屋子必须有两扇门。在屋子里凌乱地摆一些桌子、椅子等，充当障碍 （2）用两条绳子做出一条无障碍的通道 （3）准备红、绿、黄、黑、白五个气球		

续表

人数	10 人	时间	1 h
场地	一个有两扇门的房间	用具	绳子、眼罩、秒表、桌椅、气球等
游戏步骤	2. 游戏说明 在游戏过程中，班组成员偏离正确方向或遇到障碍物时，班组长可及时提示，帮助改正。如果有可能，应想办法引导成员走入无障碍通道 3. 游戏步骤 （1）把班组成员分成两个组，每组 5 人 （2）蒙上眼罩的成员拿上气球，穿过障碍到另一扇门，并将球丢在门旁 （3）班组长进行计时。每个成员必须在 60 s 内完成游戏 （4）所有成员依次完成游戏。结束后，班组长依据用时长短对成员进行排名 4. 讨论题 （1）班组长有无帮助成员走入无障碍通道，有无小组凑齐五色气球 （2）班组长能否找到更有效、更简便的方法，指导成员快速完成任务 （3）在实际工作中，班组长是如何有效弥补目标偏差的，试举例说明		

第3章 班组长的沟通管理

3.1 班组长的倾听技巧

3.1.1 听不一定是倾听

大部分班组长都会遇到这样的情况：经常有员工因为待遇不公问题找班组长诉苦抱怨，这时班组长要善于倾听班组成员的声音，促使问题快速得到解决。每个人都能听见声音，但并不是每个人都会倾听。班组长要注意区分"听"与"倾听"，听不一定是倾听。

1. 听

"听"是人与生俱来的听见声音的能力，是人的感觉器官对声音的生理反应，"听"的对象是声音，"听"的载体是人的感觉器官——耳朵，耳朵接收到的只是声音，没有信息。

2. 倾听

"倾听"与"听"不同，它不仅包括用耳朵听，还包括用眼观察、用嘴提问、用脑思考和用心感悟，是一项比较综合的生理、心理活动，是人积极主动参与沟通的过程，对所听到的声音进行有意义的加工的过程。倾听的客体不仅仅局限于声音，还包括对方的面部表情、身体语言、弦外之音等。

作为一名班组长，在日常工作中不要误将"听"当作"倾听"，混淆两者的界限。当自己边听下属说话边忙手中事情的时候，员工会失去说话的欲望，不仅影响到员工的情绪，也会影响以后的沟通甚至工作。

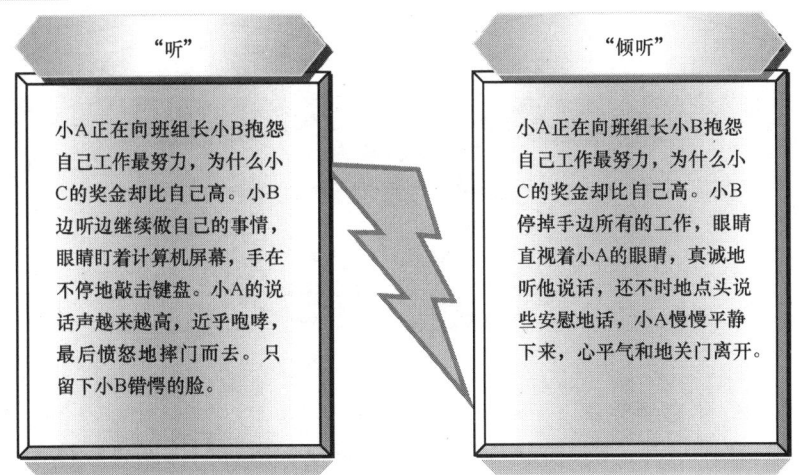

3.1.2 有效倾听的方法

班组长在与班组成员沟通的过程中,不仅要学会倾听,更要善于有效倾听。班组长可以从三个角度入手来提高自身的倾听能力,有效倾听的方法包括言语倾听法、体态倾听法和心理倾听法。

1. 言语倾听法

有效倾听不仅意味着听对方正在说的话,同时也意味着班组长用言语对对方所说话的字面意思及其言外之意做出评价,即言语倾听法。言语倾听法可以采用以下三种方式,具体如图3—1所示。

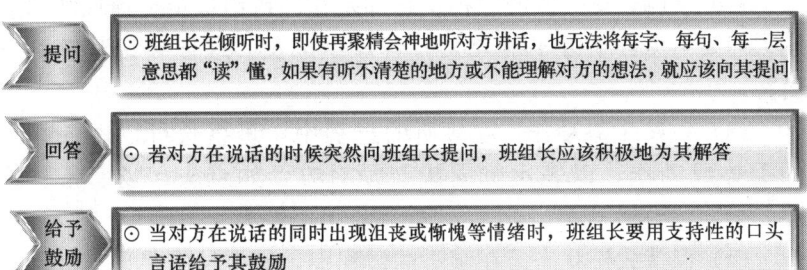

图3—1 言语倾听法的三种方式

下面就上述三种方式给出具体的示范。

2. 体态倾听法

在班组沟通的过程中，作为一名听众，适宜的体态可以体现出班组长正在采取一种积极的倾听态度，通过身体语言、动作、姿势等向班组成员表明自己在很认真地听其讲话，从而鼓励对方继续讲下去，这就是所谓的体态倾听法。体态倾听法包括以下几种方式：

（1）正对讲话者。无论是坐着听还是站着听，班组长都要将身体和头部正对着班组成员，这样可以向班组成员表示班组长在集中精力听他讲话，注意力没有被周围事物影响。

（2）保持目光接触。在沟通过程中，班组长要始终与班组成员保持目光接触，每一次的眼神接触都是在向班组成员传递理解与鼓励；但要注意，千万不能死死盯着班组成员，这样会让其感到不自在。

（3）一些手势动作。在倾听的过程中，班组长可以做一些小的手势或动作，以表示赞同或鼓励对方，如点头、竖拇指、拍手等。

（4）保持放松状态。在倾听的过程中，班组长不要显得过于拘谨、紧张，要向对方表现出镇静、感兴趣的姿态，这样对方也会受自己的影响而放松下来。当然,放松要有个度,太过放松会让对方觉得倾听者心不在焉。

3. 心理倾听法

在前面已经讲过,倾听的客体不仅仅局限于声音,还包括说话方的面部表情、身体语言等。所以,心理倾听法要求除了听清对方说了些什么,班组长还要用心倾听对方的面部表情、身体语言等,"读"懂对方的情绪和感受,或者那些没有被说出来的话。心理倾听法可以采用三种方式,具体如图3—2所示。

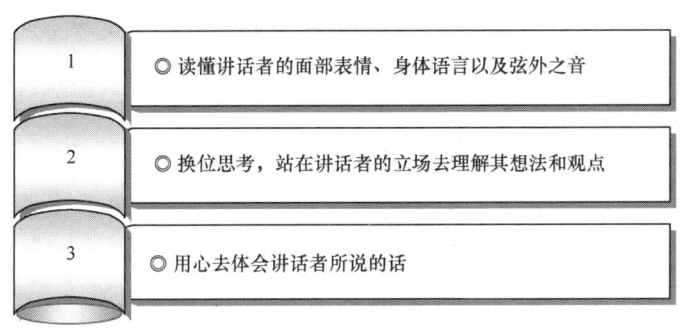

图3—2 心理倾听法的三种方式

3.1.3 有效倾听的技巧

倾听这一技能是可以后天培养和训练的,班组长在日常与班组成员的沟通过程中应学习并采取一些技巧,锻炼自己的有效倾听能力。

1. 选择有利的倾听环境

在沟通的时候,最好选择安静、平和的环境,如没有人的会议室等,能使沟通的双方始终处于身心放松的状态,这样做的好处是可促使对方将心底想说的话全部说出来;同时,班组长作为倾听者也不容易分心,从而实现沟通双方的目的。

2. 倾听过程中全神贯注

安静、平和的倾听环境只是客观因素，班组长还需要主观地集中注意力，从沟通开始至沟通结束均应保持全神贯注的状态，给对方以受重视的感觉。

给你建议

选好了合适的场合，班组成员一开口，就是抱怨、诉苦、迷茫。对此，或许班组长会有一丝的厌烦，但请注意，无论多厌烦，作为班组成员的上级，班组长都要让自己保持全神贯注的状态，不能破坏对方向你倾吐的愿望。为了班组的高效沟通，暂时地忍一忍也无妨。

3. 关注中心观点和主要观点

有效倾听的关键就是要抓住讲话者的中心观点和主要观点，这样做也能够避免长时间的倾听让班组长感到沉闷和厌烦。

给你建议

班组成员可能会有很多话想要和你倾诉，从工作到生活，琐碎繁杂的事情、各色各样的主题，所以，班组长要善于从海量的信息中提取对方谈话的中心观点和主要观点，了解对方苦恼的真正原因，这样也可以减轻单纯充当"听筒"的沉闷和厌烦。

4. 训练足够的耐心

倾听过程可能很愉悦，也可能会很沉闷，甚至让人厌烦，如果班组长拥有足够的耐心，他就可以赢得班组成员的信任和认同，这样不仅有利于班组的管理，也会让工作更高效。

给你建议

耐心缺乏是倾听的"绊脚石"。在倾听的过程中，倾听者感觉沉闷甚至厌烦是不可避免的，班组长所能做的是训练自己足够的耐心。因为班组长不只面对一个班组成员，可能在一天之内所有的班组成员都来找你，希望和你谈谈，那你就必须要有足够的耐心，才能抵挡一波又一波的"狂轰乱炸"。

5. 摒除偏见，坦诚倾听

人难免会带着偏见看待周围的某个人或某一群人，班组长也不例外。在一个班组里，班组成员的性格千差万别，能力也会有不同程度的差异，所以，不可能每个人都会让班组长满意。对于班组长来说，如果恰好是那个自己不太喜欢的人来找自己聊事情，是否会真诚地倾听对方的声音呢？

其实，答案应该是肯定的。每个班组成员都是平等的，班组长一定要做到客观、公正，摒除偏见，坦诚倾听每个班组成员的心声。而且在倾听的过程中，班组长切忌表现出一丝一毫的不满情绪。

6. 不要臆测，要积极提问

班组成员在讲话的过程中，难免会有情绪激动或思维混乱的时候，班组长很难听明白对方在说什么，这时，要做的不是臆测、自以为是地下结论，而是根据自己想要知道的信息，对其进行适当的提问，引导班组成员平复情绪、理清思维，从而清楚地表达自己的意思。

给你建议

当你正在倾听一位班组成员的说话时，突然他的情绪很激动，语速也随之变得很快，你根本听不懂他在表达什么，这时，你能做的不是主观猜测他的意思，而是等他情绪慢慢稳定下来以后再向他询问想要知道的信息。

7. 积极反馈，但不要变成讲话者

在倾听的过程中，班组长可以用适当的语言或点头微笑等体态语言对班组成员的信息进行反馈。但在反馈过程中，也要注意把握"度"，不能说个不停，甚至占据主导地位，致使倾诉者反而变成了倾听者。

给你建议

在倾听的过程中，班组长要适时地进行反馈，让对方知道你是否认同他的观点或者了解他的想法。同时，班组长也要明白，"反馈"应该是适时的、必要的，而不是经常的。请记住，班组成员才是说话的主角，班组长需要做的就是扮演好自己的倾听者角色。

3.2 班组长的表达技巧

3.2.1 选取表达的方法

表达是具有针对性的，面对不同的表达对象需要选取不同的表达方法和技巧。班组长在工作沟通过程中，所面对的表达对象也是有所区别的，有对上级的表达，有对下级的表达，有对平级的表达。下面针对上级、下级这两类表达对象，讲解班组长要选取的表达方法。

1. 班组长对上级表达的方法

（1）因人而异。班组长所面对的上级不止一个，而这些上级又具有不同的性格特征和领导风格，所以，对不同的上级表达自己的想法时要因人而异，采取不同的表达方法。例如，对支配型领导要采取直截了当、开门见山的方法，而不能拐弯抹角；而对和蔼型领导则不能太直接，表达时需要与对方的说话速度、思考速度相匹配，视具体情况也可经常性地向其提问。

（2）真诚尊重。无论面对哪种风格的上级，都需要做到真诚尊重，无论班组长是向上级表达自己的不同意见，还是向上级表达自己的不满情绪，都要让上级感受到真诚，班组长是很认真地看待这件事；同时，也让上级感觉到班组长是一个素养极高的人，并愿意考虑他的意见或抱怨。

（3）有理有据。在向上级表达自己的想法之前，班组长要先做足准备，确定所要表达的信息不是空穴来风、意气用事，而是有理有据，班组长可以为自己的每一条观点找到至少一个证据，这样在表达时才更有底气，更能说服上级，使沟通过程朝着预期的目标进行。

（4）巧妙提问。班组长在向上级表达自己的想法时要善于提问，在表达完自己的观点后可以询问上级的看法，以使自己的表达更有效。

2. 班组长对下级表达的方法

（1）使用不同风格的语言。班组中每个成员都有自己的个性特征和做事风格，班组长在表达时要区分不同类型的班组成员。例如，面对工作态度差的下属，要用比较严格的、下命令式的语言，激发他的工作积极性；面对自信心较弱，性格内向的下属，要用激励、具有亲和力的语言，给予他信心。

（2）对事不对人。与下级的沟通是班组长每天的日常工作。作为基层管理者，班组长经常会看到下级犯这样那样的错误，如何指正和辅导下级，同时又让下级没有逆反心理绝非易事。班组长这时就要用到"对事不对人"这个方法，即在对下级表达自己的想法时要就事论事，不能牵扯到人，甚至进行人身攻击。针对事情来谈自己的看法，同时指出下级的错误和需要改正的地方，这样的表达更有效，也更容易让下属接受。

（3）表达信任。班组长对班组成员的信任可以给班组成员以极大的精神鼓励，激发其自觉性、积极性、责任心，使班组成员间形成一种向心力，保持和谐的步调。所以，班组长在向下级表达时，要对其表达出充分的信任，通过一些鼓励的话来表明对他的信任，使其放心大胆地去做。

（4）同理心。同理心是指在沟通过程中能够站在对方的角度思考和处理问题，理解对方的立场和感受。班组长在对下级表达自己的想法时，要善于站在下级的角度考虑问题，换个角度想想为什么他会犯这样的错误、出现那样的问题，是不是有一些无法避免的客观原因，不能只是一味地责备或抱怨。

（5）多鼓励少责骂。在表达过程中，班组长从头到尾都在责骂下级，"你怎么又做错了""怎么这么笨""你真没用"，这种表达方式会不断地给下级以错误的心理暗示，使他们相信自己真的很笨、一无是处，并且不断强化，很可能会导致下属产生消极、悲观、缺乏自信的人生态度。所以，班组长要做到少责骂多鼓励，给班组成员以信心。

3.2.2　高效表达的技巧

高效表达不是仅靠语言就能实现的，它需要说话者全身心地投入，表情、动作、情绪等都需要参与其中。班组长在沟通的过程中，表达的目的是让上司或下属赞同自己的观点或做法。要做到高效表达，班组长需要注意以下技巧问题：

1. 字词使用要恰当

班组长在表达时，要注意字词使用要恰当，不能过于书面化、地方化；同时，要避免使用晦涩难懂、专业性过强、有地方性特色、缩写性的字眼，还要注意词的语境和词的感情色彩问题，在说出来之前先考虑一下某个词是否适合这样的场合，这个词会不会带有其他的消极感情色彩。

第3章 班组长的沟通管理

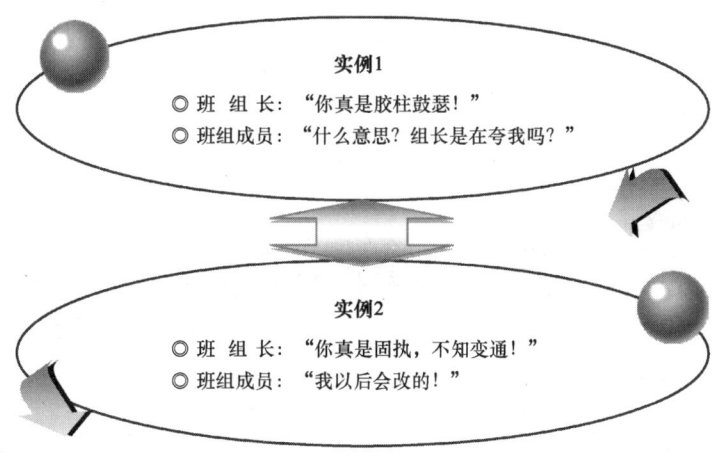

2. 简明扼要地表达内容

简明扼要是指班组长在表达想法时句子要尽量简短，不要冗长复杂，最好能用几句话概括自己的中心思想；同时，表达要挑重要内容，即重要内容要有所突出，如果表达结束对方仍是一头雾水，说明自己的表达是失败的。

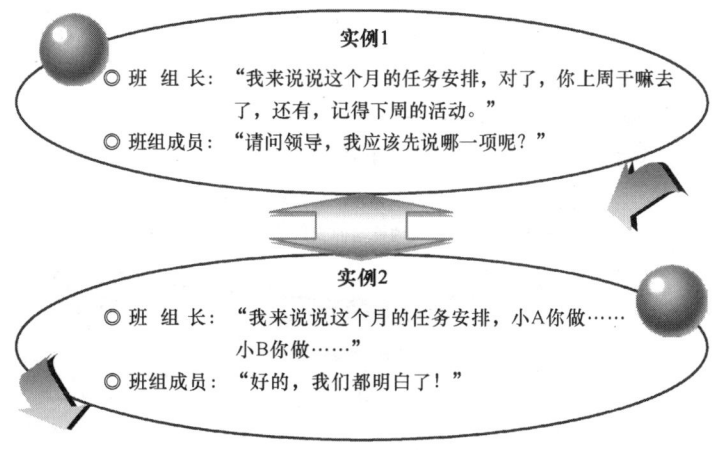

3. 避免攻击性的语言

班组长在与上级或下级沟通过程中，难免会产生一些负面情绪，

45

如愤怒、失望等,这时班组长一定要足够清醒,不能受负面情绪的影响去谩骂、侮辱对方;否则,可能也会影响到对方的情绪,中断沟通。

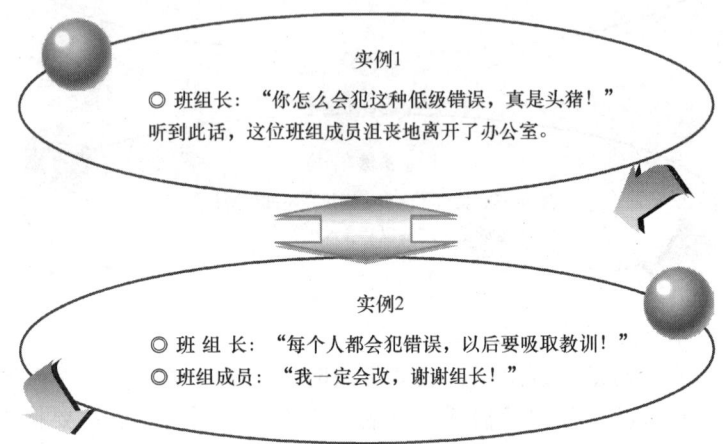

4. 要善于控制自己的情绪

班组长在表达时要善于控制自己的情绪,而不是被情绪所控制。附带情绪的表达会大大削弱自己所表达内容的真实性和严谨性,表达效果自然也不会很好。

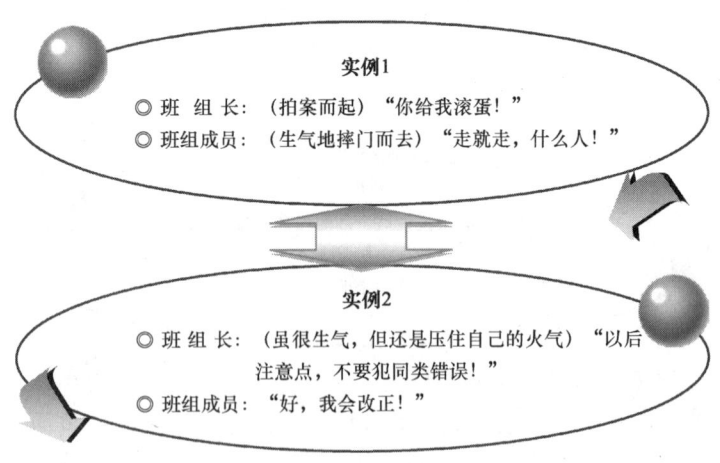

5. 控制说话的速度

（1）语速匹配。表达时的说话速度直接关系到倾听者的情绪，如果面对一个说话节奏快、做事迅速的下属，班组长说话却慢条斯理，会严重影响下属的情绪，甚至会影响到他的工作积极性；而面对一个慢性子、性格相对保守的下属，班组长说话却像疾风劲雨一般，下属不但听不清楚，还有可能因为跟不上语速而产生自卑感。所以，班组长在平时的交流中要根据不同的沟通对象选择不同的语速。

（2）偶尔停顿。班组长在讲话的过程中不要一直说个不停，要做到适时停顿，偶尔停顿有助于班组长根据倾听方的情绪状态、理解与否调整语速，以更清楚地阐述自己的观点。

（3）控制不当语速。班组长在与班组成员交流的过程中，不当的语速会造成沟通不畅或中断，从而导致无效沟通结果，最终造成工作效率低下，严重影响工作。所以，在表达自己意见或看法的过程中，班组长要积极地调整和控制自己的说话速度。

不当语速的表现可以分为三种，具体如图3—3所示，班组长要注意避免。

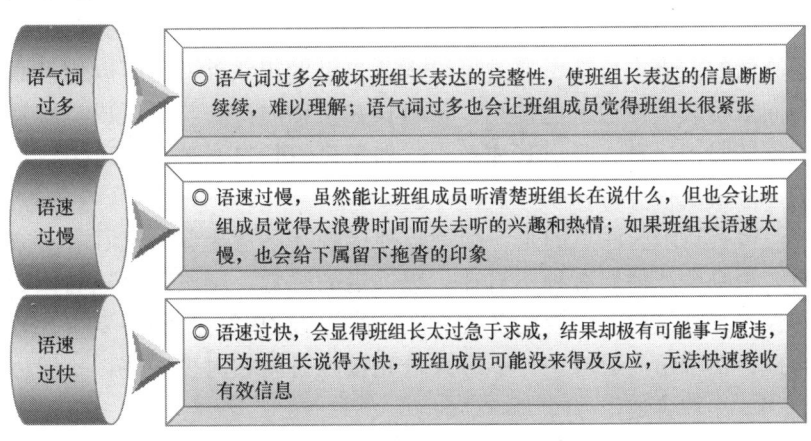

图3—3　不当语速的三种表现

6. 善于使用声音

（1）控制音量。音量即班组长表达时的声音大小。班组长在沟通时，要根据不同场合和倾听者的数量调整表达的音量。在比较嘈杂的环境里，或进行群组讨论时，声音要尽量大一些；在安静的场合，或与个人进行交流时，声音要尽量小。在说话的过程中，音量的变化也有助于突出重点，在某个地方突然抬高或降低音量都比较容易引起倾听者的注意。

（2）变换音调。音调的变换是提高倾听者兴趣、促使其继续听下去、提醒其表达重点的有效途径。如果班组长在表达的过程中始终使用同一种音调，会让倾听者感到很枯燥，降低其倾听兴趣；如果班组长重视语调变化，使倾听者在听觉上获得愉悦和美感，才能让倾听者久听不厌，从而达成良好的沟通效果。

（3）以声传情。声音是有感情的，讲话者将音量变化与语调变化结合起来，表现出讲话者在传达信息时的某种感情。班组长态度是诚恳还是应付、是着急还是可以延缓、是批评还是鼓励，班组成员都可以从班组长的声音中找到这些问题的答案。

7. 注意自己的眼神

（1）保持眼神接触。俗话说"眉目传情"，可见眼睛也是可以传递感情的。班组长除了通过言语表达自己的想法外，也可以借助眼神向班组成员传达一些信息。班组长在讲话时，要与班组成员维持稳定的眼神接触，吸引其注意力。如果班组长目光游离，班组成员的注意力也很容易分散，影响沟通效果。

需要班组长注意的是：维持眼神接触并不意味着一直盯着对方看，否则会让他们有种不自在、想逃走的感觉。应该适时地与倾听者保持眼神接触，一般在一对一的沟通中眼神接触保持 6～20 s 比较合适；在群组沟通时，与单个人目光接触时间相对少一些，一般以 3～6 s 比较合适。

（2）直视正确的部位。班组长在与班组成员保持眼神沟通的过程中，要直视眼睛附近的部位，如果直视鼻子、嘴巴等其他部位，会让倾听者感到不安。

8. 使用肢体语言

班组长在表达时，除了使用口头语言外，还可以借助肢体语言，如面部表情、眼神、手势、坐姿等。正确而恰当的肢体语言可以使班组成员更快、更直接、更到位地理解班组长所表达的内容。最常用的肢体语言有三大类，具体如图3—4所示。

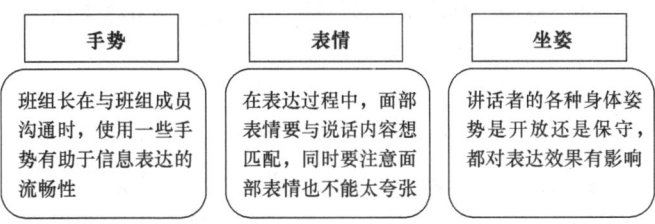

图3—4　三类常用的肢体语言

班组长在使用面部表情时要生动自然，如果矫揉造作或者没有任何表情都会让对方感到不自在，不能专心听讲；在说话的同时加入一些适当的手势可以增强表达效果；应采用开放式的坐姿，同时与对方保持适当的距离。

9. 多让倾听者参与

在沟通过程中，班组长作为表达者占据主导地位，但也不能使倾听者完全处于被动的状态。班组长要善于将倾听者的情绪调动起来，如通过向倾听者提问或鼓励倾听者提问，在倾听者提出问题的时候有效地回答其问题，也可以说一些有趣的话或举一些有趣的例子，使其充分融入沟通的过程中。

3.3　班组长的反馈技巧

3.3.1　有效反馈的标准

反馈是沟通过程的一个重要组成部分，是联系班组长的言行及其对他人影响之间的纽带，班组长若想在班组沟通中影响他人，反馈不失为最有效的一项技巧。要做到有效反馈，就应先了解有效反馈的标准是什么。

无论秉持什么样的反馈态度，采用哪些反馈技巧，检验反馈效果的标准是沟通双方是否达成了一致的意见、做出了共同的决定，或者班组长的反馈意见对一致意见的达成、共同决定的做出是否起到了积极推动作用。

班组长的"反馈"是否为有效反馈，可以从以下几个方面进行评价：

1. 反馈是否具体明确

班组长做出的反馈应该是具体明确且有针对性的，就班组成员的核心问题给予反馈。如果只是简单地指出对方正确或者错误的地方，班组成员还是不知道自己哪里做得好，哪里做得不好，以后还是会犯同样的错误，达不到反馈的效果，甚至会打击班组成员的工作积极性。

2. 反馈是否具有建设性

所谓正面、有建设性的反馈，即鼓励班组成员工作中积极的一面，并对其做得还不够完善、需要改进的地方提出建设性的意见或建议。如果对班组成员持全盘否定态度，会挫伤其积极性，这种批评也比较容易被遗忘，起不到实际沟通效果。

3. 是否在正确的时间给予反馈

班组长要选择适当的时机进行反馈，反馈要与所谈论的话题紧密相连，即话题在班组长和班组成员的记忆中要非常清晰，这样反馈才会更加及时、更加容易、更有效果。如果延迟反馈，则反馈的效果会大打折扣。

4. 沟通双方是否达成共识

在沟通结束时，班组长不妨从头开始检查一下自己与班组成员就谈论的问题是否达成了共识，自己反馈的建议或意见是否获得了班组成员的认同和理解。

5. 反馈是否促进班组成员的行为有所改变

沟通结束一段时间以后，班组长要考察一下班组成员的行为是否有所改变，其工作能力有没有提高，工作效率有没有提升，从而评价之前的反馈工作是否真正起到作用。

3.3.2 反馈的技巧

班组长在沟通过程中如何才能做到有效反馈呢？有效反馈的技巧包括以下几种：

1. 针对倾听者的需求

班组成员在向班组长汇报工作或找班组长谈心的时候，总是带有一定的目的性，在某一方面有自己的诉求。这时，班组长在给出反馈的时候应该站在班组成员的立场上，了解对方有什么样的诉求，并针对其最为需要的内容给予反馈。

没有反馈，或反馈不具备针对性，都会降低班组成员汇报、谈心甚至是工作的积极性。请看下面的反面案例。

明明白白我的心

年终考核的工作接近尾声，班组成员张某去找班组长王某，一阵寒暄过后：

张某："组长，年终考核的结果都下来了吧？"

王某面无表情："基本都出来了。"

张某（满怀希望）："那您觉得我这一年做得怎么样？"

王某："明天公布考核结果，到时候你看一下就知道了。"

张某满脸失望地离开了办公室。

案例中的班组成员满怀希望地找到班组长，期待班组长能结合本次考核情况对他一年的工作和能力做出评价，并能针对自己以后的发展提一些建议。而班组长无视班组成员的希望，不积极体会其话中的弦外之音，敷衍地给出了没有针对性的反馈。看这位班组成员最后离开办公室的表情，即可知道这次沟通过程中的"反馈"是极其失败的。

2. 反馈要正面、具体、明确、有建设性

针对班组成员的问题，班组长的反馈要具有正面性，要具体、明确并有建设性，不能一概而论。请看下面的两个案例。

班组成员小王对班组长小李说:"组长,真是抱歉!这件事我没有办好!"

班组长对班组成员的负面反馈与正面反馈的示例解析见表3—1。

表3—1　　　负面反馈与正面反馈的示例解析

负面反馈	评述
"你太让我失望了!"	这种表述不具体,只是表达了不满、抱怨情绪,无助于问题的解决,而且会影响下属的情绪,甚至打击下属的工作积极性
正面反馈	评述
"没事,下次记得要吸取教训。让我们一起分析一下,这件事失败的原因是什么,你有哪些地方没做到,做得不足……"	这种表述不仅能让下属放松下来,也能让下属明确失败的原因是什么以及以后该如何做,反馈具体、明确

示例1
○ 班组成员:"组长,我觉得那件事应该这样处理。"
○ 班 组 长:"你的想法根本就行不通!"

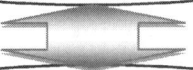

示例2
○ 班组成员:"组长,我觉得那件事应该这样处理。"
○ 班 组 长:"××,你的建议很好,尽管有些想法目前还不能实现,你看这样改一下会不会更好?"

3. 对事不对人

班组长在沟通过程中的反馈是针对班组成员提出的问题或陈述的某一观点而做出的,所以,在给出反馈的时候切忌针对班组成员个人或对其进行人身攻击。因为这样不仅解决不了问题，还会加深双方的对抗情绪。

4. 实事求是，量"力"反馈

班组长在对班组成员的提问或陈述的观点给予反馈的时候，应遵循实事求是的原则，将反馈的焦点集中在班组成员可以改进的行为上，量"力"给出建议或意见；否则，会给班组成员增添不必要的压力，不利于工作的进行。

3.4 班组长的沟通技巧

3.4.1 与上司的沟通技巧

作为一名基层管理者，班组长不仅要跟班组成员打交道，也需要和上司有工作中的沟通。大多数班组长在与上司沟通时，总是战战兢兢，如履薄冰。其实，在与不同性格类型、处事风格的上级沟通时，班组长应该学会以下方法或技巧，促使自己与上司的沟通顺畅、轻松。

1. 时机恰当，场合合适

上司需要处理的事情很多，不是每时每刻每地都有耐心听班组长的工作计划或最近工作中遇到的问题，所以，挑选合适的时间和场合是极其重要的。班组长平常要多细心观察上司的工作状态和情绪，选对时间和场合也许能达到事半功倍的效果。

2. 穿着谨慎，精神饱满

在与上司沟通之前，班组长要先检查一下自己的衣装打扮和精神面貌。尽量着正装，如果穿着打扮很随意甚至很另类，都可能引起上司的反感，影响沟通效果；同时，班组长应注意精神要饱满，向上司展现出自己充满干劲的样子，而不能消极颓废。

3. 转换立场，换位思考

班组长在与上司沟通时，也要学会站在上司（或公司）的立场和角度考虑问题，结合上司的工作方向提出自己的问题，陈述自己的观点，以便让上司知道这位下属与自己是站在同一个立场上的，赢得上司的信任，有助于沟通目的的达成。

4. 因人而异，方法恰当

班组长所面对的上司不会只有一个，而每个上司都有自己独特的性格特征和领导风格，所以，在与这些性格迥异的上司沟通过程中要采用不同的沟通方式。沟通方式要因人因事而异，采取不同的方法。图3—5分析了4种类型上司的领导风格以及班组长在沟通时应采取的技巧，以供班组长借鉴参考。

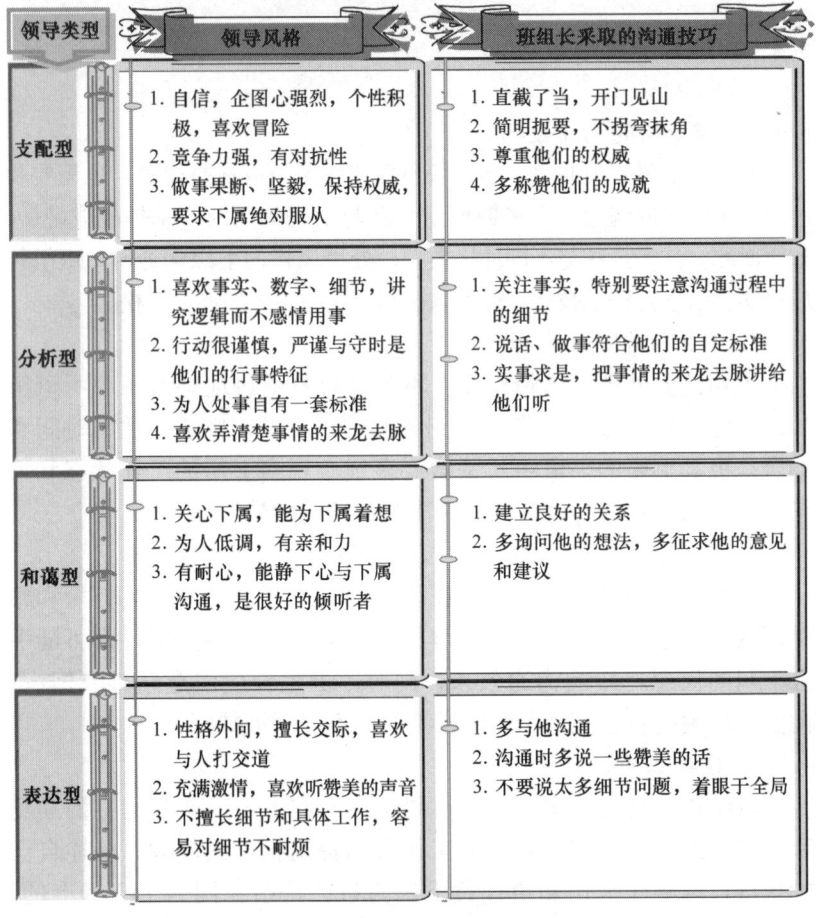

图3—5　不同类型的领导风格与沟通技巧分析

3.4.2 与下级的沟通技巧

班组长工作在基层,打交道最多的当然是班组成员,班组长与班组成员沟通的成功与否直接影响到班组工作指标的完成。俗话说,没有难以沟通的下属,只有不善于沟通的上司,所以,班组长要学习如何与下级进行有效沟通。班组长与下级的沟通技巧包括以下几种:

1. 气氛调节技巧

轻松、和谐的气氛有助于沟通双方保持放松状态,达到最佳沟通效果;相反,如果有一方紧张,或者双方彼此猜忌,互不信任,甚至恶语中伤,将使气氛变得严肃,造成双方心理冲突,使沟通中断或无效。所以,班组长在与班组成员沟通的过程中,要善于调节气氛,可从以下4个方面入手,具体如图3—6所示。

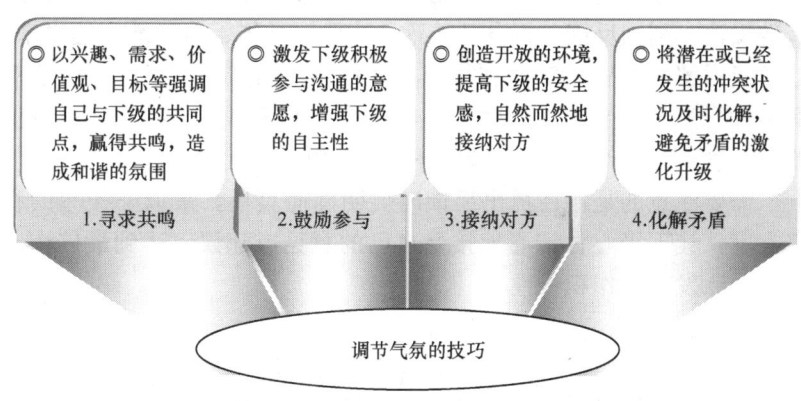

图3—6 班组长与下级沟通时调节气氛的技巧

2. 倾听技巧

在沟通过程中,有效倾听起着至关重要的作用。而对于处在一线的班组成员来说,由于其文化水平和综合素质的层次不尽相同,班组长在与其进行沟通时,仅做到一般的倾听是不够的,还需要掌握一些特殊的倾听方法,如图3—7所示。

班组长管理基础知识

图 3—7 有效倾听的特殊方法

3. 反馈技巧

班组长在与班组成员沟通过程中,不仅要善于倾听,还要做到有效反馈。利用反馈,将自己的意见或建议具体、明确地表达出来,让下级了解他的思想倾向和行为方向;通过反馈,下级能了解他对其某种行为的感受,是鼓励赞许,还是批评愤怒,这些反馈对员工维持正确行为和改变不良行为是相当重要的。

需要注意的是:在提出反馈时要明确而具体,采取非侵犯的积极态度,让下级心甘情愿地接受自己的意见或建议,达到最佳沟通效果,激发其工作积极性。

4. 尊重技巧

每个人都希望被尊重,下级也不例外。班组长不能因为自己的职位比下级高,就有一种居高临下之感。在班组沟通中,上下双方是平等的,班组长也应该尊重下级。班组长有时需要运用下列 4 种技巧以示对下级的尊重,具体如图 3—8 所示。

5. 压力技巧

除了倾听、反馈、尊重下级等技巧外,适时地"发怒",给下级施加一些压力也是必要的。当然,"发怒"也是要讲策略的,不要为了发怒而发怒,而要在沟通中某一个下级可以接受的点上"发怒"。通过"发怒",让下级认识到问题的严重性和自身存在的差距,从而

第3章 班组长的沟通管理

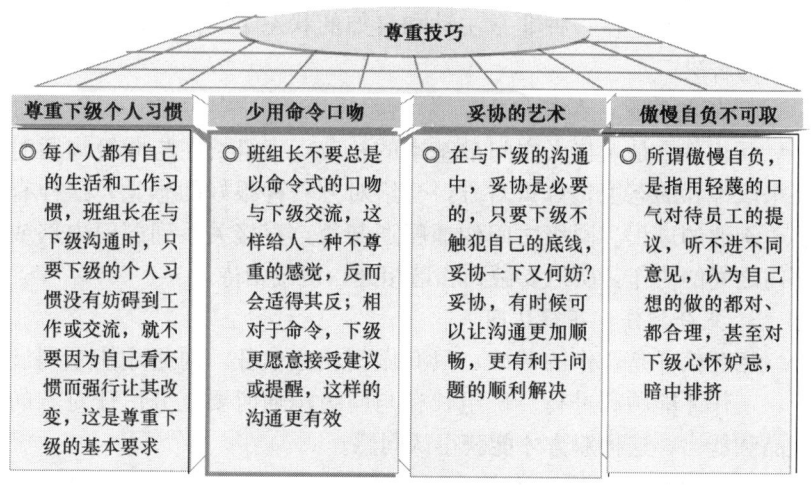

图3—8 4种常用的尊重技巧

产生进步的动力。

6. 定期沟通技巧

班组沟通是长期性的，不可能通过一次沟通就能解决所有问题，即使通过一次沟通解决了现阶段的问题，下个阶段的问题也还是会出现的。所以，班组长与下级的沟通不可能只有一次，持续、定期的沟通才能了解下属的最新情况，掌握近期工作进度。

3.4.3 与同级的沟通技巧

同级之间，既是天然的"合作者"，又是潜在的"竞争者"，班组长在与平级相处中必然会产生既渴望合作，又期盼竞争的心理。所以，班组长在与平级沟通中要求同存异，保持一种和谐的状态，争取达到效果最大化。班组长与同级沟通时要注意运用下列技巧：

1. 了解为先，做足准备

班组长在与平级沟通前，要先了解对方是一个什么样的人，包括性格特征、兴趣爱好、工作风格等。如果是不同部门的班组长，还要了解其他部门的运作情况、对方的工作目标以及如何配合等。有了这些基本信息，班组长就很清楚该怎样与对方进行沟通，这样的沟通就会建立在一种非常主动和自如的状态下，沟通流畅有益于问题的解决。

2. 互相尊重，和谐相处

互相尊重是人与人之间最基本的礼节，班组长在与同级沟通时要采取谦和的态度，尊重对方，会给对方一种很好的感觉，这样有利于沟通的进程。同级之间沟通畅通与否，直接关系到部门内部或部门之间的协作，所以要做到和谐相处，坦诚相待。

3. 充分信任，获得认同

相互信任是合作的基础，只有做到相互信任，沟通才能顺利展开，工作才能顺利进行。班组长在与同级沟通时要充分信任对方的人品和能力，这样双方才能获得认同感。

4. 有争议时，坦诚协商

同级之间沟通难免会因为工作问题产生争议，这时，双方都要以大局为重，心胸宽广，坦诚协商，寻求最佳解决争议的办法。同时，要拥有一颗包容之心，对方难免会因为着急而触犯到自己的时候，班组长要学会包容，争取尽快解决问题。

5. 同级有难，伸手相助

作为班组长，当某位同级同事来找自己说最近遇到一个特别大的难题，想要寻求自己的帮助时，自己应耐心地听对方讲完，通过提问了解事情的来龙去脉，然后询问对方需要什么样的帮助，最后在自己力所能及的范围内为其提供帮助。

第4章 班组长的督导管理

4.1 用制度去管理人

4.1.1 了解制度的作用

制度是企业为了实现自己的经营目标，根据组织所处的环境，而制定的约束员工行为的一种规范。

制度是管理者与被管理者都应该遵守的"共同契约"，班组长作为企业的基层管理者，必须深入理解制度所起的作用，才能有效地指导和管理工人的日常工作。

制度主要有以下三个方面的作用：

1. 员工行为的规范

企业是一个复杂的组织，所以必须制定一套行为规范，以保证这个组织中的众多成员都能为实现目标而行动。班组长等企业所有的员工也都需遵循企业的管理制度和规范。

制度在规范成员的行为时有约束和指导两种方式，具体说明见表4—1。

表4—1　　　　　　　规范员工行为的方式

方式	具体说明
指导方式	◆ 即告诉员工"应该做什么"，如员工应该在什么时间上班，在什么时间下班，操作设备时应该遵循怎样的流程等 ◆ 制度的指导性帮助企业作为一个机体能够有效运转
约束方式	◆ 是使员工理解"不该做什么"，如不能迟到早退，不能越级反映问题，不能将企业的财产私自带回家等 ◆ 制度的约束性可以使员工不去做损害企业利益的事，从而保证企业能够正常地生产和经营

制度是所有人的行为准则，它既规范了被管理者的定位，也规范了管理者的行为。也就是说，制度既有对责任的描述，也有对权力的限制。

班组长在运用制度管理下属时，应该注意对下属工作提出的要求以及自己行使的权力都应在制度规范的范围内。

2. 处理问题的依据

制度可以维持企业正常的生产和经营秩序，当员工与员工之间、部门与部门之间发生问题纠纷时，制度就能作为一种处理问题的依据来使用。对于班组长等基层管理者，这一作用体现得尤为明显。

制度规范了各个部门间或各个岗位间的权力职责，以及相互之间应该如何协作等内容。当员工遇到问题时，可以根据制度选择处理方式。

当员工间或部门间出现纠纷时，相关领导可以根据制度确定责任归属和处理办法。

3. 文化建设的基础

企业文化建立在制度的基础之上，企业制度本身又能体现企业文化。由于企业制度中规定了企业整体以及员工个体遵循的行为规范，员工不仅可以从中看出企业推崇什么、反对什么，也可以看出企业做事的方式与风格。

企业希望建立什么样的组织文化，就会建立什么样的管理制度。以生产车间员工的绩效考核为例，企业如果推崇求真务实的工作作风，员工的绩效考核就会侧重出勤率和工作态度；如果企业鼓励员工创新，绩效考核就会侧重生产技术改进和发掘工序问题的考量；如果企业追求团结，那么员工的绩效考核就会侧重于考察团队协作和成员沟通。

班组长在运用制度的同时应该注意到企业文化的本质到底是什么，这样才能做到灵活处理、有的放矢，使制度发挥其应有的作用。

4.1.2　了解制度的体系

班组长等基层管理者在制定相关制度之前，需要对企业制度体系有充分的了解。

根据管理的层次、幅度和适用范围不同,企业制度管理体系可以划分为4个层次,其具体结构如图4—1所示。

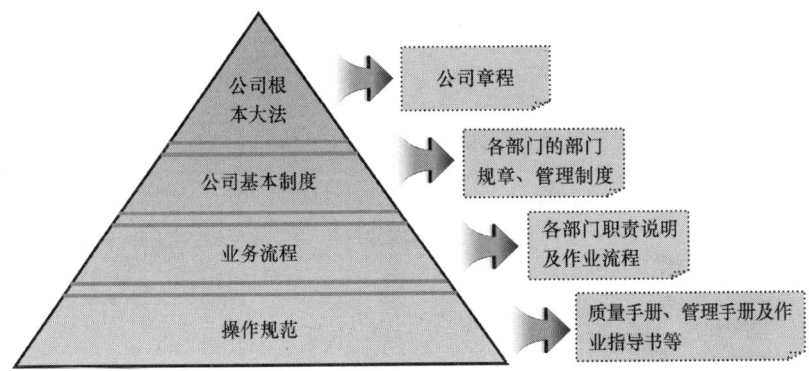

图4—1 企业制度管理体系的结构

在企业制度体系的结构中,由下至上层级越来越高。班组长等基础管理人员在制定各自的规章制度时,应当与公司的基本制度相一致。而当公司的根本大法和基本制度变动时,下面的制度应随之做出相应的变动。

4.1.3 起草有效的制度

企业制度建设的起点就是起草规章制度,制度能否发挥其应有的作用首先要关注的是制度本身的有效性。

1. 有效制度的特征

班组长须了解什么制度才有效,以便合理制定职责范围内的相关制度,并为制定企业管理制度的高层领导提出合适的建议。

有效的制度是指能够对员工、对工作甚至对问题都能做出清晰的界定,并能指引企业中的成员按照正确的方式去应对和处理各种事务。

一般有效的制度具有以下5个特征,如图4—2所示。

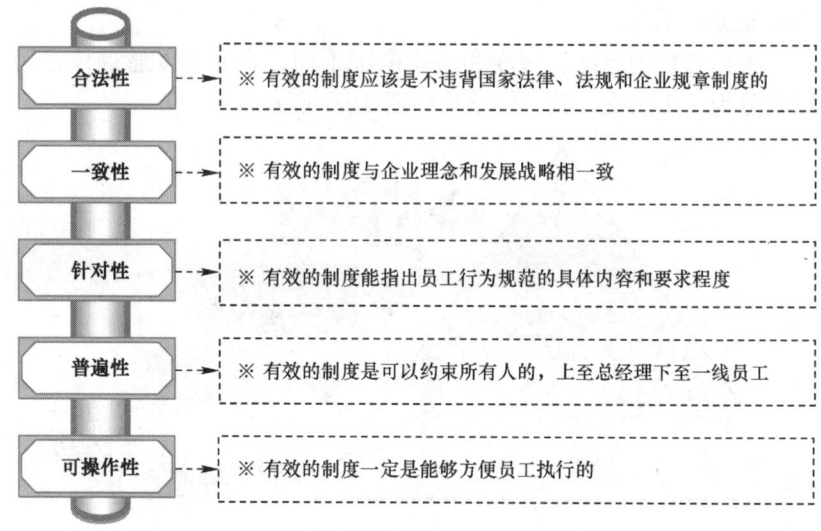

图 4—2　有效制度的特征

2. 起草制度的程序

起草制度可先编写纲要,再拟订条文,最后形成制度草案。负责起草管理制度的人员可以按照图 4—3 所示的步骤进行。班组长也需掌握起草制度的程序,以便制定和完善职责范围内相关的制度。

4.1.4　完善制度的体系

制度并不是一份份单独的办公文件,它们是一个相互作用、相互联系的有机整体,所以,在制定了各项制度之后还要不断地去完善它们。

1. 完善制度体系的人员

在整个制度体系中,企业的根本大法和基本制度是由高层管理者负责建立和完善的,而业务制度流程和作业操作规范是班组长等基层管理者最常使用的制度,所以,其完善和改进工作也必须由班组长等基层管理者来完成。

2. 如何完善制度体系

企业高层管理者和班组长等基础管理人员在完善制度体系时,

第4章 班组长的督导管理

步骤	要点说明
明确制度目的	※ 根据企业发展的实际状况，明确制定制度的目的，为制度内容的设计和条款的设置指明方向
规划制度内容	※ 收集各种资料，并将其归类、汇总，在对企业及当前运营情况、业务流程和存在的问题等能够进行深入分析的基础上，规划制度的内容
编写纲要	※ 针对所规划的每一项内容做进一步的分析，明确其要点，形成制度的内容纲要
拟订条文	※ 根据内容纲要，结合企业的经营状况和管理要求，对企业的业务、人员、行为等进行规范，拟订出制度具体的条文内容
形成草案	※ 采用图示、表格及文字等形式，将各项制度条文正式书面化，形成制度草案
最终定稿	※ 统一规范各个制度中所使用的名词、编号体例等，统一各个制度的模板，确保制度的内容完整、格式规范、标识一致等

图4—3 制度起草的步骤

可采取补充、修订、更新和改进4种办法对制度进行完善，具体方法见表4—2。

表4—2　　　　　　　　完善制度体系的方法

方法	具体说明
补充制度	※ 由于制定者考虑不全面或企业增加新业务等原因，会出现制度体系不完整的现象，导致员工行为或某些事务得不到规范 ※ 制度的补充工作应由各级管理者承担

续表

方法	具体说明
修订制度	※ 企业制度在颁布之初，往往并不适应企业生产经营的实际情况，所以在执行的过程中会遇到很多问题 ※ 企业内组织架构和业务流程的变动也会导致制度出现不适应的现象，从而束缚企业发展 ※ 修订制度的工作主要由中高层管理者承担 ※ 班组长等基础管理者可以完善所涉及的基础管理相关制度，但必须报上级领导审批
更新制度	※ 当企业制度仍然适用，只是国家的部分政策或是企业的一些岗位发生了一些小的变动时，需要对制度的部分内容做及时的更新 ※ 制度的更新工作由制度的制定单位负责
改进制度	※ 制度本身总是具有提升空间的，通过改进企业的制度，可以使其变得更加科学、更加合理 ※ 制度的改进工作主要由中策和基层管理者负责

班组长作为基层管理者，熟悉一线生产的各项业务流程，对于流程和操作规范等制度了解得最清楚。所以，班组长在制度完善方面最具发言权。班组长在日常工作中不能只是机械地执行各项制度，还要对其合理性进行识别，主动观察分析，看生产制度是否有改进的空间。

4.2 用流程去管理事

4.2.1 认识流程的作用

流程是企业为了实现一定的目标而为各项工作精心设计的工作步骤、顺序，它表示的是企业的工作程序。当流程确定以后，各个部门和班组成员等都必须按照流程要求进行各项工作。

流程的制定在企业的管理中起着非常重要的作用，班组成员须了解流程的作用，以便更好地为企业服务，制定流程的具体作用如下：

1. 整合资源，达成企业目标

企业作为一个以实现利润最大化为目标的组织，必定要卖出产品或服务。为了获得产品，企业将买入原材料和设备，流程就可以将企业的土地、人力、设备、资金等整合在一起，以完成将原材料变成产品的整个过程。企业的日常经营中除了产出产品外，还有许多其他的大大小小的目标，如人员招聘、技术研发、投放广告等都会用到流程，而且越是有效的流程越能实现企业的目标。

2. 使企业适应环境变化

企业在市场竞争中必然要面对供应商、顾客、竞争对手、政府等各方面的影响，流程使企业能够拥有弹性，从而可以应对环境变化。

当企业受到外部环境刺激时，企业中班组成员和各部门将按照既定的流程处理和应对，从而规避环境变化给企业带来的伤害，或把握市场机遇，从中获得各种利益。

3. 规范和简化管理工作

企业管理是件十分复杂的工作，流程使得员工可以直接按照规范的作业程序完成自己的工作，进而大大简化了管理者的指导和监督工作。流程将各项工作都程式化，避免了员工按各自的方式去完成任务，而管理者就可以直接监督员工对于流程的执行情况，从而对员工进行管理考核。

4.2.2 流程设计的知识

企业为了规范管理工作，各级管理人员需制定相应的流程，以便使各部门人员和班组成员等有依据可循。

1. 流程的分类

班组长及各部门经理等管理人员在制定相应的流程时，需了解流程的类型。根据工作性质不同，流程可分为业务流程和管理流程两类，具体见表4—3。

表 4—3　　　　　　　　　流程的分类

名称	目的	具体说明
业务流程	企业设计业务流程是为了达成某一明确的目标或完成特定任务	◆ 其各个步骤间具有较强的逻辑结构和先后顺序 ◆ 在业务流程中，主要通过流程下一步的执行主体向上一步执行主体提出要求来完成整个工作步骤 ◆ 各步骤执行主体多是同级别的员工和部门
管理流程	为了保证员工实现目标，间接地服务于企业经营活动	◆ 在管理流程中有较为明显的上级和下级的关系，经常存在一个负责发布命令的领导或负责人 ◆ 在管理流程中承担主体在地位和权力上是不平等的

2. 流程的分级

企业中的岗位划分和工作事项等都比较复杂，为了清楚地表示企业的业务流程，往往将流程划分成几个层次。企业将大的工作事项设计出一级流程，然后对一级流程中的某个过程进行细分，形成二级、三级甚至更低级别的流程，其相互之间的关系如图 4—4 所示。

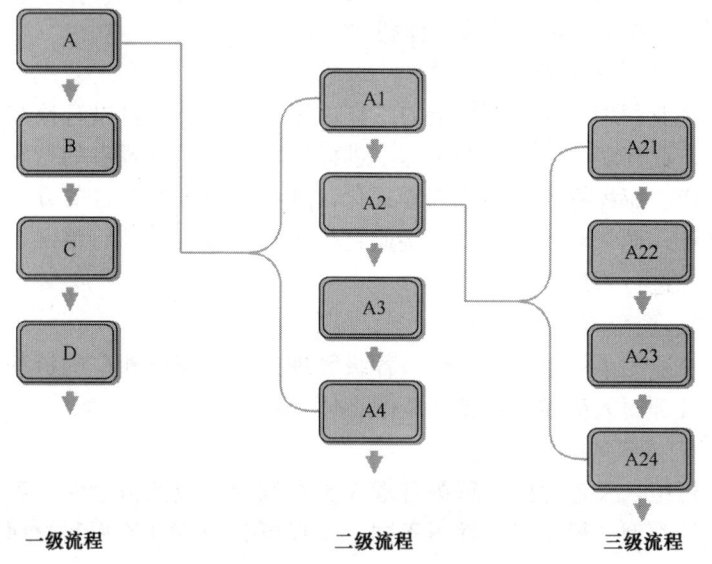

图 4—4　各级流程之间的关系

3. 流程图

班组长及各部门经理等管理者在了解了流程的分类和分级之后，须认识具体流程的表示方式，即流程图。

企业中的各项业务总是以流程图的形式表现的。流程图由一些图框和流程线组成，其中图框表示各种操作的类型，图框中的文字和符号表示操作的内容，流程线表示操作的先后次序。流程图中各种图形的使用规范见表4—4。

表4—4　　　　　流程图中各种图形的使用规范

名称	具体图形	使用规范
椭圆		表示流程的开始或结束
矩形		用来表示具体的任务和工作事项
菱形		表示需要决策的事项
箭头		表示信息或物料的流向
倒梯形		表示信息的来源
平行四边形		用来表示信息的储存与输出

4. 流程设计的基本原则

班组长及各部门经理等管理者设立流程时，须遵循目标性、合法性、效率性三大原则，具体说明如下：

(1) 目标性。流程设计的最终目的是要调动企业各类资源完成经营目标。

企业一级流程即企业整个生产运作流程，它是以为顾客提供产品为目标的，不能保证产品顺利生产的流程是毫无意义的。

而企业的其他流程，如产品某道工序的运作流程就是以制造下道工序使用的零件为目标的，如果不能为下道工序提供所需的零件，这个流程不仅毫无意义，而且会妨碍企业正常的生产经营活动。

(2) 合法性。企业设计出的流程不能违背国家的法律、法规。例如，企业应当按照国家规定的标准进行废料处理，不能直接排放有害物超标的废气、废水。如果企业在设计生产流程的过程中缺少了废料处理这一环节，很可能将面临法律问责。

流程应该遵循企业的规章制度。例如，企业中规定了设备的采购须由财务部进行审核，设计流程时就不应该将审核的职责交给采购部。

(3) 效率性。企业的生产经营是受资源约束的，为了尽可能多地增加利润，节约成本，流程要体现效率性。在能够完成目标并且不违背有关规定的前提下，要减少不必要的交接活动，节约工作需要消耗的时间和成本。

5. 流程设计的步骤

班组长及各部门经理等管理者设计流程时的一般步骤如图4—5所示。

4.2.3　流程设计的范例

下面分别列举管理流程和业务流程的设计范例，以供班组长及各部门经理等管理人员参考。

在此参考案例中，业务流程设计的范例包含了两个级别的流程图，班组长及各部门经理等管理人员可以根据这个范例思考一下在流程设计过程中层级设置的问题。

第4章 班组长的督导管理

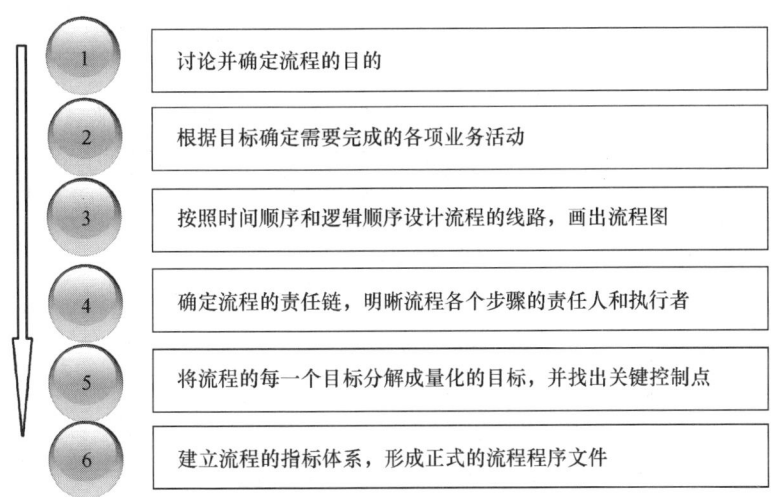

图 4—5 流程设计的步骤

1. 管理流程范例

如图 4—6 所示为某企业的一个产品研发过程管理流程，它属于企业的一个三级流程图。产品研发工作是由产品研发小组负责完成的，市场部负责协助进行研发产品的市场测试，而产品经理和技术总监负责对这些工作进行管理。

2. 业务流程范例

（1）业务二级流程图。如图 4—7 所示为一个汽车制造的流程，它是企业的一个二级流程图。这一流程图中的工作是由各个车间负责完成的，冲压车间首先接收制造汽车零件的原材料并对其进行冲压，然后经过焊接车间、涂装车间、组装车间的加工及处理，最终转入检测车间对车辆进行质量检测和性能调试。

（2）业务三级流程图。汽车制造流程可以继续细化成冲压流程、焊接流程、涂装流程、组装流程等。图 4—8 所示为涂装工艺的流程，该图属于企业的一个三级流程。这一流程是由同一车间的不同

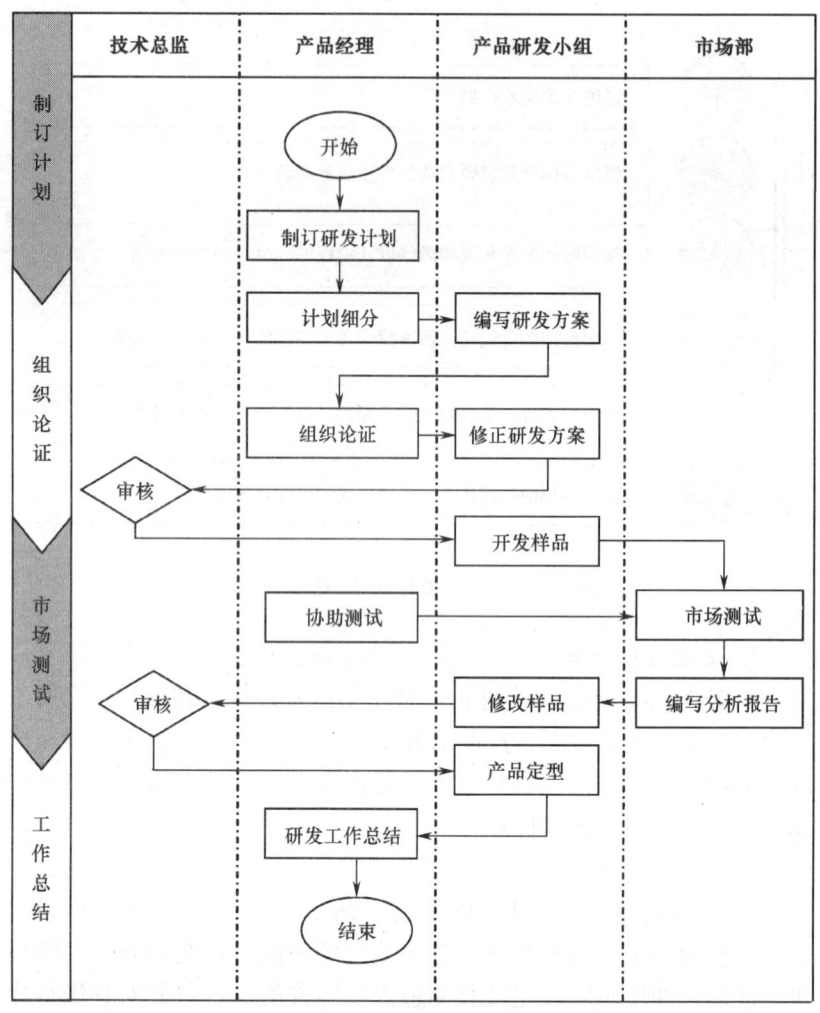

图4—6 产品研发过程管理流程

工作小组完成的。

4.2.4 流程优化的案例

某汽车发动机厂关于流程优化的案例如下:

第4章 班组长的督导管理

图4—7 汽车制造的流程

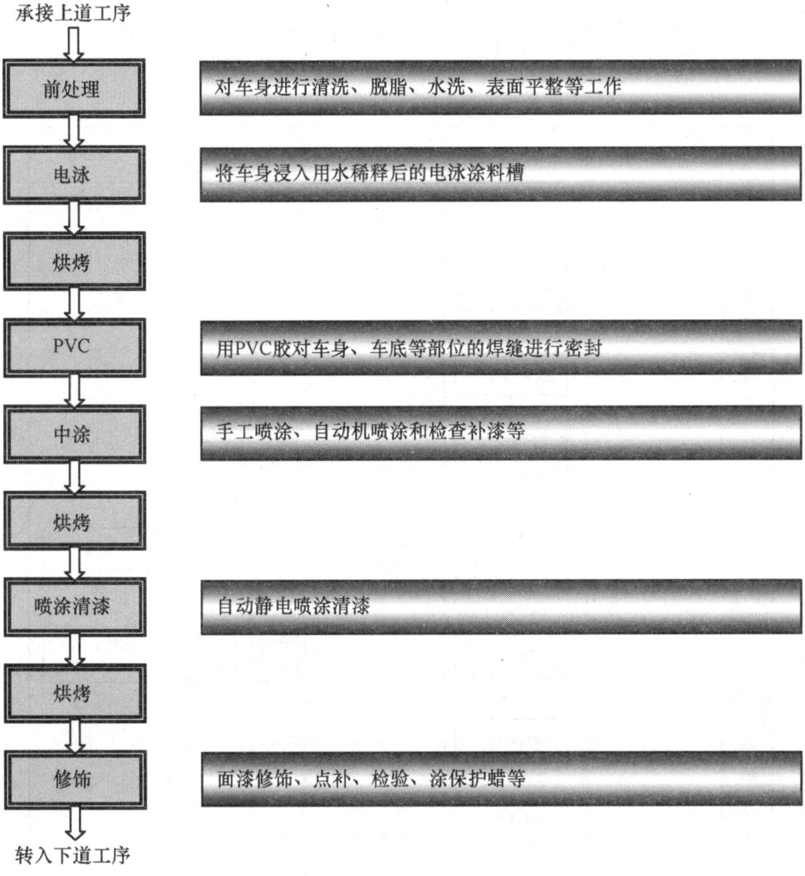

前处理	对车身进行清洗、脱脂、水洗、表面平整等工作
电泳	将车身浸入用水稀释后的电泳涂料槽
烘烤	
PVC	用PVC胶对车身、车底等部位的焊缝进行密封
中涂	手工喷涂、自动机喷涂和检查补漆等
烘烤	
喷涂清漆	自动静电喷涂清漆
烘烤	
修饰	面漆修饰、点补、检验、涂保护蜡等

（承接上道工序 → 转入下道工序）

图4—8 涂装工艺的流程

71

班组长管理基础知识

案例名称	×××汽车发动机厂流程优化的案例	编　号	
		执行部门	

×××汽车发动机厂新来不久的仓库管理员向仓储主管反映外协零件的接货工作非常麻烦,总是要在几个部门间跑来跑去。仓储主管最初以为是新员工对工作不适应,但后来听说质检部和财务部也有人反映过类似的问题。

这时,仓储主管意识到可能是工作流程有问题,于是向总经理提议对该流程进行优化。总经理聘请知名咨询公司 Forbook 对此流程进行优化,以下是 Forbook 公司的工作内容。

首先,咨询人员要弄清楚这一流程中涉及的岗位和人员,其主要包括外协企业送货员张某、仓库仓管员王某、采购部采购员李某、质检部检验员杨某、材料会计赵某。

他们的工作流程如下图所示。

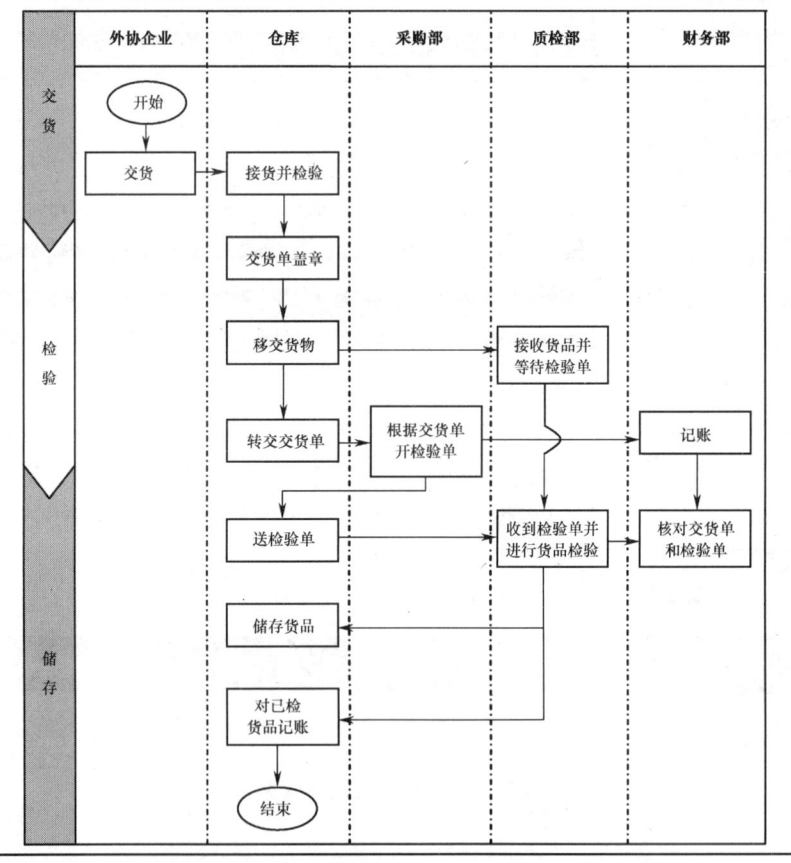

72

续表

案例名称	×××汽车发动机厂流程优化的案例	编　　号	
		执行部门	

接下来，咨询人员对这一工作流程进行了分析，从中发现了以下三个问题：

1. 王某收到张某运来的外协货物和随附的交货单后，要将货品送到质检部，把交货单送到采购部，而两个部门的办公地点相距有近2.5 km。

2. 王某要等待李某开具检验单，由于李某经常找供应商去洽谈采购业务，致使等待时间长达一个工作日，然后王某才能拿到检验单，并将检验单交到质检部。

3. 杨某接收王某的货品后，还要等待王某再次送来检验单方可开始检验，只能暂放并记录，但由于外协货品的型号、数量很多，很容易出现检验单与待检零件之间的对应关系出错的问题。

为了直观理解，咨询人员将分析的结果在工作流程图上进行了标注，具体内容如下图所示。

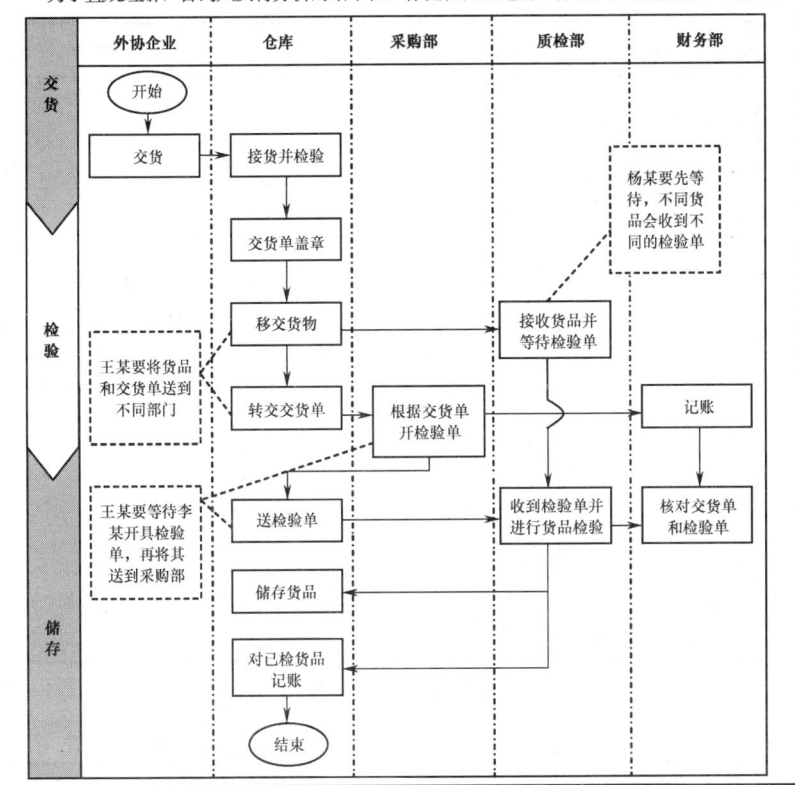

续表

案例名称	×××汽车发动机厂流程优化的案例	编　号	
		执行部门	

　　问题分析清楚后，Forbook 公司的咨询人员开始对流程进行优化设计，鉴于王某等人的工作存在取单等待的问题，咨询人员结合发动机厂的意见，将流程进行了简化，对部分责任做了重新分工。优化后的流程如下图所示。

　　因为在外协企业加工前双方已经明确了产品的质量检验标准，所以，外协企业检验单上的检验项目和标准与委托方是相同的，因此，目标流程中张某交货时随货携带空白检验单（仅有检验项目但尚未填写检验结果），即可省去采购部开具检验单的步骤；杨某同时收到检验单和待检货品，并根据委外加工合同中的质量检验条款进行核对，确定样品和检验单的有效性，待检验合格后将交货单、检验单交由财务部核对、记账、存档。

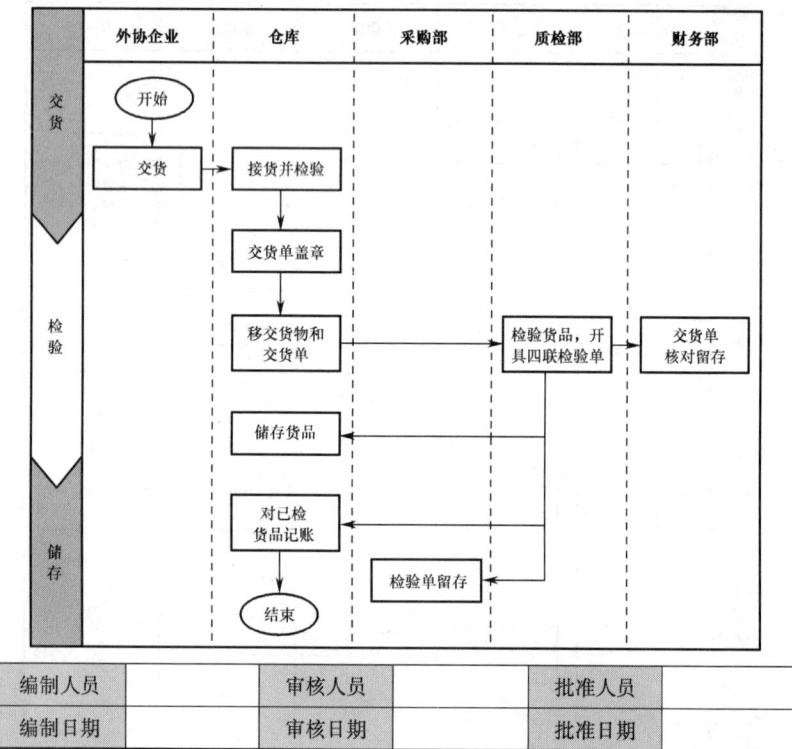

编制人员		审核人员		批准人员	
编制日期		审核日期		批准日期	

4.3 在现场监督指导

4.3.1 如何现场监督

班组长在进行现场监督的过程中,需要了解自己的职责、权力和监督对象等内容,下面对其进行具体的说明。

1. 了解自己的职责

班组长是生产现场的监督者,他们需要了解自己的职责,知道自己必须在权限范围内落实企业的各项生产制度和生产计划,也必须对生产过程中的状态和生产活动的结果负有主要责任。班组长的具体职责如下:

(1) 落实生产进度。班组长负责从车间主任处领取生产任务,及时安排和组织生产,进而带领自己的生产小组按照进度进行生产工作,并且负责解决生产进度的滞后问题。

(2) 完成生产任务。完成生产任务是班组长最重要的职责,它既要保证生产小组按时交付足够数量的产品,同时还要保证生产的产品满足企业的质量要求。

(3) 工序控制。班组长负责保证生产工序按照企业规定的要求进行,同时识别生产工序中存在的问题,并对工序进行改进。

(4) 维持良好的生产环境。班组长确保本小组内人际关系的良好运行,保证员工的工作氛围;同时,须排除外来人员和其他部门对自己小组的干扰,并努力改善工作场所的卫生安全环境。

2. 了解自己的权力

班组长是生产工作执行者的同时也是生产工作的管理者。企业为了保证其能顺利履行职责,赋予了班组长一定的权力,班组长须正确地使用这些权力,以保证生产顺利进行。其具体的权力如图4—9所示。

班组长与班组成员总是在一起工作的,双方既是上下级也是同事的关系,所以,班组长在日常的生产工作中不应过多地使用这些

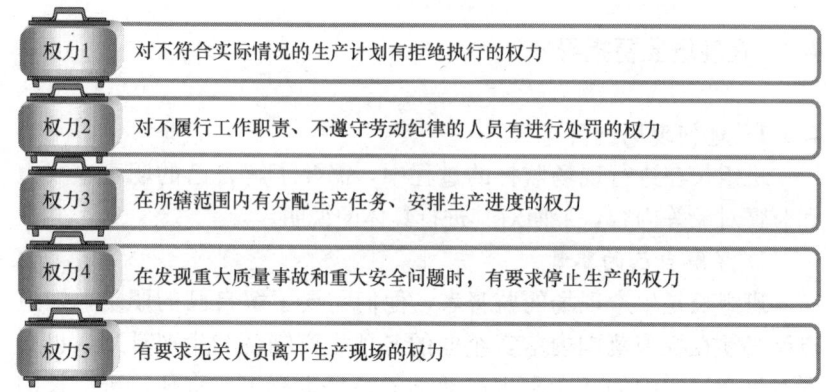

图4—9 班组长的权力

权力,只能在确实必须使用时才能使用。

3. 弄清监督对象

班组长在监督时,对于不同的对象有不同的特点,其监督的方式和侧重点也就不同。

班组长的监督对象一般有五个,即人员、设备、物料、工序和环境。这些监督对象都应是班组长所辖范围内的,对于其他部门或其他小组的人员、物料等,班组长是没有监督的权力和义务的。班组长监督对象的说明如图4—10所示。

4. 掌握必要的知识和技能

现场监督并不是简单的巡视工作,班组长要掌握一些必要的知识和技能才能有效地完成监督工作,应掌握的知识和技能如下:

(1)班组长应该掌握机器及设备的使用和维护知识、物料存放的知识、产品的技术指标等。班组长在了解这些知识的基础上才可以识别生产过程中的各种问题,并采取正确的处理措施。

(2)班组长还应掌握一些必要的工作技能,如5W1H法、看板管理、流程的设计和改进等技能。班组长需要掌握的这些技能都是生产工作的分析和处理技能。通过掌握这些技能,能够帮助班组长

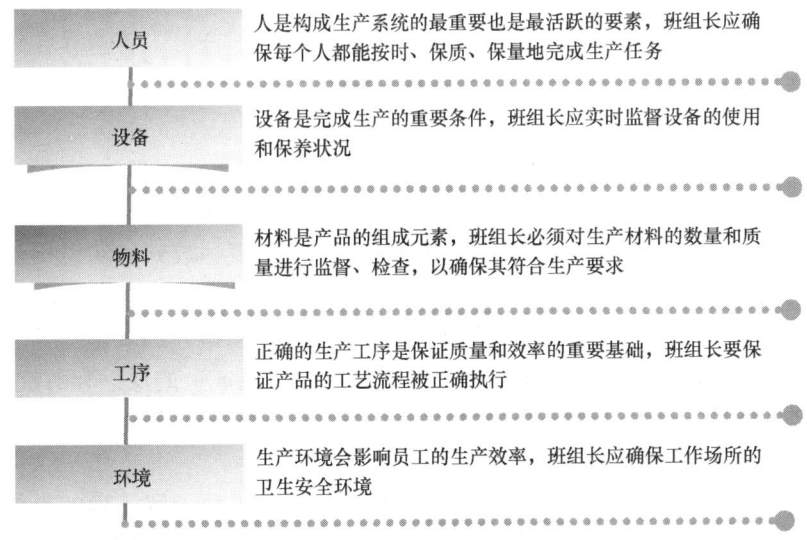

图 4—10　班组长监督对象的说明

找到问题的根源,并制定相应的处理办法。

5. 实施现场监督

班组长的监督可以根据自己小组的实际情况来进行。

监督工作的关键在于监督的频率,监督工作如果太过频繁,就会浪费班组长的时间和精力;如果监督的时间间隔太长,监督工作又起不到应有的作用,班组长应该根据监督对象的特点进行监督管理工作。

4.3.2　如何有效指导

班组长指导本组员工工作时,首先应该对问题有深入的理解,其次再与员工做有效的交流和沟通。班组长进行有效指导需进行以下工作:

1. 识别班组成员工作中的问题

班组长应该对员工工作中存在的问题进行正确的识别,并对出现这一问题的原因进行合理的分析和判断。

班组长要判断这些问题是属于个别问题，还是普遍问题，如果是个别问题就对个别员工进行指导，如果是大部分员工普遍存在的问题，就应将小组内的员工聚集在一起集中指导。

2. 帮助班组成员认识问题

识别这些问题后，班组长要帮助相关班组成员认识到这些问题，告诉他们哪里有错误或哪里需要改进。

班组长在与其沟通的过程中要注意自己的表达方式，切忌用强硬的领导口吻勒令对方改正。这一步很重要，只有让班组成员深入理解这一存在的问题，才能有效地接受班组长的指导和教育。如果略去这一步或这一步做得不好，很容易导致班组成员的反感和对抗，进而影响工作氛围和工作效率。

3. 传导解决方法

班组长进行指导的最终目的就是要让班组成员了解正确的操作方法，改正或者改进原来工作的方式。班组长可以按照图4—11所示的步骤传导解决方法。

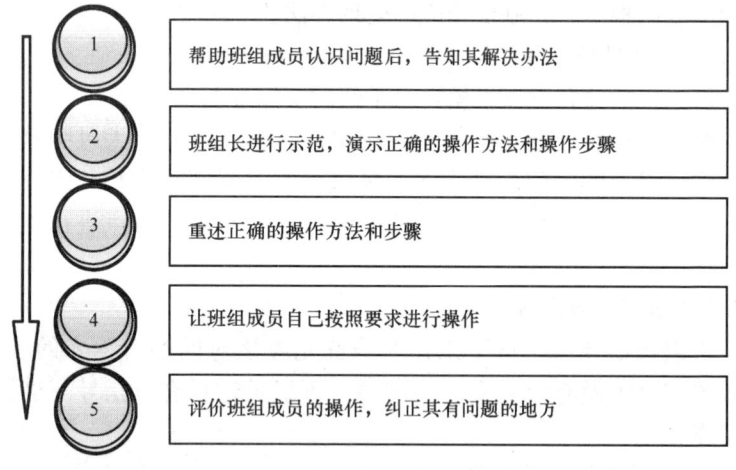

图4—11　班组长传导解决方法的步骤

4. 积累指导经验

为了后期的有效指导，班组长要积累人和指导方式两个方面的经验。

班组长利用所积累的经验，可以了解班组成员的个性和特长，总结出什么样的指导方式对其最有效。同时，通过大量指导工作的实际经验，总结出什么样的指导方式是普遍有效的，这种指导方式通常适用于什么样的员工，以及这种指导方式在什么条件下能有较好的效果。

4.3.3 如何有效改进

班组长的现场改进工作是建立在其有效的监督工作基础上的，班组长通过对人员、设备、物料、工序及环境的监督和掌控，识别出生产过程中需要改进的地方，并对其进行有效的改进。班组长要对现场进行改进需进行以下工作：

1. 查找现场需要改进的地方

班组长在对现场进行改进之前，须找出现场需要改进的地方。

班组长需要明确一点：现场的改进与纠正问题是不一样的。班组长识别出问题后必须予以解决，如果不解决就会影响产品质量和生产进度。而现场改进工作的目的是要提升生产效率，加强工作质量，所以改进工作往往是主动进行的。

班组长可以从这几个角度查找需要改进的地方：能够降低生产成本，能够提高产品质量，能够提高生产效率，能够加强卫生安全。

2. 寻找改进的方案

班组长可以通过自己分析、征求员工意见和聘请专家等方式获得改进方案。班组长在制定改进方案的过程中应让上级领导参与进来，这样更容易让改进方案通过审核，在执行过程中也可以获得管理层的支持。

班组长在制定改进方案时要注意如图4—12所示的4个原则。

3. 落实改进方案

落实改进方案并不是简单地将方案执行下去，在现场改进工作

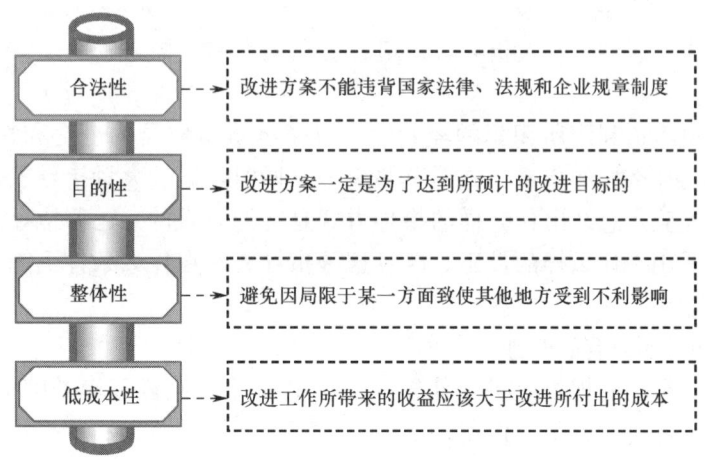

图4—12 制定改进方案的原则

中,执行改进方案经常会遇到阻力,尤其是会受到部分生产工人的抵触,班组长需想办法解决。

(1)当班组长受到下属员工或其他部门的压力时,班组长需顶住压力执行方案,除非改进方案确实存在问题;否则,绝不对其进行撤销或更改处理,班组长要坚决地把方案执行到底。

(2)班组长只有顶住压力执行方案,才可以向员工传达一种信息,即班组长进行改进工作是很坚决的,这样就可以减轻之后改进工作的难度。

(3)改进方案推行下去后,班组长还要采取必要的巩固措施,如平复部分员工的不满情绪,带头执行改进的方案等。

第5章 班组长的绩效管理

5.1 班组长的激励管理

5.1.1 员工激励需求分析

员工的行为是由动机支配的,而员工的动机则是由员工的需求支配的,因此,班组长开展激励管理必须了解及分析员工的需求。班组长要想做好员工需求分析工作,必须掌握马斯洛需求理论,并联系本企业、本班组实际开展员工需求的调查分析工作。

1. 马斯洛需求理论

马斯洛需求层次理论(Maslow's Hierarchy of Needs)也称基本需求层次理论,是行为科学的理论之一,由美国心理学家亚伯拉罕·马斯洛于1943年在《人类激励理论》中提出。该理论将人的需求从低级到高级归纳为5个层次,如图5—1所示。

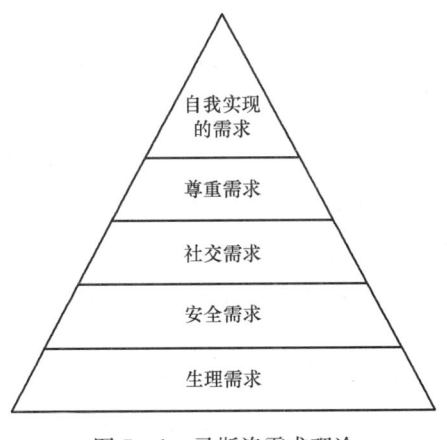

图5—1 马斯洛需求理论

马斯洛需求理论5个层次的主要内容见表5—1。

表5—1　　　　　马斯洛需求理论的主要内容

层次	内容	说明
第一层次	生理需求	◆生理需求是人类最原始、最基本的需要，如空气、水、吃饭、穿衣、性、住宅、医疗等，是最强烈的不可避免的最底层需要，也是推动人们行动的强大动力
第二层次	安全需求	◆当一个人的生理需求获得满足以后，就希望满足安全的需求，如劳动安全、职业安全、生活稳定、希望免于灾难、希望未来有保障等
第三层次	社交需求	◆社交需求主要指归属与爱的需求，是指个人渴望得到家庭、团体、朋友、同事的关怀、爱护、理解，是对友情、信任、温暖、爱情的需求。社交需求比生理需求和安全需求更细微、更难捉摸，它与个人性格、经历、民族、生活习惯、宗教信仰等有关系
第四层次	尊重需求	◆即自尊和受人尊重的需要，人们总会对自己的名誉、地位、人格、成就和利益抱有一定的欲望，希望得到社会的承认和尊重
第五层次	自我实现的需求	◆自我实现的需求是最高等级的需求，是指一个人希望最充分地发挥自己的潜在能力，实现自己的理想和抱负

2. 员工需求调查分析

班组长应结合马斯洛需求理论，对本班组员工的需求进行调查及分析，准确地把握员工需求，制定各项激励措施及相关制度，将企业的目标和员工的利益紧密结合。

班组成员的需求主要有6种，具体如下：

（1）基本薪资和收入成长空间。基本薪资和收入成长空间是班组成员普遍的需求,其具体内容如图5—2所示。

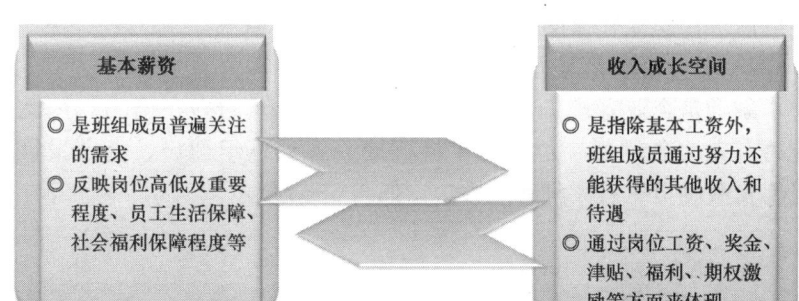

图5—2 基本薪资和收入成长空间需求分析

(2)学习成长机会。企业能够给班组成员提供学习成长的机会对于班组成员来说非常重要,也越来越受到班组成员的重视。班组成员这种学习成长机会需求包括工作中学习的机会、内训与外训的机会、改正错误的机会及晋升的机会。

(3)长远发展的需求。班组成员长远发展的需求需要企业及个人共同的努力方能达成。班组成员希望在企业长远地发展,必然会长远地规划自己的职业生涯,更为系统地学习专业知识,积累经验。而企业从总经理到车间主任到班组长,应注重班组成员的职业发展需求。

(4)岗位认同。岗位认同需求包括薪酬和其他各种待遇确认、权利与义务的对等。

(5)公正的需求。班组成员对公正的需求主要包括同工同酬、同赏同罚、用制度管人管事。班组长只有公正地开展工作,才能增加自己的信服度,增强团队的凝聚力,调动团队的积极性。

(6)快乐的需求。快乐的需求主要指班组成员在企业工作时希望从事自己擅长的领域或有突破的工作,希望工作成果能够得到领导和同事的认可,希望能够有一群互帮互助的同事,希望工作能够协调开展,希望企业能够给他们提供施展才华的平台。班组长应合理分工,张弛有度;加强人文关怀,注重关怀员工个人甚至家庭的生活需求;建立和谐的员工关系与健康的工作氛围。

5.1.2 有效激励员工方法

激励是企业管理中的一门艺术,可激发人的内在潜力。因此,能否有效地激励每一位员工,将直接关系到班组建设、企业发展。班组长激励员工有4种有效方法,如图5—3所示。

1 目标激励法
- 就是班组长把近、中、远期目标结合起来,使员工在工作中把自己的行动与这些目标紧密联系起来
- 目标激励包括设置目标、实施目标、检查目标

2 奖励激励法
- 奖励就是对员工的某种行为给予肯定和奖赏,使这种行为得以巩固和发展
- 奖励要物质与精神相结合,方式要不断创新,若奖励重复多次或过于频繁,激励作用就会减少

3 支持激励法
- 作为班组长,要善于支持员工的创造性建议,挖掘员工潜能,使人人开动脑筋,勇于创新
- 包括尊重员工的人格、尊严,放手让其大胆工作,主动为员工排忧解难,增加员工的安全感和信任感,创造一定的条件,使员工能胜任工作

4 行为激励法
- 班组长作为班组的带头人,必须具有好的领导行为,能给员工带来信心和力量,激励员工朝着既定的目标前进
- 领导行为包括班组长的品德、学识、经历、技能等方面,而严于律己,以身作则

图5—3 有效激励的4种方法

5.2 绩效考核指标量化

5.2.1 考核指标量化方法

量化考核是一种较客观的考核方式,要求对考核指标进行合理

量化。班组长需掌握考核指标的 6 种量化方法，协助其他部门做好班组的量化考核。

1. 用数字量化

用数字量化，具体地说，即用数据或百分比指标来量化员工的业绩和技能。考核指标数字量化的 8 大方法如图 5—4 所示。

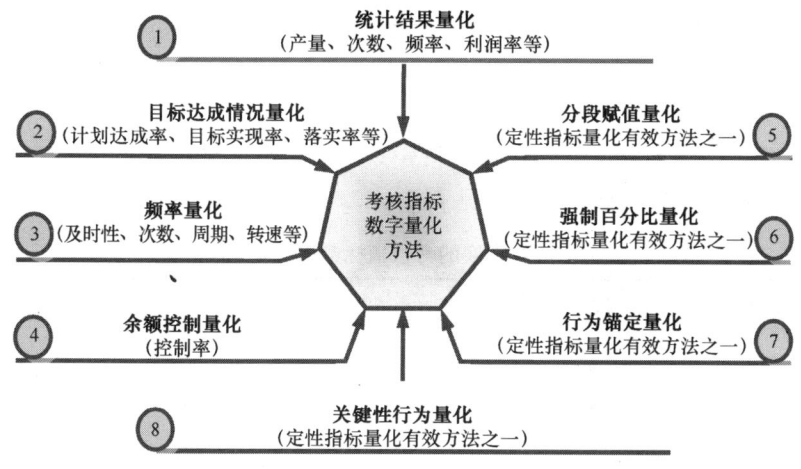

图 5—4　考核指标数字量化 8 大方法

2. 用质量量化

班组除完成企业规定的任务量外，还需确保工作质量，反映工作质量的指标有准确率、合格率、通过率、满意率等。结合班组管理的实际，班组长可参考如图 5—5 所示的用质量量化绩效指标示例。

3. 用成本量化

企业可根据责任成本控制网络体系构建生产部的考核指标，如成本节约率、折旧率、费用控制率、预算控制等。

一般情况下，企业可将生产部责任成本细分量化为采购成本、生产成本、仓储成本及管理成本 4 个单元，各单元业务分工可细分

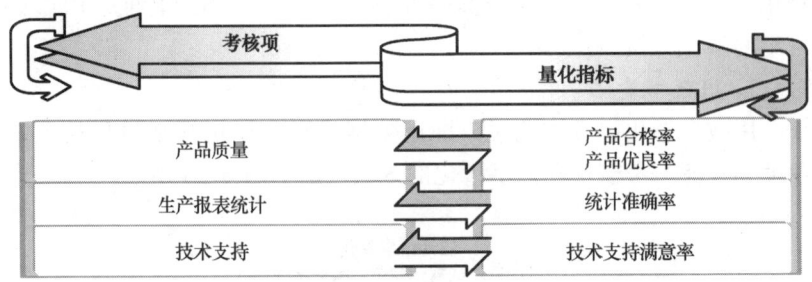

图 5—5 用质量量化绩效指标示例

量化若干明细项目,针对各项目建立不同层级的考核指标体系。成本维度的考核指标量化说明见表 5—2。

表 5—2　成本维度的考核指标量化说明

成本单元	细分成本	责任部门/人	量化指标
采购成本	原料、辅料、燃料采购成本,零配件采购成本,设备及备品、备件采购成本,工装备件采购成本,劳动保护用品采购成本,办公用品采购成本等	分别由采购部、设备部、生产部、人事行政、财务等部门执行控制	成本节约率 投资回报率 折旧率 费用控制率 预算达成率 超出预算额
生产成本	原材料质量成本、辅料成本、能源成本、设备成本、人工耗费、制造费用等	◆原材料成本分别由仓储、质量部门根据计划与检验考核及控制 ◆辅料成本由仓储部门考核 ◆能源成本包括水、电、煤、气等,落实各生产车间,由能源部门分解落实且实施控制 ◆制造费用落实到不同制造单位,分别由设备、生产、能源、财务等部门控制	

续表

成本单元	细分成本	责任部门/人	量化指标
仓储成本	仓储管理成本、合理损耗、库存物资合理盘损、发出物资差错损失等	由仓储部门日常监督把关控制，重点放在"退货损失率"控制上	成本节约率 投资回报率 折旧率 费用控制率 预算达成率 超出预算额
管理成本	以工资为载体的变动费用，包括管理人员工资、工会经费、职工教育经费、劳动保护费等	由财务、人事行政等部门实现人员精简、高效，实施有效控制	
	以效益为载体的变动费用，包括差旅费、办公费、运输费、修理费、水电费、业务招待费、会务费、电话费等	由财务、人事行政等部门实行预算控制以及事前、事后审批控制和责任方案控制	
	以服务为载体的半变动费用，包括管理费、审计费、咨询费、诉讼费、排污费、绿化费等	由财务部门严格控制	

4. 用时间量化

企业可从时间维度（即时效性）实现对生产部考核指标的量化，如完成时间、批准时间、开始时间、最早开始时间、最迟开始时间、最早结束时间、最迟结束时间、期限天数、及时性、进度、周期等考核指标。

5. 用结果量化

结果量化法是指通过分析某考核指标的目的，了解实现此考核指标最终期望的结果，得到结果表现的细分量化考核指标，从而使该考核指标达成量化。下面以"员工对企业文化的认同度"为例，说明结果量化法的运用。

> **结果量化方法运用举例（以考核员工对企业文化的认同度为例）**
>
> 1. 明确"员工对企业文化的认同度"是班组长考核指标之一，无法直接考核。
> 2. 对"员工对企业文化的认同度"最终引发的结果进行分析。
> 分析得出如员工对企业文化认同，则不会轻易跳槽，会长期留在企业并积极主动工作，且工作效率高。
> 3. 根据分析的结果，设置可衡量的考核指标。
> "员工流失率""人均劳动生产率""考勤情况"和"积极性"等指标可体现"员工对企业文化的认同度"。
> 4. 指标分解与落实。
> 确定企业总体数值后，再细分到各个部门及车间、班组，人事行政部和车间主任、班组长各承担一部分任务。

6. 用行动量化

行动量化法是指从分析完成某项结果出发，明确需采取的行动，并对各项需采取的行动设置考核指标的一种方法。

前文提到"员工对企业文化的认同度"指标的考核，此处可也用行动量化法解决。

> **关于"员工对企业文化的认同度"指标运用行动量化法进行量化的说明**
>
> 分析回答一个问题：为达到"员工对企业文化的认同度"，企业应做哪些工作？具体行动步骤是什么？
>
> 通过分析，可采取培训人员、发行企业内刊、宣传企业文化等方式，实现员工对企业文化的认同。
>
> "企业文化培训时间、企业内刊质量、企业内刊发行及时性"等指标能实现员工对企业文化的认同度指标的量化。
>
> 值得一提的是：员工对企业文化的认同度指标可同时采用结果量化法和行动量化法，细化考核指标，达成考核指标的合理性、客观性、有效性。

5.2.2 班组量化指标大全

1. 生产班组关键绩效量化指标及使用

（1）生产班组关键绩效量化指标。对生产班组的考核重在对班组关键业务的考核，这样才能抓住班组管理的主要问题与实质，达成班组作业目标。生产班组关键绩效的量化指标主要包括如图5—6所示的6项内容。

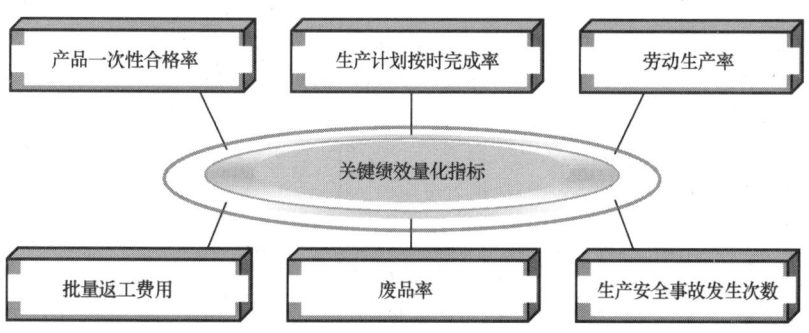

图5—6　生产班组关键绩效的量化指标

（2）生产班组关键绩效量化指标的使用。对生产班组进行考核可利用生产班组关键业绩考核量表，具体可参照表5—3所示。班组长在实施班组管理过程中应尽量达成各关键绩效指标的目标值，确保班组考核成绩优良。

表5—3　　　　　　生产班组关键业绩考核量表

姓名				考核时间				
部门	生产部＿＿车间＿＿班组			考核周期				
业绩指标	权重	绩效目标	评价等级				实际得分	备注
			A（91~100分）	B（81~90分）	C（61~80分）	D（0~60分）		
生产计划按时完成率	20%	100%	达到100%	达到95%以上，不足100%	达到90%以上，不足95%	未达到90%		

续表

业绩指标	权重	绩效目标	评价等级				实际得分	备注
			A (91~100分)	B (81~90分)	C (61~80分)	D (0~60分)		
产品一次性合格率	15%	95%	达到95%以上	达到90%以上,不足95%	达到80%以上,不足90%	未达到80%		
产品返工率	10%	0.5%	低于0.5%(含)	高于0.5%,低于0.8%(含)	高于0.8%,低于1%(含)	高于1%		
排单计划达成率	15%	95%	达到95%以上	高于90%,低于95%(含)	高于80%,低于90%(含)	低于80%(含)		
生产安全事故发生次数	20%	0	无生产安全事故发生	考核期内生产安全事故发生次数低于5(含)次	生产安全事故发生次数5~10(含)次	生产安全事故发生10次以上		
现场问题处理效果	20%	—	及时发现生产现场问题,处理非常妥当,没有造成任何损失	及时发现生产现场问题,处理得当,造成损失很小	及时发现生产现场问题,处理措施一般,造成较大损失	未及时发现问题,处理不当,造成重大损失		
合计	100%	—	—					
考核人评语			签字： 日期：___年___月___日					
复核人评语			签字： 日期：___年___月___日					

2. 生产班组质量管理量化指标及使用

（1）生产班组质量管理量化指标。生产班组质量管理量化指标主要有4项，具体如图5—7所示。

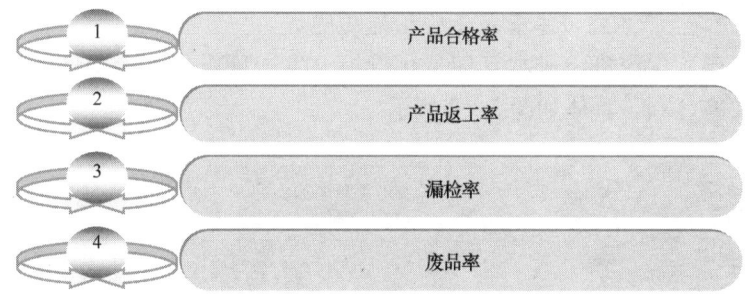

图5—7　生产班组质量管理量化指标

（2）生产班组质量管理量化指标使用。企业对生产班组质量管理进行考核可利用表5—4所示考核量表。

表5—4　　　　　生产班组质量管理考核量表

序号	量化指标	权重	绩效目标	指标说明	得分
1	合格品率	30%	不低于___%	产品质量符合制定的技术和质量标准的程度	
2	优质品率	20%	不低于___%	根据实物质量评分的结果划分质量类别	
3	返工率	20%	不高于___%	$\dfrac{返工品数}{送检数} \times 100\%$	
4	废品率	20%	不高于___%	废品指无法按质量标准检验合格的次品	
5	漏检率	10%	不高于___%	说明在生产过程检验时，应剔除的不合格品没能被检验出而被后来检验发现（或被客户提出投诉）的情况	
考核人（签字）： 考核日期：___年___月___日				审核人（签字）： 审核日期：___年___月___日	
改进计划：					签字：

3. 生产班组成本管理量化指标及使用

(1) 生产班组成本管理量化指标。生产班组成本管理量化指标主要有3项,具体如图5—8所示。

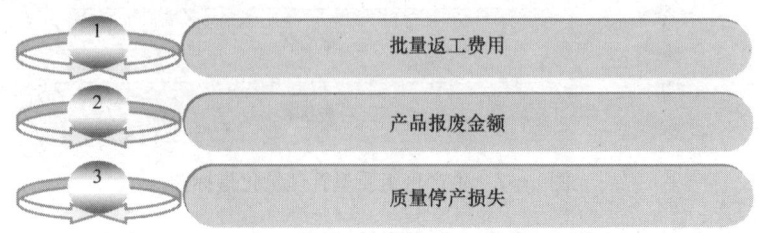

图5—8 生产班组成本管理量化指标

(2) 生产班组成本管理量化指标使用。企业对生产班组成本管理进行考核可利用表5—5所示考核量表。

表5—5　　　　　　生产成本管理考核量表

序号	量化指标	权重	绩效目标	指标说明	得分
1	批量返工费用	40%	不高于____元	批量性返工造成的损失	
2	产品报废金额	30%	不高于____元	产品报废造成的损失	
3	质量停产损失	30%	不低于____元	因质量问题停产所造成的相关损失	

考核人(签字):	审核人(签字):
考核日期:____年____月____日	审核日期:____年____月____日

改进计划:

　　　　　　　　　　　　　　　　　　　　　　　签字:

4. 生产班组交期量化指标及使用

(1) 生产班组交期量化指标。生产班组交期量化指标主要有3项,具体如图5—9所示。

第5章　班组长的绩效管理

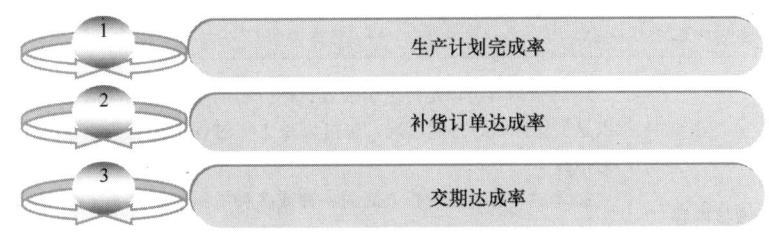

图 5—9　生产班组交期量化指标

（2）生产班组交期量化指标使用。生产班组交期量化指标的使用可参考生产班组交期考核量表，具体见表 5—6。

表 5—6　　　　　　　生产班组交期考核量表

序号	量化指标	权重	绩效目标	指标说明	得分
1	生产计划完成率	40%	达到___%	$\frac{实际生产量}{计划生产量} \times 100\%$	
2	补货订单达成率	30%	达到___%	$\frac{补货订单按时按量达成次数}{总补货订单数} \times 100\%$	
3	交期达成率	30%	达到___%	$\frac{交期达成批数}{交货总批数} \times 100\%$	
考核人（签字）： 考核日期：___年___月___日			审核人（签字）： 审核日期：___年___月___日		

5.3　绩效考核执行管理

5.3.1　考核方案的设计

1. 班组考核方案的主要内容

为确保班组考核的顺利实施，必须在考核前设计严密的考核方案，并由各级管理层包括班组长监督贯彻实施。考核方案主要包括考核内容、考核周期、考核方式和考核结果应用 4 个方面，具体见表 5—7。

表 5—7　　　　　　　班组考核方案的设计内容

主要内容	具体说明
考核内容	1. 考核内容可以是由组织绩效目标分解而来的关键绩效指标，可以是工作计划的完成情况，也可以是工作过程中的行为、态度、能力指标 2. 考核内容可以选择上面的一种或多种的组合，其确定要根据岗位工作职责以及现阶段的管理基础 3. 由于班组作业人员的工作是标准化的，可以以工作量或者工作过程中的行为（规范遵守）作为考核内容 4. 同时，考核内容的选取应该体现牵引方向
考核周期	1. 考核的周期可以是月度、季度、半年度和年度 2. 考核周期的确定需要根据岗位业绩产出的周期 3. 同时，在设计考核周期的时候要兼顾效果与投入成本
考核方式	1. 班组人员的考核方式是比较多样的，现在通常采用自评、垂直评估和多角度评估 2. 自评即被考核人的自我考评，考评结果一般不计入考评成绩 3. 垂直评估是被考核者的直接上级针对被考核者在考核各方面的表现进行直接评估，适用于对于业绩表现的考核，一般直接上级评估，间接上级审核即可 4. 多角度评估即被考核者的上级、下级、同级及外部客户等对其在考核各方面的表现进行评估，对于行为、能力、态度的评估采用多角度评估的方式比较适宜
考核结果应用	1. 考核结果可以应用于绩效浮动薪资，薪资调整和岗位调整等方面 2. 企业在具体应用时往往是根据管理需要选择上面的两者或者三者同时进行

2. 班组考核方案举例

下面是某企业生产班组作业人员的绩效考核方案，各班组长可参考学习。

方案名称	××企业生产班组作业人员绩效考核方案	编　号	
		执行部门	

一、考核目的

对生产班组作业人员绩效考核的主要目的包括以下五个方面。

1. 了解作业人员对组织的贡献。

2. 提高作业人员对公司管理制度的满意度。

3. 激发作业人员的积极性、主动性和创造性，提高作业人员基本素质和工作效率。

4. 为作业人员的薪酬、晋升、降职、培训、调职和离职提供决策依据。

二、绩效考核对象

1. 已转正的计件（时）作业人员。

2. 实习作业人员、试用期作业人员、连续出勤不满3个月的作业人员以及考核期间休假停职3个月以上（含3个月）的作业人员不列入此次考核的对象。

三、考评周期

每月考评、半年考评以及年底考评。

四、绩效考核小组

1. 公司成立绩效考核小组负责班组作业人员的绩效考核工作。绩效考核小组由三人组成，主体考核者（班组长及车间主任）负责为作业人员评分，考核小组其他两位成员参与并监督考核过程。

2. 生产总监及公司总经理虽然不是公司各岗位作业人员的最终评估人，但是保留对评估结果的建议权，并参与绩效考核相关会议，提出相关培训、岗位晋升以及作业人员处罚的要求。

3. 绩效考核小组应该熟练掌握绩效考核相关表格、流程、考核制度，做到与被考核人的及时沟通与反馈，公正地完成考核工作。

五、考核实施

1. 由人力资源部结合生产部的意见，制定各项考核指标的目标值，设计考核表。

2. 由绩效考核小组对班组作业人员进行考评。

3. 人力资源部汇总并统计考核结果。

六、绩效考核内容

（一）绩效考核内容及评分标准

班组作业人员绩效考核指标、评分标准及相应的考核分数分配比例如下表所示。

续表

方案名称	××企业生产班组作业人员绩效考核方案	编　号	
		执行部门	

班组作业人员绩效考核评分量表

考核项目（权重）	考核内容	得分标准				得分
		优	良	中	差	
生产任务完成情况（20%）	生产计划完成率（A）	8	7	5	2	
	生产定额完成率（B）	8	6	4	2	
	服从生产调度情况	4	3	2	0	
岗位知识技能要求（15%）	岗位技能	9	7	5	3	
	对质量方针、质量目标及质量要求的理解程度	6	5	3	2	
质量指标（15%）	产品交验合格率（C）	5	4	3	2	
	投入产出率（D）	5	4	3	2	
	工艺标准的执行情况（点检、首检等相关的质量记录）	5	3	2	1	
设备模具工具维护使用（17%）	使用设备工具的合理性	4		2	1	
	设备模具维护保养	5	4	3	1	
	设备利用率	4	3	1	0	
	设备模具故障率	4	2	1	0	
5S执行情况（16%）	工作现场，卫生包干区的清洁程度	4	3	2	1	
	劳保用品穿戴情况	4	3	2	0	
	文明操作及现场定置管理维持程度	4	4	3	1	
	安全生产	4	3	1	0	
	出勤	5	4	2	1	

续表

方案名称	××企业生产班组作业人员绩效考核方案	编　号	
		执行部门	

考核项目（权重）	考核内容	得分标准				得分
		优	良	中	差	
劳动纪律（11%）	违纪情况	6	5	3	0	
工作态度（6%）	工作主动性、协作性	6	5	4	2	
加分项目	节能降耗（节约资金额度：E）	8	6	4	2	
	提高效率（工作效率提高率：F）	8	6	4	2	
	合理化建议所带来的收益（G）	4	3	2	1	
综合得分						

（二）各项内容评分注意事项

1. 上表中的"优""良""中""差"的评价标准可参考"班组作业人员绩效考核评分标准说明表"（见下表），最终得分不超过120分。

车间作业人员绩效考核评分标准说明表

考核内容	评分标准			
	优	良	中	差
生产计划完成率（A）	A=100%	95%≤A<99%	90%≤A<95%	A<90%
生产定额完成率（B）	B=100%	95%≤B<99%	90%≤B<95%	B<90%
服从生产调度情况	完全服从	基本服从	一次不服从	两次不服从
岗位技能	全部掌握本岗位技能，单项技能都达三星	掌握本岗位三项以上技能，三项技能达三星	掌握本岗位二项以上的技能，二项技能都达三星	掌握本岗位一项以上技能，一项技能都达三星

续表

方案名称	××企业生产班组作业人员绩效考核方案		编号	
			执行部门	

考核内容	评分标准			
	优	良	中	差
对质量方针、质量目标及质量要求理解程度	深刻理解	基本理解	有一部分不理解	不了解
产品交验合格率（C）	C≥97％	96％≤C<97％	95％≤C<96％	94％≤C<95％
投入产出率（D）	D≥99.5％	99.4％≤D<99.5％	99.2％≤D<99.4％	99.0％≤D<99.2％
工艺标准的执行情况	严格按工艺要求操作	未违反技术质量纪律	违反一次技术质量纪律五类，一次不按要求填写	违反二次技术质量纪律五类，两次不按要求填写
使用设备工具合理性	正确使用，维护得当，工具领用定额节约率10％	不按规定要求使用工具但未造成经济损失	不能正确使用工具并造成不超过100元经济损失	不能正确使用工具并造成损失金额超过100元
设备模具维护保养	严格按照操作规程要求	只能维持设备模具的正常运转，按要求点检	设备模具运转不正常，一次未按要求点检	设备模具运转不正常，两次未按要求点检
设备利用率	用足用好设备	认真做好机台交班	造成设备空运转一刻钟	造成设备空运转半小时以上

续表

方案名称	××企业生产班组作业人员绩效考核方案	编号	
		执行部门	

考核内容	评分标准			
	优	良	中	差
设备模具故障率	无	人为造成一般设备模具故障,停产2小时	人为造成严重设备模具故障,停产0.5天	人为造成重大设备模具故障,停产1天
工作现场,卫生包干区的清洁程度	环境整洁	一处不整洁	二处不整洁	二处以上不整洁
劳保用品穿戴情况	穿戴齐全	劳保用品穿戴不齐全1次	劳保用品穿戴不齐全2次	未正确穿戴劳保用品
文明操作及现场定置管理的维持程度	按规程操作,现场定置管理好	能按规程操作	操作无序,定置管理意识差	极差
安全生产	安全意识强,无违章行为	未违反安全生产纪律	违反安全生产纪律,五类违纪一次	违反安全生产纪律,五类违纪两次
出勤	全勤	无迟到、早退,有病事假但不超过2天	一次以上迟到、早退,有病事假2~5天,未刷卡一次	二次以上迟到、早退,有病事假超过5天,未刷卡两次
违纪情况	无	违反五类行政纪律一次	违反五类行政纪律二次	违反四类行政纪律一次

续表

方案名称	××企业生产班组作业人员绩效考核方案	编　号	
		执行部门	

考核内容	评分标准			
	优	良	中	差
工作主动性、协作性	工作积极主动,具有良好的团队合作精神	能与同事较好合作,及时完成工作	能相处工作,工作中偶尔有矛盾但能及时完成工作	很难相处,常有矛盾发生,消极
节约资金额度（E）	A≥1 000	500≤A<1 000	200≤A<500	A≤200
工作效率提高率（F）	B≥10%	5%≤B<10%	3%≤B<5%	B≤3%
合理化建议所带来的收益（G）	C≥1 000	500≤C<1 000	200≤C<500	C≤200

2. 在绩效改进中，员工合理化建议被验收并采纳，则按照公司科技奖励条例进行奖励。班组作业人员仍然加分，纳入年终考核。

3. 在生产工作中，如违反公司技术质量纪律条例四类以上、违反公司的行政纪律条例三类以上、违反安全纪律条例四类以上的，均实施一票否决。

七、考核结果应用

将考核结果划分为5个等级，具体应用如下表所示。

考核结果应用

考核得分（S）	90≤S≤120	80≤S<90	70≤S<80	60≤S<70	S<60
奖励	月度奖金＿元	月度奖金＿元	月度奖金＿元	无奖金	扣发当期绩效工资＿元

编制人员		审核人员		批准人员	
编制日期		审核日期		批准日期	

5.3.2 绩效考核的程序

班组长应熟悉绩效考核的实施程序，配合人力资源部及绩效考核小组做好班组绩效考核工作。班组绩效考核的程序主要包括6个步骤，具体如图5—10所示。

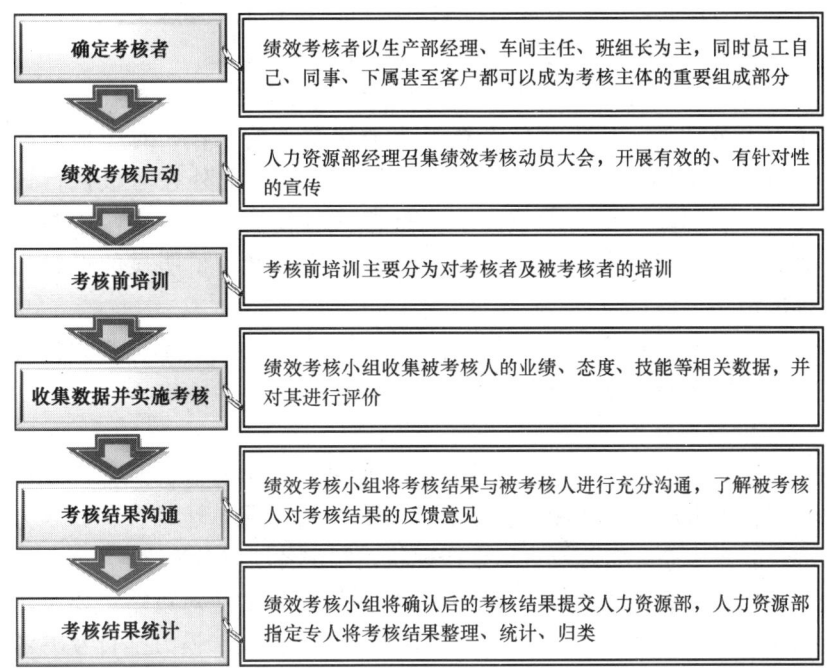

图5—10 绩效考核的程序图

5.3.3 直面绩效考核问题

绩效考核执行过程中一般存在考核本身设计问题、沟通问题、员工认识问题及推动问题等，各生产现场管理人员应配合人力资源部针对绩效考核的常见问题制定应对策略，并监督实施。

1. 绩效考核执行中存在的问题

（1）考核本身设计问题。绩效考核的前提是需要有稳定的组织结构与科学的职位描述体系，若班组缺乏这些，会导致某些考核指标及流程设计不够全面。

（2）沟通问题。考核执行过程中的关键问题是考核者与被考核者之间的沟通问题。如果班组长及人力资源部在协助班组作业人员制定其个人工作目标时不与本人进行充分沟通，考核过程中没有进行指导与协助，那么考核很可能不被班组作业人员接受，最后的考核结果也很可能会失效，无法达到绩效改进的作用。

（3）认识问题。班组作业人员甚至班组长对绩效考核在认识上还不十分到位，认为绩效考核是人力资源部的工作，对于他们来说只是一个形式，所以从思想上还不够重视。此外在考核执行过程中，有的员工认为考核无非就是考核者找员工的麻烦，这些负面的认识误区在考核执行过程中使被考核者产生了明显的抵触与排斥情绪。

（4）推动问题。考核推动非常重要，除人力资源部的强力推行之外，中高层领导的强力支持也是不可缺少的。

2. 应对策略

针对班组绩效考核执行中存在的问题，人力资源部及生产现场各级管理者应加强重视，为确保考核的实施效果，运用各种方式方法，联系本企业实际及班组生产现状，制定各项应对策略。

针对班组绩效考核执行中存在的问题制定的应对策略主要有优化绩效考核体系、加强绩效考核培训、加强沟通、强力推行及将考核与薪酬挂钩等。具体如图5—11所示。

5.4 绩效考核结果管理

5.4.1 绩效考核结果评估

绩效考核结果评估是在绩效考核完毕后，人力资源部在生产部的配合下，对绩效考核结果进行分析并提出合理化建议的过程。

1. 绩效考核结果评估工作

绩效考核结果评估管理主要包括三个方面的工作，如图5—12所示。

第5章 班组长的绩效管理

1. 优化绩效考核体系
- 通过绩效考核的实践，对绩效考核体系进行有针对性的完善，尤其是那些反映问题较多或所占比重较大的考核指标

2. 加强绩效考核培训
- 通过增加对班组长及班组作业人员绩效考核知识的培训，逐步导入绩效考核理念，使绩效考核成为一种习惯

3. 加强沟通
- 人力资源部加强与生产班组之间的沟通
- 班组长通过面谈、填写表格或其他方式做好与班组被考核者之间的考核沟通与互动

4. 强力推行
- 绩效考核工作虽然由人力资源部牵头，但需要企业自上而下的强力推行，关键是中高层领导的推行力度要大
- 从企业总经理、生产总监、车间主任到班组长都应强力推行企业绩效考核

5. 将考核与薪酬挂钩
- 考核只有与薪酬挂钩，才能获得员工的重视
- 将考核与薪酬挂钩，才能激励员工不断改进绩效

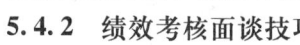
图 5—11　绩效考核问题应对策略图

2. 绩效考核结果评估内容

一般来说，班组作业人员绩效考核的评估内容主要有三个方面，包括业绩评估、能力评估和态度评估。具体如图 5—13 所示。

5.4.2 绩效考核面谈技巧

班组绩效面谈是班组绩效管理工作的重要环节，是在绩效评估结果确定后，班组长与员工针对绩效评估结果，进行面对面的交流

班组长管理基础知识

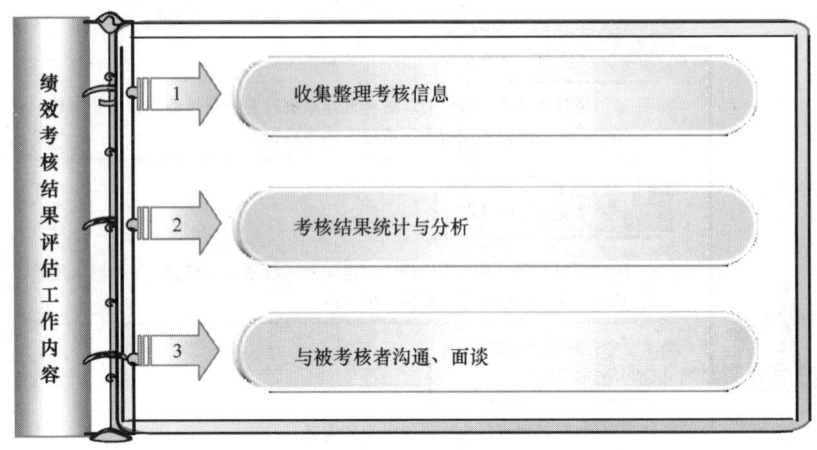

图 5—12　绩效考核结果评估工作内容

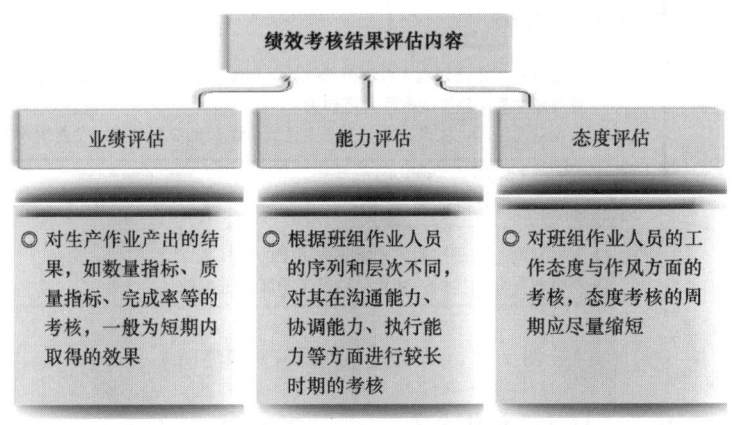

图 5—13　绩效考核结果评估内容

与讨论，从而指导员工持续改进工作绩效的一项管理活动。班组长作为绩效面谈人员在绩效面谈工作中，需要掌握一定的面谈技巧，具体需掌握的技巧及需明确的注意事项见表5—8。

表 5—8　　　　　　　绩效面谈工作技巧与注意事项

序号	面谈阶段	工作技巧与注意事项
1	面谈前准备阶段	★需要预先安排合适的时间、场所，给员工一种平等、轻松的感觉 ★面谈材料准备充分，并在面谈前进行熟悉，做到心中有底，在面谈时不致手忙脚乱、尴尬冷场
2	暖场阶段	★创造轻松、融洽的气氛，让员工心情放松 ★设计一个缓冲带，时间不宜太长，可以先谈谈工作以外的其他事情
3	员工自评阶段	★认真倾听员工解释，撇开偏见，控制情绪，耐心倾听 ★不时地概括或重复对方的谈话内容，鼓励员工继续讲下去，帮助其分析原因
4	班组长评价阶段	★对员工的业绩评价指出成绩和不足，对其能力评价指出优势和劣势
5	讨论并确定评价结果阶段	★先从共识的地方谈起，在遇到意见不统一时，不与员工形成对峙，耐心沟通，关注绩效标准及相关事实而不是其他内容
6	针对不足制订改善计划	★先让员工提出改进方案，并需注意计划的可衡量性和可行性
7	确定下阶段的工作目标	★确认目标的实现期限，并注意目标的可衡量性和可行性
8	结束阶段	★给员工鼓励并表达谢意 ★如果双方就某些问题争执不下，班组长可以建议将此问题作为下一次面谈沟通的内容，而不一定非要在当时得出结论

5.4.3　绩效考核结果应用

绩效考核结果主要用在薪资调整、员工培训、岗位调整、人事变动等领域。绩效考核如果仅用于资金分配，将非常不利于员工的绩效改进。作为企业人力资源管理者及班组长更应将班组作业人员的考核结果应用于判断员工是否需要通过培训来提高素质,把考核结果作为岗位轮换或晋升的先决条件。这样才能有效地发挥绩效考核应有的作用,对员工产生不断的激励作用。

1. 绩效考核结果应用的程序

具体绩效考核结果的应用可参照以下程序,如图5—14所示。

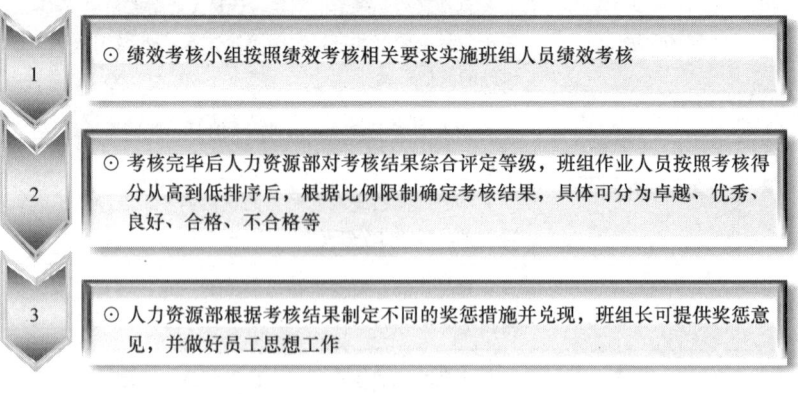

1 ⊙ 绩效考核小组按照绩效考核相关要求实施班组人员绩效考核

2 ⊙ 考核完毕后人力资源部对考核结果综合评定等级,班组作业人员按照考核得分从高到低排序后,根据比例限制确定考核结果,具体可分为卓越、优秀、良好、合格、不合格等

3 ⊙ 人力资源部根据考核结果制定不同的奖惩措施并兑现,班组长可提供奖惩意见,并做好员工思想工作

图5—14 绩效考核结果应用程序

2. 具体绩效结果应用的示例

具体绩效考核结果的应用可参照表5—9所示的示例。针对考核的每一等级,企业可采取应用措施中的一种或几种的组合,以达到鼓励先进,鞭策后进的作用。

表5—9   绩效考核结果应用示例

序号	等级	限制比例	应用	备注
1	卓越	5%	☐ 绩效奖励 ☐ 调整薪酬等级 ☐ 提供内部培训机会 ☐ 提供外部培训机会 ☐ 具备管理才能时,提供晋升机会	
2	优秀	15%	☐ 绩效奖励 ☐ 调整薪酬等级 ☐ 岗位调动 ☐ 提供内部培训机会	

续表

序号	等级	限制比例	应用	备注
3	良好	20%	□ 绩效奖励　　□ 加薪　　□ 表扬 □ 提供内部培训机会	
4	合格	50%	□ 无绩效奖励　　□ 鼓励其继续努力，使其充满信心 □ 由班组长对其进行岗位技能、素质等的培训	
5	不合格	10%	□ 降薪　　□ 扣奖金　　□ 降职 □ 换岗　　□ 劝退　　□ 开除	

第6章 班组长的团队管理

6.1 班组长的团队建设

团队是指组织内的一群人,他们彼此关系和谐且有默契,才能互补,精诚合作,乐意为实现某种目标而奉献自我。团队建设是指运用科学管理理论努力发挥出团队的最大效能。班组就是一个小小的团队,班组长应该高度重视团队建设,充分发挥每个成员的才能,从而顺利实现班组的目标。

6.1.1 团队角色定位分析

团队角色定位分析是指分析个体的性格特征,结合成员的技能特长,合理、高效地整合现有的人力资源,从而提高团队战斗力的过程。

1. 角色定位的基本特征

班组里各种不同角色的工种,彼此配合和支持,形成一个有序、合理的组织系统环境。角色定位的基本特征见表6—1。

表6—1　　　　　团队角色定位的基本特征

方法	具体要求
系统性	1. 与组织保持高度契合,这是任何角色都具有的根本性特征 2. 团队角色的定位不是一成不变的。随着时间的推移,班组的系统环境也会发生变化,班组对成员的角色要求也会随之调整
不可替代性	1. 包括角色能力、角色权力和角色责任,其中角色能力是不可替代性的核心;成员的能力是团队建设的基础;能力不强,角色定位也就成了空中楼阁 2. 班组长平时应该多留意各个成员的技能、性格等特征 3. 通过公司的激励制度,鼓励每个成员强化自身的角色能力,并朝某个角色方向定位

2. 角色定位的基本方法

（1）职业规划。班组中每个成员从自己的能力、兴趣和在班组的位置等方面考虑，制定出一套符合个人和公司发展的职业规划。而且，这种角色是随着时间变化的。因此，班组成员应该必须按照职业规划的要求主动学习，不断提升岗位技能，强化角色能力，从而顺利实现个人和班组的角色定位。

（2）激励制度。如果说职业规划是角色定位的基础，激励制度则是角色定位必备的调节工具。角色激励制度包括薪酬提升、职务提升、技能评级等。公司从角色能力和角色绩效出发进行考评，根据考评结果，进行严格的奖惩，这样角色定位才能更彻底更有效。

（3）培训体系。大多数班组成员很难从一开始就能进行准确的角色定位，且能独当一面。这就意味着公司建立一套成熟的培训体系，帮助员工准确定位、快速成长。培训部门还应跟踪和测试员工的优势能力领域，积极培养、引导成员进行科学的角色定位。

（4）角色组合。班组长在帮助每个成员实现角色定位的基础上，还应结合岗位职责和技术能力进行科学搭配，互补优势，打造出一个人人尽其能、人人乐其力的高效团队。

团队角色定位无论对企业还是班组，意义都是毋庸置疑的。这既需要班组所有成员的共同努力，还需要班组长具有敏锐的观察力和出色的协调能力。

方案　团队角色定位自测问卷

这是一组开放式自测题，你的回答包括但不限于选项。结合实际情况，写下自己认可的理想答案。回答下列问题，将帮助你认清在团队中的角色。

一、你认为自己对团队最大的贡献是：

A. 我擅长与不同类型的人合作。

B. 我创造力很强，经常冒出很多新颖的主意。

C. 我技能过硬，经常能完成别人无法完成的事情。
D. _____

二、你认为自己哪个弱点对团队影响最大：
A. 我可能过于在意别人意见，所以我很难与众不同。
B. 我经常会陷入想象不能自拔，甚至会忘记目前正在进行的某项工作。
C. 我可能有些吹毛求疵，常常担心把事情弄砸了。
D. _____

三、如果我和同事一起完成某项工作：
A. 我可以不施加任何压力，却能默默影响同事的能力。
B. 我向来很谨慎，工作中很少出现差错。
C. 我的学习能力很强，我喜欢别人新奇的想法。
D. _____

四、假设你刚加入某个团队：
A. 我喜欢和态度积极、乐观向上的同事一起工作。
B. 我的时间感很强，常常会帮助团队按时实现计划。
C. 我喜欢和同事热烈讨论，希望能激发新的思想，更好地完成工作。
D. _____

五、当遇到工作上的困难时：
A. 我有很强烈的工作欲望，相信自己能够顺利完成所有工作。
B. 我自主性较差，常常需要富有激情的同事帮我振作精神。
C. 我比较在意有明确的目标，这样能更有信心地朝着目标努力。
D. _____

6.1.2 团队需要的8种人

团队需要的人才当然是多多益善，但对于一个高效团队来说，必不可少的人才有8种。这8种团队角色可能兼有，也可能排斥的。因此，班组长要合理搭配人才，培育具有团队精神的各色人才，提高团队的战斗力。

1. 创新型人才

他们思路开阔,观念新颖,能够打破条条框框,进行跳跃式思考。创新型人才在项目的起始阶段起着至关重要的作用,因为他们能不断想出富有创意的解决方案。但他们沟通协作能力差,不重视工作细节,有时会降低计划推进速度。

2. 坚持者人才

他们是远景的坚定支持者,能够打造出可以确保项目长期成功的系统。他们会把工作当作自己的事业来经营,对团队发展具有很强的使命感和主人翁意识,是团队的中坚力量。但他们忍耐力较差,对失败反应强烈,缺少妥协精神。

3. 关系型人才

他们具有良好的协调能力和自控能力,能够让所有成员和睦相处,让每个人都感受到关爱和鼓励。他们能妥善处理好成员之间的利益冲突,能把不同的目标整合到同一个方向上。但他们创造能力普通,为人见风使舵,常常会伺机把团队成果窃据己有。

4. 实干型人才

他们热衷动脑筋,喜欢组织新项目,并且能坚定地完成项目。他们执行力强,低调务实,有很强的责任感和自律性。他们擅长把想法转化成一个个具体的行动,能够一丝不苟地完成计划。但他们往往囿于计划,缺乏灵活性,容易成了改革的阻力。

5. 信息型人才

他们热情活泼,观察敏锐,能够从别人的谈话中捕捉到微妙而实用的信息。他们擅长交际,喜欢聚会,拥有广泛的消息渠道,能够帮助团队获取外界信息和资源。但他们意志力不足,常常转换关注对象,易喜新厌旧。

6. 监督型人才

他们谨慎而坚决,理智且固执,天生具有一种距离感。他们善于分析、评估和比较,能够根据纷杂的信息审时度势,快速作出正确的判断。但他们过于冷静,缺乏热情、乐趣,不具有鼓舞士气的意识和技巧，往往不受团队中其他人的欢迎。

7. 凝聚型人才

他们以和为贵，以诚待人，是团队中最受欢迎的人。他们处事活络，精明圆滑，能主动适应环境的变化。他们善于倾听，长于合作，能够调解成员之间的纠纷，促进团队的协作。但他们缺乏果敢的魄力和决断的勇气，往往迟疑不决，逃避责任。

8. 完美型人才

他们注重细节，追求完美。他们具有较强的主动性和意志力，能够长时间专注于某件事情。他们适合做那些高难度、严标准的工作，且能够比别人技高一筹。但他们痴迷于细枝末节，往往忽视速度。

文某是某星级酒店工程检修班组长。他上任才一个月，却异常疲倦。一次他和朋友调侃道："每天上班就像打仗一样，早上是求救号，下午是催命号，有时候夜里还吹起集结号。"早上办公桌摆满了故障维修申请单，所有组员都鏖战在"前线"。下午部门又打来电话抱怨维修效果不明显，或者责问怎么又坏了。偶尔夜里出现设备故障，文某还要从热被窝爬起，赶到酒店检修。

没完没了的工作，让文某心神劳累，可他发现检修班的组员们习以为常。文某马上把组员召集起来商讨。文某首先自我检讨，又诚恳地请大家建言献策。很快文某的话打动了大家，会场气氛渐渐热烈起来。钳工小徐激动地说："有时候一个问题要好几个工种共同检修才能解决，可大家平时很忙，没空交流，所以不少问题反复出现。"弱电工阿诺无奈地说："以前有活了，都是谁有空谁出工。组长才不管统一协调呢。"文某终于找到了问题的症结。他要求大家坦率地说出自己的强项、爱好，并请组员们一起草拟合作计划书。大家踊跃发言，很快计划书出炉了。文某又根据这一个月来的潜心观察，帮助每个组员认清自己在团队中的最佳角色，从而使计划书更加合理、高效。合作计划书实施后，检修组的工作很快变得井井有条，设备返修率也大大降低了。

班组长要充分认识每个成员的角色特征,帮助他们在团队里发挥出自己的聪明才智,扬长避短,团结协作,最终使班组业绩蒸蒸日上。

6.1.3　团队如何进行协作

团队协作是指在充分认识团队中每个角色的基础上,培养合作意识,发挥团队精神,扬长避短,互补互助,从而取得最大效能。

班组就是一个团队,班组内成员个性迥异,才能多样。班组长应该如何让团队进行高效协作呢?下面提供5种方法,具体见表6—2。

表6—2　　　　　　　　团队协作的方法及要求

方法	具体要求
尊重并利用差异	1. 班组长应该保持谦虚的态度,尊重每个成员的意见、观点和个性 2. 利用这种差异进行优势互补,从而发挥出整体大于部分之和的功能 3. 尊重他人,还能营造和谐的团队氛围,促进成员充分发挥个性特色
用人所长 容人所短	1. 团队中每个人都有自己的闪光点,自然也有瑕疵 2. 班组长要有海纳百川的胸怀,包容各种小缺陷 3. 一切以完成班组目标为宗旨,不必过于苛求自己看不惯的生活习性等 4. 有意识培养团队之间的默契,让大家将心比心,彼此包容,和睦相处
善于合作 勤于沟通	1. 合作的前提是了解每个成员。班组长要想充分发挥团队效应,就应该全面认识班组成员,包括他们的技能特长、性格、嗜好、忌讳等 2. 沟通到位,不仅能帮助认识成员,还能排难解疑,提升合作水平
培育团队精神	1. 团队精神是班组通力协作的灵魂,包括忠诚、奉献、积极、负责、乐观等 2. 班组长应以信任成员为纽带,以公司健全成熟的管理制度为工具,精心培养富有战斗力的团队精神,打造高效的班组团队
轮岗体验 共享资源	1. 轮岗可以实现一岗多能,提高成员的技能水平和创新能力,还能促进成员理解不同岗位的性质、职责,有助于增强团队的默契感和协作能力 2. 群策群力,集思广益,加快资源的交流、分享,提高团队的凝聚力和综合效能

上面 5 种协作方法可以帮助班组长有效进行团队协作，充分发挥各个成员的不同才能，提升团队的整体效能，从而赢取团队发展和个人事业的双丰收。诚然，优秀的团队离不开和谐的情感纽带，成员彼此信任、互敬互重。团队成员积极乐观，齐心协力，共同战胜困难，这是团队协作的精神支柱。

比比谁的触地点最少

游戏目的

？ 使班组成员认识到其他成员的作用。
？ 使班组成员认识到团队协作的方法和意义。

游戏过程

人数	20 人	时间	20 min
场地	空地（操场最佳）	用具	无

游戏步骤	1. 班组长将成员划分成 4 个小组，每组 5 人。 2. 班组长讲明游戏规则：每组 5 人要作为一个整体穿越班组长划定的场地，成员身体应直接接触且不能借助外物连接在一起。此外，任何时候，每组只能有 4 个点（可以少于 4 个）接触地面，这些接触点可以是脚、手、膝盖或后背（如利用单脚跳、背人等方式减少接触点）。在游戏过程中，如果有哪个小组的触地点超过了 4 个，就必须回到起点重新开始行动。 3. 班组长给每个小组 5 min 的计划时间。要求各组在计划时间内彼此分开，防止相互偷听。 4. 训练开始。 5. 问题讨论： （1）游戏过程中各组都采取了什么办法？ （2）起初，你对完成这个游戏有信心吗？ （3）游戏结束后，你如何看待团队协作？ （4）在这个过程中，大家是怎样发挥各自的优势的，这对你有何启示？

6.2 如何化解团队冲突

团队中的成员在交往中常常产生意见分歧,甚至可能发生言语冲撞、肢体对抗等,导致团队之间关系紧张,这种状态被称为"团队冲突"。从表现形式来看,冲突可分为工作冲突和人际冲突。从性质效果来看,冲突分为破坏性冲突和建设性冲突。

6.2.1 团队冲突原因分析

班组长要想顺利解决冲突,减少冲突的负面影响,首先要了解产生冲突的原因。导致团队冲突的原因主要有以下几种,具体见表6—3。

表6—3　　　　　团队冲突原因分析表

原因	具体内容
信息不对称	1. 班组成员的年龄、性格、阅历、知识结构不一样,因此成员之间的信息肯定也不对称 2. 当一个人掌握的信息和别人不一样时,其观点难免会有差异,容易与人产生冲突
资源竞争	1. 班组长通常会根据每个成员的工作性质、岗位职责、在班组中的地位以及班组目标等因素分配人力、时间、设备等资源,很难做到绝对地公平 2. 为了班组有限的资源,成员之间产生竞争,导致一些利益冲突
目标冲突	1. 每一个成员都有自己的目标,而这些目标都是为了实现班组的目标 2. 每个人都需要其他成员的协作,但现实中不同成员的目标经常发生冲突
相互依赖性	1. 班组是个有机的整体,任何成员之间都是相互信赖、相互支持,不存在完全独立的个体 2. 在一些上下相连的重要环节上,一方的不当操作可能会造成另一方工作上的不便、延误,甚至会在某种程度上影响到另一方的工作绩效

续表

原因	具体内容
责任模糊	1. 班组内部由于职责不清而导致管理"真空" 2. 班组成员容易利用职责的缺失诿过于人，有时候甚至敌视其他人
地位斗争	个别成员表现欲强，想获取更多的权力，冲突就会产生
沟通不畅	1. 沟通对团队来说，是至关重要的 2. 沟通出现问题，就可能会加深成员之间的误会，激化彼此之间的对立情绪，扩大矛盾
工作性质不同	不同工作岗位的成员往往囿于工作经验，容易犯本位主义，只顾个人利益，而对其他成员采取轻视甚至敌视的态度
观念不同	成员之间地域、观念、价值观、教育背景的差异也容易产生冲突

团体中存在冲突是无可非议的。作为班组长，应该设法激发建设性冲突，避免破坏性冲突，趋利避害，保证班组的活力、工作的顺畅。

团队冲突你知道多少

回答表6—4中的问题，1～5肯定得1分，否定为0分；6～10否定得1分，肯定为0分。得分越高，表明潜在的冲突越严重。

表6—4　　　　　　　　团队潜在冲突测试

问题	肯定	否定
1. 有无成员未能完成工作，却找借口责怪其他同事		
2. 有无成员支配欲特别强烈，经常对其他同事指手画脚		
3. 工作流程中有无职责不清的环节，有无因交接手续不全而引发争执		
4. 有无因成员沟通不良而导致班组任务延迟		

续表

问题	肯定	否定
5. 是否经常有小道消息		
6. 你是否每周公布班组目标和个人目标		
7. 你对成员分组是否认真考虑过，如性别、个性、能力等		
8. 你是否了解成员的出身家庭、教育背景、年龄、脾气、生活习性等		
9. 你是否经常开交流会，让不同岗位的成员交换心得		
10. 员工离职时，你是否主动找员工聊天问明原因		

作为企业的基层管理者班组长来说，应从平常的工作中防微杜渐，提高对冲突的认识水平，避免冲突激化，发挥班组的效能。

6.2.2 有效化解团队冲突

当团队冲突发生后，首先要调查和分析冲突的原因，了解当事人的情绪状态，在掌握翔实可靠的信息基础上，再选择恰当的策略和方法，有效化解团队冲突。

1. 竞争策略

一切以权力为核心，为了实现个人的主张、利益而不惜牺牲他人。常用的权力形式包括职务权力、说服引诱和强制逼迫等。

竞争策略通常带有激烈的对抗性，过于武断化，甚至为了获胜而敢于付出任何代价。但往往局限于当前事实，没有从根本上解决冲突的内在矛盾，因而很难让对方从心理上真正认可并接受。

2. 迁就策略

牺牲己方的一部分利益，来弥补对方的利益，从而达到抚慰对方的目的。迁就需要有宽容和合作的精神，为了维持团队之间的良好关系而甘于自我牺牲。

这种策略不惜牺牲个人目标，屈从他人观点，往往受人欢迎。但也易被人认为是软弱无能的表现。

通常当你认为不值得冒险去破坏目前的人际关系或者你认为可

能引起团队间的不和谐,那么你可以采用迁就策略。

3. 回避策略

某一方虽然意识到冲突的存在,但为了维持暂时的平衡而从心里忽视它、逃避它。这种策略不与人合作,不维护自身的利益,总是回避冲突或不同意见,从根本上否认问题的存在。因此,无法解决问题的本质矛盾。

通常适用于分歧很小或分歧无法调和时,也适用于你认为分歧意图可能会恶化关系或产生更为严重的问题。

4. 协作策略

双方的需求是合理的、重要的,愿意采用合作的形式,与对方一起寻求解决问题的方法。双方互利互惠,尊重支持,坦率澄清差异,合作解决问题。这种双赢的策略通常备受人们欢迎,但花费时间较长,不太适合解决思想方面的冲突。

一般适用于双方乐意公开讨论某个问题,且有合作的意愿,彼此不须让步而能找到互惠的解决方案。

5. 妥协策略

双方为了找到一个彼此都能接受的方案,都愿意放弃某些东西,从而会得到折中的结果。这种策略是中等程度上的合作,没有所谓的赢家、输家,因为双方都能达到自己的基本目标。

一般适用于非原则性问题。该策略的采用依据是没有十全十美的事情,有时候退让反而会取得预期的基本效果。

班组长在实际工作中选择不同策略处理问题,结果往往会大相径庭,因此应谨慎比较、分析各种策略的适用情形。具体见表6—5。

表6—5　　化解团队冲突的相关策略及适用情形

策略	适用情形
竞争	1. 时间有限,必须当机立断,如紧急情况 2. 某项计划至关重要却又损害一部分人的利益,如缩减预算、执行纪律等 3. 根据自己的判断是正确的,并坚信对公司发展意义重大 4. 对任何企图利用你的非竞争行为的人

续表

策略	适用情形
迁就	1. 当你认为自己某种做法是错误的 2. 当事情对别人而言，具有更为重要的意义 3. 树立良好口碑，为做好将来更重要的事情奠定信用基础 4. 当竞争会对你想要达成的目标起阻碍作用 5. 当和谐比分裂更重要 6. 培养员工，希望他们能够从错误中汲取教训，快速成长起来
回避	1. 你认为事情很普通，没必要大动干戈 2. 现实与期望相差较大，无法满足自己的利益 3. 得不偿失，即因冲突引起的损失远大于解决问题所收获的利益 4. 对方情绪激动、不够理智 5. 信息量不足，需要收集更多信息才能更好地做出决定 6. 其他人更适合解决此冲突
协作	1. 双方利益必须兼顾，需要利益均分的解决方案 2. 你想从别人那里学习知识、经验，或验证你的某种假想，推测他人观点 3. 思路不够广，亟须从不同角度解决问题 4. 己方利益得到保证，且决策中包含他人的创意和见解
妥协	1. 事情不是十分重要，双方都有商讨的余地 2. 彼此力量相当 3. 问题过于复杂，需要寻求一个过渡性方案 4. 时间紧迫

现实工作中，班组内部难免存在形形色色的冲突。作为班组长，应该会结合实际情况，灵活运用相关策略，公开公正地处理好冲突。如果处理得当，还能增进团队凝聚力和提高团队工作效能。

徐某是一家大型冷冻公司的白班组长。这天质检员小芹拿着一张退货单来告状。原来负责填单的阿胜偷懒，没有填写齐项目。

徐某把阿胜找来，问明情况。阿胜振振有词道："以前不是一直都这么填吗？又没见出什么错。"小芹气得火冒三丈，猛地提高音量，说："财务部新规定，每一项必须写全。"阿胜也是倔脾气，脖子一拧道："我工作那么忙，就算加班也做不到。"

原来冷冻库房每天出入量非常大，光填写单据就忙得够呛。有时候来了加急件，还要加班加点，压根顾不上填单。如果按照财务部要求，那工作量无疑将倍增，执行起来困难不小。

假如你是徐组长，会怎么做呢？下面提供几种处理方法。

（1）花点时间单独分析形势，等能够确认谁是对的，再告诉小芹和阿胜。

（2）让各人按自己的方式处理。

（3）要求他们一起努力，找到一个彼此都能接受的方案。（即先把重要项目填写全，再跟财务部协商能否精简填写单。）

徐某选择第三种方法，即采用合作策略，很快完满地解决这次冲突。财务部推出新的填写单，不仅受到了小芹和阿胜的欢迎，还大大提高了班组的工作效率。

6.3　班组长的育人管理

人是企业生产的动力，班组人员更是企业利润最直接的创造者，他们心态、意识、知识和技能等，都关系着企业发展的前途。作为企业最基层管理者的班组长，虽然职权不大，但他们的管理却直接联系着企业的每个员工。所以，训练和培育班组人员，这是班组长最重要的工作。

6.3.1 培育下属的方法

在一个班组里,每个员工都是从新员工一步步成长起来的,在这一过程中,班组长都要对他们进行训练和培育,具体来说,主要包括以下三个方面,具体如图 6—1 所示。

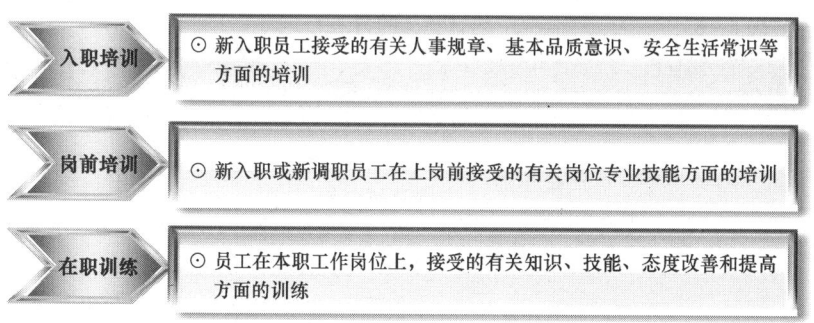

图 6—1 培育下属的三个方面

其中,入职培训和岗前培训常常结合在一起,作为对新员工的培训。面对新员工,班组长首先要掌握以下培训步骤。具体如图 6—2 所示。

新员工的培育是班组长最重要的工作。好的培育方法能够让员

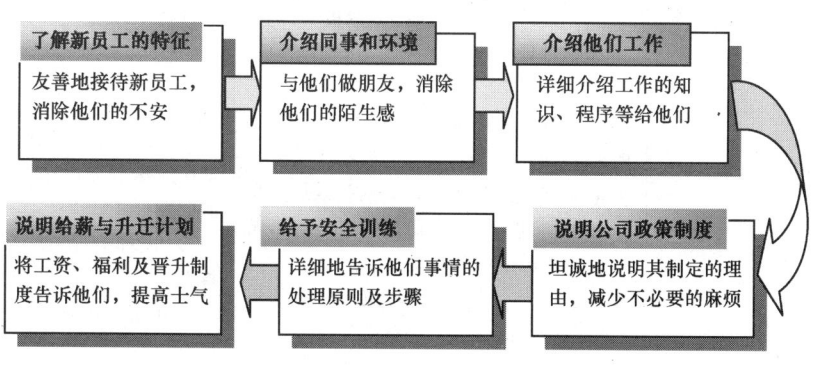

图 6—2 新员工培训步骤

工掌握岗位的基本要求，培养端正的工作态度和作风，能够使其发现和判断生产的异常，是高品质高效率生产的基础。班组长要掌握更多培育下属的方法，明确它们之间的优劣，善加利用，具体方法见表6—6。

表6—6　　　　　　　　培育员工的方法

方法＼特点	长处	短处	备注
讲授法	1. 能在短时间内传递大量信息 2. 所耗经费少 3. 人数不受限制 4. 接受信息通过听讲，更易了解	1. 单向传输，不能互相交流 2. 主要通过语言交流，对其他资料利用有限 3. 讲授效果因人而异	1. 适用于人数较多的场合 2. 适用于传达新信息 3. 可利用人的视觉、听觉，可留些时间供听众提问
示范法	1. 有现实感，能激起浓厚的兴趣 2. 参与者较熟悉示范的情境 3. 方法的准备也很有趣	1. 一般只示范自己感兴趣和做过的工作，缺创造性 2. 心情紧张，会使气氛呆板	1. 对情境、示范者的职务等，要有清晰的认识 2. 示范时可引导大家讨论
分组讨论法	1. 能对某一问题展开有效的讨论 2. 参与者更能充分表达真实想法 3. 与实际工作联系紧密 4. 所得出的信息更易被接受	1. 较花时间 2. 讨论效果受小组人员素质的影响较大 3. 更易出现偏执的意见	1. 对讨论的步骤、动作方法等要有一定的准备 2. 选择合适的主持人 3. 可适时展开自由讨论

续表

方法＼特点	长处	短处	备注
KJ法（A型图解法）	1. 解决问题中可促进团队学习 2. 有助于打破部门隔阂，获得整体观点，减少内部矛盾 3. 操作过程很有趣，可全员参加	1. 花费时间较多 2. 操作方法较难掌握 3. 需要有经验的主管引导，要善于分类和归纳	1. 此法是寻找质量问题的重要工具 2. 适用于未知或难以理出头绪的事情
实例研究	1. 对身边发生的实例进行研究，有很强的感性基础，引人兴趣 2. 有助于进行自我反省 3. 通过实际体验可以预先学习以后出现类似问题的处理方法	1. 实例可能牵扯到参与人员，处理不好，容易致使会议中断 2. 找到理想案例较难，或案例跟自己工作的联系不大	1. 在个人发表意见后可以展开分组讨论相关议题 2. 可鼓励新员工中发表一些关于自己身边的事例的看法和观点
轮岗	1. 帮助员工认识到本职工作与其他班组工作的关系，提高其能力 2. 有助于打破班组横向间的隔阂，提高员工的适应力及创新力	1. 未能及时参加轮换的员工会产生不受重视的情绪 2. 职务轮换影响员工收入或使工资计算复杂	1. 对于一些需掌握复杂技术和关系到核心利益的岗位不宜轮换 2. 要打破本位主义的思想

6.3.2 培育下属的技巧

班组长明确了培育下属的方法，就可以在教育下属的时候做到有的放矢，同时也可掌握一些技巧，这可以让培育工作事半功倍，让自己的管理更具艺术性。下面列举5类技巧供班组长参考。

1. 关注技巧

在培育下属时,班组长应该让大家处在一个没有干扰的环境中,电话应该关机或静音,其他噪声和访问者等也应尽可能地去排除。只有这样,被训下属才能完全放松地去倾听和进行对话。

班组长应该处于被训下属恰当的角度或附近,而不要面对面隔着办公桌。班组长要保持与下属良好的视线接触;在下属在说话时,班组长可以身体前倾来表达自己的关注;班组长可以用柔和的声调来表示自己的善意,舒缓被训下属的心理压力。

具体到培育对象上,在面对情绪紧张的新员工时,班组长可以先找一两个轻松的话题,与新员工聊一聊,打消他们的紧张心理,再进一步培训。此外,班组长将新员工培训计划做成书面文件,提供给新员工,使之明确培训的时间和内容、相关负责人、培训方法、培训资料、考核方法、上岗标准等,这也是一种对下属的关注。

2. 鼓励技巧

班组成员在接受培训时,尤其是在刚开始工作实践的时候,常会缺乏信心或者出现错误,他们可能怯于表达,陷入自我怀疑的不良情绪中。这就需要班组长鼓励他们说出自己的想法,及时地给予帮助。我们发现以下语言是很好的鼓励语言:

1. 我想知道你现在觉得怎么样?
2. 你愿意说说那个吗?
3. 也许你愿意告诉我……
4. 有什么其他我应该知道的吗?

此外,班组长可以用"和下属一起做"的方法鼓励他们,让下属进一步体会工作要领。班组长可以做完一步,就让员工跟着重复一步,每一小步的结果都进行比较,若有差异,要说明原因在哪里,反复进行数次后,可单独让其试做一遍,此时,要站在一旁观察,

以策万全。同时应注意运用以下技巧:

(1) 新员工每进步一点,都立刻口头表扬,消除新员工紧张心理和增强其信心。

(2) 关键的地方让其口头复述一遍,看其是否记住。

(3) 观察时动口不动手,让其自行修正到达标为止。

3. 澄清技巧

在对下属的培训交流中,双方总是难以避免理解上的偏差的,这就需要班组长掌握必要的澄清技巧,明确彼此传达的信息,让自己的培训更有效。下列语言可供班组长运用:

1. 我认为你说的是……
2. 你能给我一个关于……例子吗?
3. 我不太能肯定我理解你——你愿意重复一遍吗?
4. 你能告诉我更多关于这件事的内容吗?

4. 反馈技巧

在培训交流中,反馈多是指以自己的语言复述被训练者所说的,所表达的内容或者是感觉。反馈是对话的重要技巧,它表示出班组长对被训下属的理解和感受,它同样还能帮助下属明晰自己的情感状态,能让他们与班组长的精神保持一致,从而产生共鸣,进一步推动交流。一些典型的反馈语言包括:

1. 听起来你真……
2. 你认为如果……是个好主意。
3. 你真的喜欢……
4. 你看起来对……感到焦虑。

5. 总结技巧

好的培训者总能恰如其分地总结被训者的表现。当对下属的培

班组长管理基础知识

育工作进展到某一阶段,班组长需要总结和评价下属,这就需要班组长掌握良好的总结技巧,下面有一些总结技巧供班组长参考:

1. 我希望总结一下我们今天所涉及的内容……
2. 我们今天涉及了很多内容,特别是……
3. 总的说来……,其中最可贵的是……,不过遗憾的是……,如果能……就更好了。

案 例 学 习

方某是一家酒店的楼层服务主管,他带出的队伍是酒店里最有作战力的,两年来零客户投诉,还为这个酒店输送了三名楼层主管。方某之所以能带出这么优秀的队伍,这跟他善于培育下属是分不开的。

每个月初,方某都根据上级要求,带领下属共同制定当月工作任务,明确考核指标及其目标值。方某给每个员工的指令都是清晰、可考量、有挑战性以及结果导向的。平时,方某每天早晨都召开班前会。他会定期或不定期在自己负责的楼层,观察和记录员工的工作情况,检查相关报表,发现问题及时纠正。对于新进员工,他会及时对他们进行上岗培训,他总是热情友善地将新员工介绍给自己所有的员工,周详地告诉新员工酒店的规章、禁忌。之后,他就安排老员工作为新员工的师傅,一对一地进行教授、带领,偶尔他还会亲自示范。另外,方某在工作中发现员工有好的方法或创意就会及时与大家分享,从不吝惜自己对员工的赞美。就这样,所有员工的工作热情被他调动起来了。

每到月底的时候,方某就会拿出先前确定的工作计划表、员工工作纪律及报告,按照公司相应的规章和程序对员工进行考评,他与每个员工都要进行半小时的面谈,对员工以往的工作进行总结,对他们的不足之处进行有针对性的辅导，同时设定下个月的工作任务。方某准备充分、面谈得法，大家并没有把这当成是单纯的例行公事，而是视之为难得的提高自己的机会。

正是由于方某出色的管理和育人能力，他深受酒店领导的赏识，不久就被提升为客户服务部副经理，负责所有楼层的服务。

6.4 班组长的纪律管理

纪律是人们的一种行为规则，是为维护集体利益并保证工作正常进行而要求成员必须遵守的规条。班组长要善于总结工作中的流程、经验等，将它们规范化、制度化，从而提高工作效率。班组纪律管理就能实现这一点，帮助班组长有效地将成员的力量和资源整合起来。

6.4.1 团队纪律的制定

班组长作为一个班组的领头羊，应该带领成员正确认识团队纪律，了解团队纪律的制定程序等，为更好地执行团队纪律夯实理论基础。

1. 正确地认识团队纪律

现代社会越来越民主，人们也更加强调自由，因此便不太愿意去讲纪律。其实，大到社会、国家，小到一个企业班组，任何组织都不能没有纪律的，纪律和自由看似不相容，实则是分不开的，遵守纪律，才能使人们获得真正的自由，否则，人们将妨碍彼此的自由。班组长在制定团队纪律的时候就应意识到，纪律不是严酷、呆板的要求，而是班组整体的方向感和成员的行为承诺。

有了这个认识，班组长就能掌握好团队纪律制定的程序。

2. 团队纪律制定的程序

班组长要明确团队纪律制定目的是什么，这一目的要符合企业发展目标，不违背企业的规章制度，团队纪律应是为有效实现团队工作目标而服务的。

班组长管理基础知识

班组长作为纪律制定的主导者,为了更好地组织团队纪律的制定,自己首先要清楚班组纪律管理的基本内容。团队纪律的基本内容主要有下面三个方面。

(1) 日常上班纪律。顾名思义,这项纪律主要是对班组成员仪表、沟通、请假、财物及上下班注意事项等的规定。在这方面,班组长不能只关注自己的工作业绩,而应该以身作则,以此项纪律严格要求自己,养成良好的职业素质,为班组成员作出表率。只有这样,班组长才能具备纪律管理的权威,让成员心悦诚服。

(2) 文明生产纪律。文明生产是企业质量管理的基础,它为保证产品或服务的质量提供一个好良好的内外部条件,而这些条件的形成都离不开文明生产纪律。在企业的文明生产中,基础是"5S"活动,即"整理、整顿、清扫、清洁、素养"。"5S"活动会促使企业实现精神文明、环境文明、操作文明、储运文明,提高企业生产水平,创造更高的经济效益。所以在制定文明生产纪律时,班组长要以"5S"为内核,规范班组各项生产内容,实现自己班组的文明生产。

(3) 工艺纪律。企业为了保证工艺流程的彻底执行,确保生产质量和安全性,制定规范化的生产技术,并要求生产人员严格执行,这就是工艺纪律。班组作为生产的最基层组织,班组成员是生产最直接的操作者,他们支配着工艺的运用。所以,为了贯彻工艺,保证企业产品的优势,工艺纪律是班组长最为重要的工作内容。企业在制定工艺纪律时,必须严格参照国家标准和行业标准,结合自身实际制定企业标准,同时工艺制定后必须验证正确才可投入批量生产。另外,工艺纪律中一定要加入经常性的工艺检查和问题反馈机制,这样才能促使工艺不断进步、优化,保障产品的竞争优势。

班组长要对班组工作的内容进行详细分析,重点关注工作中容易出现的错误和危险,找出最优的工作流程和避免纰漏的方案。这一过程中应鼓励班组成员参与进去,这样做的好处有两方面:一是可以集思广益,发挥集体的智慧,让制度更加优化;二是成员自己参与制定制度，他们就会将制度视为自己的行为承诺，成员会更容易接受纪律的约束。

> 冯某多次在公司的钳工比赛中名列前茅，老班长退休后，车间领导任命冯某为钳工班班长。对于违纪的班组成员，冯某总是绷起脸来，严加训斥，然后罚扣奖金。结果，一个星期内，班里一共13位钳工，被冯某训斥了9位，其中3位被罚了款。
>
> 又过了一个星期，冯某发现违纪的现象基本没有了，可是班组的工作效率却下降不少，成员工作失误明显增多，原来跟他关系不错的员工也在渐渐疏远他。他很苦恼，于是向老班长请教，老班长听后笑着对他说："纪律是要遵守的，可制定纪律不是为了捆住人，而是为了让大家有个共识，你自己定的纪律只是你一个人的认识，你越是坚持，别人可能就越反对。"
>
> 冯某听了老班长的话，茅塞顿开，他回去后迅速召集了班组成员，让每个人参与班组纪律的制定和完善，同时为自己之前生硬的工作态度表示抱歉。经过一番激烈而充分的讨论，一个普遍被班组成员接受的新纪律产生了。果然，大家更乐意遵守自己参与制定的纪律，怨言少了，消极反抗也没了，冯某的钳工组的工作效率得到大幅提高，冯某也因此受到了工厂领导的一致表扬。

方案　你学会制定团队纪律了吗？

回答下列问题，1~5肯定得＋1，6~10肯定得－1。得分越高，表明自己越具备制定纪律的素质。

1. 是否在研究企业愿景、目标以及规章制度之后，再考虑制定班组纪律。

2. 是否在上班时间到时,就立即停止一切与工作无关的事情。

3. 在工作现场是否能随手拿到需要用的东西。

4. 生产前是否保持图样、工艺文件的整洁,并按规定存放加工零部件和量检具。

5. 锅炉、压力容器的焊工是否需要具备有效的工艺操作证书。

6. 是否为了使班组成员更服从自己的管理,修改或增设班组纪律条款。

7. 作为生产操作者是否不需要技术等级与工艺文件的规定相符。

8. 是否在接近下班时刻,就开始收拾东西或等待下班。

9. 是否留着胡须、不剪指甲、衣冠不整地进入工作区。

10. 大批量生产,是否仅需要关键和重要的工艺实行定人、定机、定工种。

6.4.2 团队纪律的执行

如果说团队纪律的制定是少数领导参与的事情,那么团队纪律的执行则是全部成员包括制定者都必须参与的事情。显然,团队纪律的执行更为困难。离开了严格、公正的纪律执行,纪律制定得再完美无瑕也是枉然。因此,纪律的执行才是团队生存和发展的根本保障。

1. 纪律执行的基本类型

日常工作中纪律执行的基本类型可以归纳为下列几种:

(1) 日常考勤。团队中违纪行为最常见的就是考勤问题,如迟到、早退、旷工等。这是班组长平时管理工作中基础而重要的内容。

(2) 工作行为。班组成员工作期间的一行一言都与纪律息息相关。常见的不良工作行为包括不服从班组长安排,不按照生产流程或操作标准执行,粗心大意给公司造成损失,工作场所打牌或喝酒、打架斗殴等。

(3) 说谎。这种行为并不多见,但非常严重。这涉及一个员工的诚信品质,还影响到公司的安全生产。不少重大事故就是从一个不起眼的小谎言发展成恶性事件。工作中一旦发现这种行为，班组长应该果断出手，毫不留情，予以严厉地批评。倘若纵容这种小恶习，终有一天会酿成更为严重的事故。

（4）8小时外。员工的业余活动一般不会涉及纪律，但有时也可能影响到公司的形象和利益。如兼职、犯罪、参加非法集会等。

2. 纪律执行的基本方法

纪律执行的基本方法共有5种，具体见表6—7。

表6—7　　　　团队纪律执行的基本方法及具体要求

方法	具体要求
口头批评	1. 适用于员工违反纪律不是十分严重的情形，如晚交了某项不太紧急或重要的任务 2. 班组长在第一时间对成员的不当行为提出告诫、警示，帮助成员认识错误和改正错误
书面警告	1. 适用于员工继续某种错误行为或该行为在一定程度上威胁到公司利益。如连续三次违反操作流程或忘记给车间静电处理 2. 班组长应采用书面形式予以警戒，严重时还会公示书面警告，加大批评力度
降薪降职或调岗	1. 适用于上述方法仍然没有效果或该行为已经给公司造成一定经济损失。如因不当操作而造成设备故障，甚至班组停产 2. 班组长既要严肃处理该成员，又要帮助其认识到问题的严重性，理解和接受企业的处罚
停职	适用于上述方法仍然没有效果或该行为给公司造成较大经济损失。即比降薪降职更严重
开除	适用于最严重的违反纪律行为。如不遵守生产流程而导致安全事故或给企业造成负面影响

3. 纪律执行的基本策略

纪律是严格的、理性的，而班组管理又离不开人的情感因素。因此，班组长在执行纪律时应采取必要的策略，做到既能坚决维护企业纪律的严肃性和公正性，又能保护成员的情绪精神和工作积极性。

（1）周密调查，弄清真相。班组长在批评成员前认真调查事实，复核该成员的违纪行为。如有必要，把其违纪信息记录下来，包括时间、地点、相关人员、违纪的可能原因等。

（2）充分警告。正式处罚之前，班组长应该对成员发出合理、充分的事先警告。如发现某种错误行为，现场给予批评和指导，再在班会上突出强调。同时，对警告的次数、时间和场合等做书面记录，避免成员找借口抵赖。

（3）第一时间执行纪律。发现违纪行为，班组长应该迅速调查、核实，并在第一时间采取处罚措施。这个时候最忌讳迟疑不决，瞻前顾后。一旦错失"趁热打铁"的机会，纪律的严肃性、公正性都将受到质疑，同时班组长的信誉和执行的效果也大打折扣。

（4）人性化。班组长与成员沟通时态度要认真严肃，但应注意控制情绪，避免因愤怒失去理智。同时班组长应该留给成员一个解释的机会，了解其违纪的真实原因。从关爱的角度指出成员的错误行为，倾听其解释，帮其从思想根源上摒弃错误观念。

（5）客观公正，就事论事。执行纪律时焦点应放在成员的某一个行为，而不是成员的人品、道德。班组长应该就事论事，提出具体性的批评、建议。

（6）惩前毖后，杜绝再犯。班组长执行纪律不仅包含处罚、警戒，还包括建议、指导。执行纪律是帮助成员从错误中汲取教训，找到相关的预防措施，杜绝类似错误再次发生。

（7）详细记录，追踪效果。班组长执行团队纪律后，应及时把执行全过程记录在案，包括违纪行为、调查结果、警告、成员的态度和观点、相关措施和成员改正应该达到的效果等。

第6章 班组长的团队管理

每次班组会议,班长陈某都不厌其烦地强调安全生产的重要性。然而,下午阿强凿击压铁时还是没有佩戴防护眼镜。陈某当场严肃批评了他。阿强却嬉皮笑脸地辩解道:"整天顶着个破眼镜,又累又丑。咱一个帅哥,得为自己形象负责啊!"陈某翻出笔记本,指出以往对他的数次警告。阿强倒也干脆,全部承认了。陈文立即给他开了张罚单。这下车间里"嗡"地炸开了。不少老员工替阿强求情,还有人为阿强叫冤,说陈某杀鸡儆猴。更有人振振有词道:"甲班水平比我们高,还没有人因为没戴防护镜被罚款呢。"

团队纪律容不得讨价还价。陈某不为所动,坚持了这一处罚。阿强表示接受惩罚,不过没了往日的活跃。班组里其他同事也对陈某颇有微词。这天刚上班,他就被同事们的热情惊呆了。尤其是阿强,更是一口一个地招呼"班长"。原来前一天夜里甲班小王没有佩戴防护镜,结果垫铁将小王眼部击伤了。公司不仅支付了10多万元,还上了劳动部门黑名单。陈某趁机大力整顿班组纪律,得到了所有成员的鼎力支持。年底,班组第一次拿到了"安全生产先进集体"荣誉称号,阿强还当选为公司"十佳劳模"。

班组长一方面要果断处罚措施,严格执行团队纪律;另一方面要改造团队的思想、价值观,提升团队的境界和觉悟,把遵守纪律转化成团队的自觉意识和主动行为。

第7章 班组长的压力管理

7.1 班组长职业压力

7.1.1 班组长的职业规划

班组长在对自己的职业进行规划时,应在对自身的各个方面进行综合分析后,根据自己的职业倾向,确定最佳的职业奋斗目标,并为了实现这一目标做出合理的安排。

职业规划的合理设计不仅有助于班组长确认人生的方向,也有助于班组长的自我突破,以塑造清新充实的自我形象。班组长通过准确评价自身的特点和强项以及评估自己的目标和现状的差距,准确定位职业方向,从而重新认识自身的价值并使其增值。

1. 影响职业规划的因素

影响班组长设计职业规划的三个重要因素分别是个人自身条件,个人工作动机和需要以及个人所在环境的支持和制约。具体的内容如图7—1所示。

2. 职业规划遵循的原则

鉴于以上三方面的因素,班组长在制订自己职业规划的时候,应遵守以下的原则,具体内容如图7—2所示。

3. 职业规划的注意要点

由于班组长这一岗位的特殊性,班组长在设计自己的职业规划时,还需要注意以下几项要点,具体内容如图7—3所示。

(1) 避免过时。班组长要跟上时代的发展,其思想和行动应与时俱进。这是班组长时刻面临着的问题。

(2) 实现职业化。班组长是众多管理行业里的一部分,实现职

第7章 班组长的压力管理

个人自身的条件	○ 职业规划首先是由自身的天资和能力决定,天资主要是指的先天性的因素,而作为班组长应具备管理能力,如分析能力、人际能力、沟通能力等
个人工作动机和需要	○ 应清楚自己适合从事的职业是什么,想要在这一职业中得到什么以及在未来中这一职业的社会优势
个人所在环境的支持和制约	○ 清楚地了解个人所处的职业发展阶段,以及在这一阶段中支持和制约职业发展的因素

图7—1 影响职业规划的"三因素"

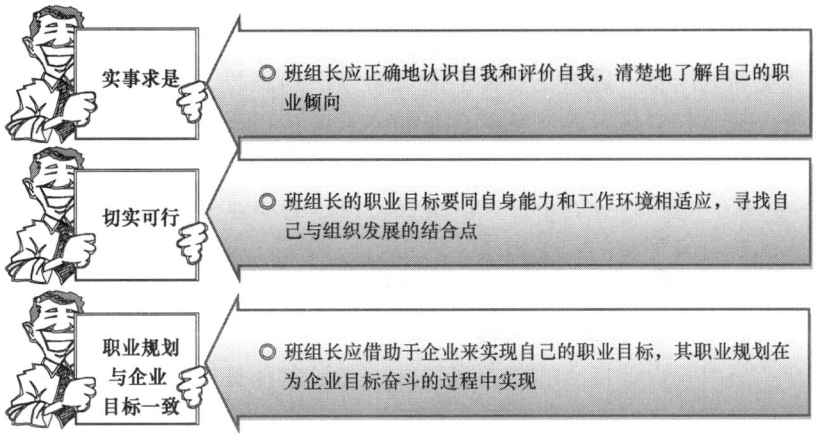

图7—2 班组长职业规划应遵守的"三原则"

业化对保持企业作业活动和加深管理者的形象有很大的帮助。

（3）观点国际化。班组长在日常的工作和生活中,已经不可避免地与国际接轨,不断地学习国外引进的技术和知识,使自己的观点不断更新,顺应时代的发展,提升自己的社会竞争优势。

班组长管理基础知识

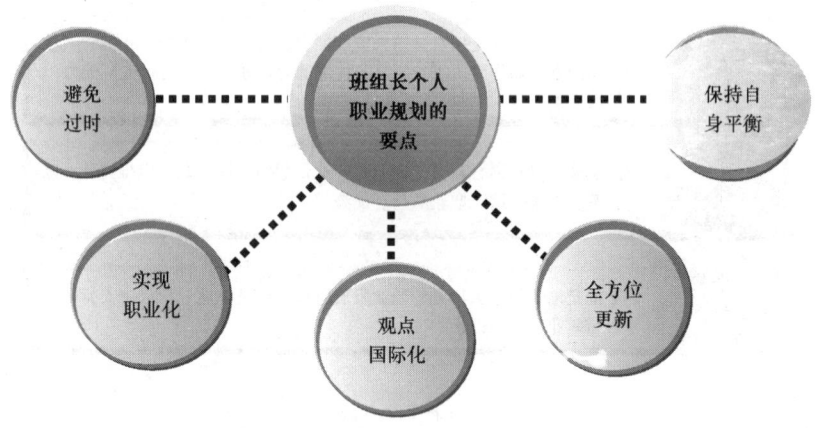

图 7—3　班组长个人职业发展的要点

（4）全方位更新。任何谋求职业管理资格的人应更好地做好自我更新的准备。班组长需要不断更新自己的思想、观点、技巧及行为。班组长对班组成员及其自身的要求应是积极支持的，而非消极反对的。

（5）保持自身的平衡。班组长在自己的职业中应正确认识到所有影响自身平衡的相关因素。对班组长而言，应特别重视行为、态度、评估以及对待问题分析、管理方式五个方面的因素。

4．班组长职业发展蓝图

班组长设计自己的职业规划时，要根据自身的性格、特点以及优势来描绘自己的职业蓝图，并在职业蓝图上制定相应的实施策略。通常情况下，班组长的职业发展如图 7—4 所示。

7.1.2　班组长的职业危机

随着时代节奏的越来越快，人们在能够自由选择职业、岗位的同时，也会面临失业或对职业不满的情况，遇到职业危机。职业危机因人、因时间、因环境而异，各行各业都是不可避免的。同样的，班组长也会应各种因素的影响面临着自身的职业危机。

第7章 班组长的压力管理

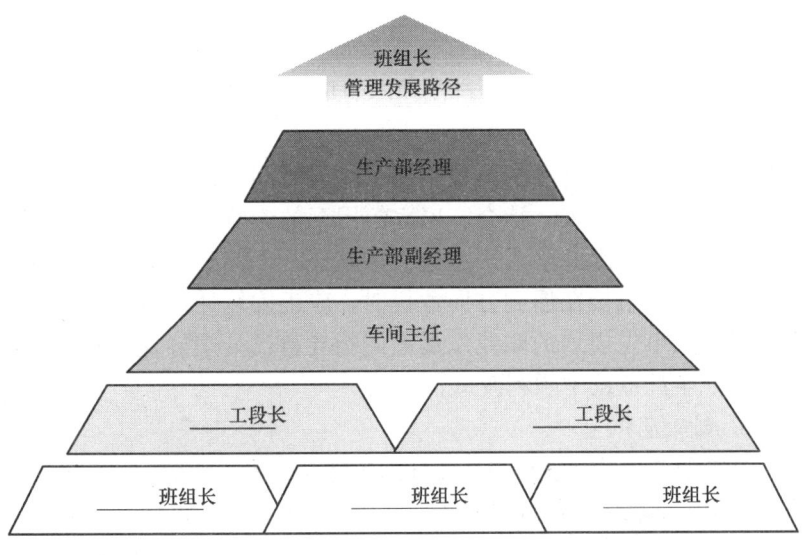

图7—4 班组长职业发展

班组长面临的职业危机主要包括角色危机、方向危机、创新危机以及交际危机。

1. 角色危机

角色即是指在现在从事的职业中所处于的位置。角色的定位不清,必定会造成职业方向的不清晰。班组长的角色定位,并不是一成不变的。现今,生产型企业正面临着从传统生产方式体系向精细化生产体系转型的过程。班组长作为生产一线的直接管理者,应做好并且完成相应的身份转换。

在各大生产型企业中,经常存在班组长无视自己职业身份,对待班组成员常常是称兄道弟,在工作中常常意气用事、拉帮结派等现象,将正常的员工和主管关系发展成为"大哥"和"兄弟"的关系。这些现象对于保持作业活动和加深管理者的自我形象是有害无益的。在实际的工作中,很多班组长并没有意识到自己职位所应该担当的责任。

作为一名优秀的班组长，应当清楚地知道自己在企业里所扮演的角色以及企业上级领导和班组成员对自己的期望，准确把握自己的义务和权利，掌控整个生产流程中的角色塑造。

2. 方向危机

虽然班组长在自己的岗位工作了一段时间，拥有了丰富的工作经验，但是由于个人、社会、家庭等因素的影响，依然会遭遇方向危机。班组长会因此陷入困惑迷失的状态，不知是继续前进，还是改行转业。班组长在遇到方向危机时，应正确地处理所要面对的问题，用自己事先规划的职业发展蓝图指导自己处理好这一危机，以便在职业生涯危机中顺利渡过。

3. 创新危机

在竞争激烈的社会环境下，任何事情都充满了变数。班组长在这种环境下，面临的创新危机主要来自于以下三方面，如图7—5所示。

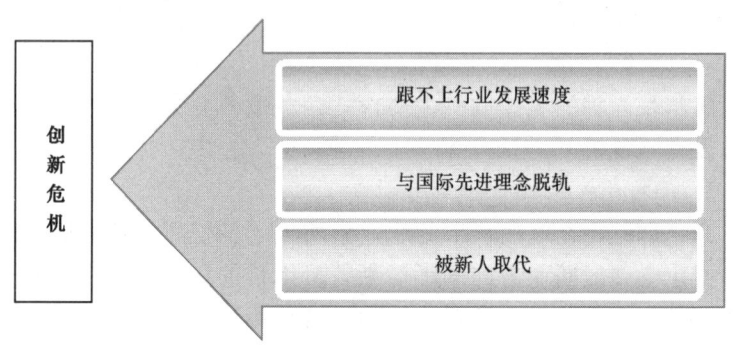

图7—5 创新危机的"三大来源"

作为企业的基层管理人员，班组长应时刻警醒自己，不断充实自己的知识、技能，接受先进技术与管理理念的教育，时刻为应对"三大来源"所致的创新危机做好充足的准备。

4. 交际危机

任何职业都会涉及一个多方位的平衡问题，班组长也不例外。在企业中，大多数班组长是从操作工人中精挑细选出来的，他们在工人的岗位上勤勤恳恳、踏踏实实，但是一旦放置在领导的位置上，却缺乏了与班组成员协调和沟通的能力，对于人员调度的现状一筹莫展。

事实证明，大多数班组长的管理方式都存在着或多或少的问题，对待班组成员的方法简单而机械化。如今繁杂的社会现象和人际关系，以及来自上级、下级的不良反馈，都可能会让班组长陷入沟通不畅的被动情形中。

7.1.3 班组长的职场压力

现代社会是一个"压力的社会"。班组长的压力无处不在，生产任务的繁重、管理头绪的繁多等情况，都会使班组长承受或多或少的工作压力。在这些工作压力中，以工作压力、管理压力、社会环境压力、个人成就压力、人际交往压力和安全压力最为突出。具体的内容如图7—6所示。

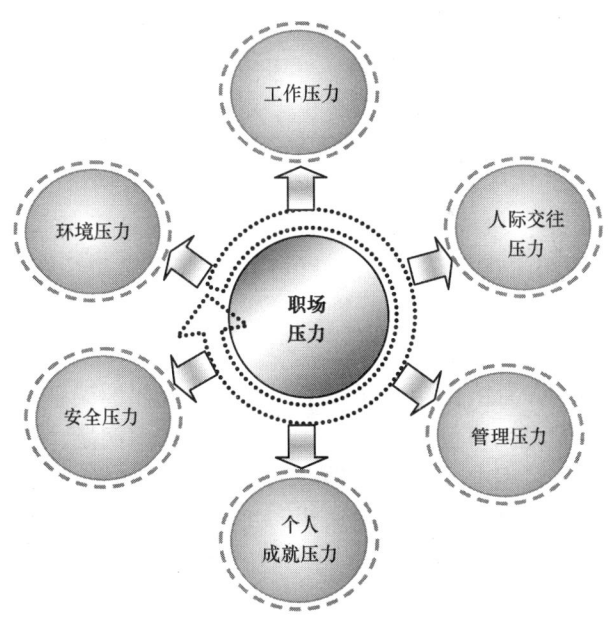

图7—6 班组长的职场压力

1. 工作压力

为了树立管理威信,适应班组管理的需要,作为班组长应当熟练地掌握各种作业技能,组织班组成员按时按质地完成工作任务,具备带领团队的能力。

> **工作压力案例**
>
> 李某是某公司客服呼叫中心的班组长,她每天的工作就是负责解决顾客反馈的各种大大小小的疑难问题。每天,数百个不同的客户带来不同的问题和请求,她都要和班组成员们认真分析,给予悉心的解答。有时候,碰上刁钻的客户,责难和不解更是在所难免,李某依旧要一一安抚,不仅要笑对顾客,也要安抚好自己班组成员的情绪。因此,李某心力交瘁,身体每况愈下。
>
> 近来,呼叫中心的人员流失率又见增加。上级怪罪下来,说李某班组工作没有做到位。李某有苦难言。两个月后,李某递交了辞职信,辞职的原因是压力太大。

2. 人际交往压力

班组长是上级与下级沟通的桥梁,是班组成员与上级领导之间联系的纽带。换句话说,班组长在企业组织中处于承上启下的纽带地位。除此之外,班组长平级之间也需要相互的沟通协商。

在企业中,班组长会遇到如下属对自己授权的误解、平级之间互不信赖、管理风格偏严肃引起工作氛围紧张等问题。班组长在应对这些问题的过程中,由于外界的行为和自己的价值观念发生矛盾,就会引起个人心理上的冲突和迷茫,这些无形的困扰都给班组长带来了较大的压力。

下面以班组长对待员工请假这一现象,两种不同处理方式进行对比。可以看出,实例2中班组长采取的风趣方式更能让员工心悦诚服。

第7章 班组长的压力管理

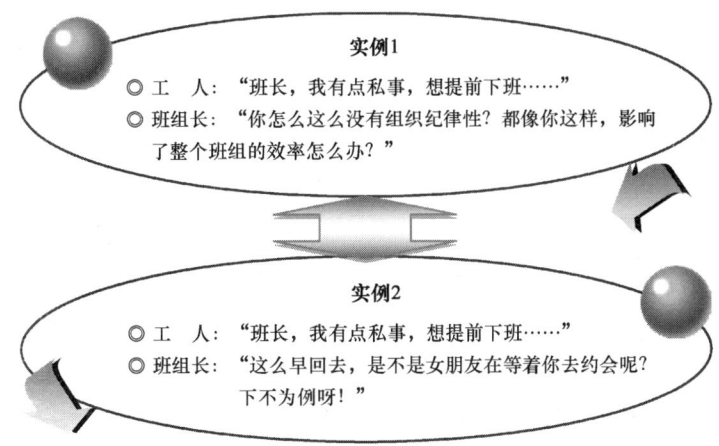

实例1
- 工　人："班长，我有点私事，想提前下班……"
- 班组长："你怎么这么没有组织纪律性？都像你这样，影响了整个班组的效率怎么办？"

实例2
- 工　人："班长，我有点私事，想提前下班……"
- 班组长："这么早回去，是不是女朋友在等着你去约会呢？下不为例呀！"

3. 安全压力

企业在选拔班组长时，安全意识是主要考核标准之一。班组长必须正确认识到安全和生产的关系，杜绝"重生产轻安全"的思想蔓延。在现实工作中，班组的安全状况、生产任务同班组长的绩效挂钩考核。

这些压力促使班组长既要协调抓好班组的生产任务，又要确保生产的安全，树立"先安全后生产、以安全促效益"的思想意识，把控安全生产关，不让事故出现在自己的班组里。

以下是某企业的关于班组长安全压力的案例。

安全压力案例

李某像往常一样，带领自己班组人员下矿。刚到井底，就有人说，看见沙石掉下来。李某说："我在这矿井前前后后下来几十回了，要有问题早发现了。不过是正常的沙石脱落，大家继续干活！"那个员工也不再说什么。后来，又有几个人说沙石也砸到了自己身上，李某自己头上也有沙石的碎屑洒下来，李某才觉得不妙，赶紧指挥大家出去。

尽管大家加快撤退的脚步，但是矿井还是坍塌了。因为错过了逃生的时机，并不是所有人都逃了出来。事后，死去员

141

工的家人在现场哭天抢地,指责李某是杀人凶手。

李某再下井工作的时候,反复确认沙土状况后,依旧感觉不踏实。后来,他再也没有带组员下井工作过,甚至连沙土都不能看。

4. 环境压力

在热气腾腾、产品堆积如山封闭的车间里,长期在这样环境下工作的班组成员会产生精神紧张、疲倦过度的状况。这些状况无形给班组成员带来了压力,造成了严重的身体不适的情况。

以下是某企业的关于班组长环境压力的案例。

环境压力案例

吴某是电子厂的班组长。长期的流水线工作,吴某早练就了麻利的手脚,什么零部件安装,基本上是过目不忘。班组成员们暗地里送她一个绰号"吴金睛",是火眼金睛的意思。可是,近来吴某的眼睛前面老是出现白花花的一片,更别提长时间对着眼前飞梭般走过的样品了。

刚开始,吴某以为自己感冒了,可是吃了好几天的感冒药也不见好转。后来,在丈夫的陪同下,去医院就诊。医生诊断结果是吴某并非感冒,而是神经性衰弱。吴某感觉很疑惑,自己又不从事脑力劳动,怎么会神经性衰弱呢。

医生告诉她原因跟她的职业和工作环境有关。因为电子车间封闭的空间,轰鸣的机器声,车间大范围的光线不足,再加上吴某长期用眼过度,时间久了,就得了脑神经衰弱。

5. 个人成就压力

阿特金森的成就动机理论显示,当一件事情失败的机会大于50%的时候,人们便不会选择去做。班组长在面对个人成就时,也存在这种心理动机。这种力求成功、避免失败的心理是班组长的压力之一。

以下是某企业的关于班组长个人成就压力的案例。

第7章 班组长的压力管理

> **个人成就压力案例**
>
> 某电力检修班组,班组长王某和马某是儿时伙伴,在刚入电力厂的时候,二人关系一直亲如兄弟。但是最近几个月,王某和马某的关系逐渐疏远。有一次,远远地看见马某走过来,王某立刻绕路而走,甚至好几次马某邀请王某去家里吃饭,也都被王某以各种理由推托了。
>
> 这一切改变都是在马某被提升为车间主任之后开始的。看到自己的儿时伙伴一下子成了自己的上级,王某心里着实不是滋味。王某也渐渐发觉,马某似乎也和之前大不一样了,说话总是打官腔,内心里顿时觉得生分了许多。尤其在私下的时候,两人相见分外尴尬。
>
> 但是,同在一个班组,低头不见抬头见,王某自己也不知道和朋友之间还能不能恢复到从前。

6. 管理压力

班组长的管理能力是企业生产基本单位——班组正常运转的维持力。班组长管理水平的高低直接决定着企业竞争力的高低。如何有原则性地管理,切实履行自己的管理职责,既考验班组长的综合能力,也让班组长倍感压力。

以下是某企业的关于班组长管理压力的案例。

> **管理压力案例**
>
> 张某是一名勤勤恳恳的班组长,他对待工作兢兢业业,从来没有提前下班过。在他的硬性要求下,他的班组是加班加到最晚的一个组,无论工作是不是紧张,谁都不能提前下班。如果有个别人提前"早退",一定被张某扣罚奖金或工资以儆效尤。张某的班组成员敢怒不敢言。长此以往,员工们叫苦不迭。终于有一天,他的组员们集体站出来拒绝加班。而这一次,张某还能靠罚款解决问题吗?

7.2 班组长压力化解

7.2.1 寻找并分析压力源

压力源就是"能够导致环境要求与个体应对能力不平衡的环境或事件"。从心理学的角度来分类,压力源可分为生物性压力源、精神性压力源和环境性压力源3类,从这3个方面来分析,班组长的压力源主要跟以下情况有关,具体内容如图7—7所示。

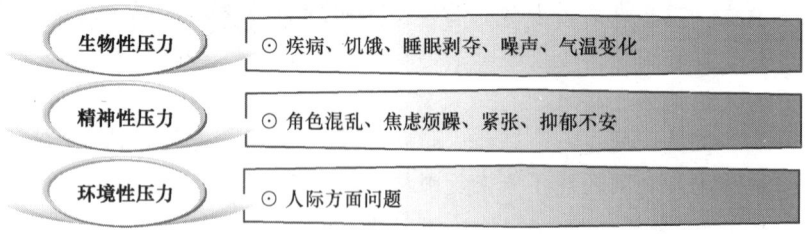

图7—7 班组长的压力源分析

如上述所示,班组长承受着各种各样的压力,如工作压力、人际交往压力、环境压力、安全压力、管理压力以及个人成就压力等。而这些压力产生的原因分析如下所示。

1. 工作负荷

班组长由于常年累月超负荷的工作,以及新知识的快速更新等影响,就要求班组长不断地应对所面临的问题、补充以及尽快地掌握所更新的知识。同时,企业制定的工作制度以及工作任务的安排,与班组长的价值观念产生矛盾而带来压力。

2. 人际关系

企业内部作为一个合作性的生产组织,必然会涉及各层级的人际关系。人际关系不仅是企业内部的合作关系,也是建立在各自不同个体的个性特点基础之上的关系,所以班组长难免会在企业内部的合作交往中产生紧张或冲突。

一旦发生人际关系紧张和冲突，由于班组长与其他人员在工作合作的需要，就难免互相面对的心理预期，这种预期会使人际关系的紧张在心理上有所反映，逐渐形成人际交往上的压力。

3. 职位升迁

班组长一旦晋升，所面临的问题开始增多，心理承受的压力也紧跟着成倍递增，有些甚至已经超出了自己现阶段掌控的能力，产生了不相信自己能够真正胜任的心理，于是心理所承受的压力也更加的沉重。与此相反的，如果等待已久的职位职权旁落，心中又难免产生失意和郁结。另外，当遇到瓶颈期，职业倦怠等情况时，也会让班组长产生各种压力。

4. 管理问题

管理问题的压力主要来源于以下几个方面，具体如图7—8所示。

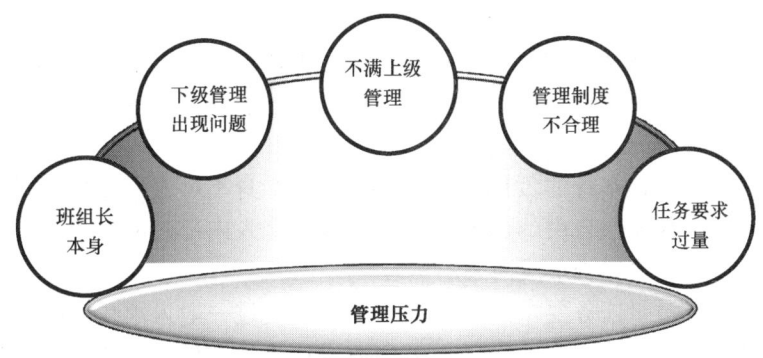

图7—8 班组长管理问题的压力源分析

（1）如何对下级进行管理。班组长从一个初上任者到一个熟练的管理者的过程中，对班组成员进行管理时，由于个人管理能力是从低到高的锻炼和提高过程，所以在每个阶段出现的压力性质也不尽相同。以下是班组长在管理问题上在不同阶段产生的压力，如图7—9所示。

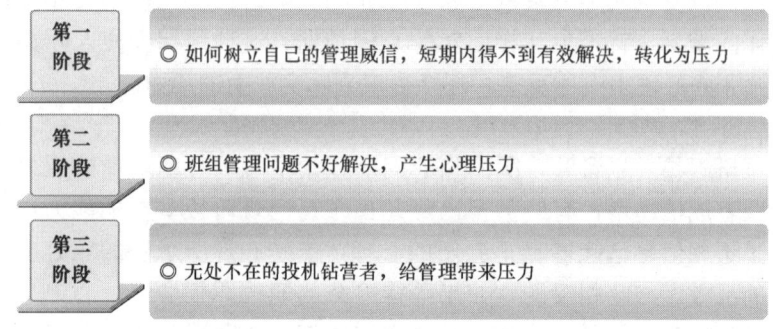

图7—9 班组长管理的三阶段

(2) 如何接受上级的管理。班组长在接受上级管理的时候，由于上级领导在语言、行为等方面的表达不当，可能会使班组长产生心理压力。

(3) 不合理的管理制度。任何企业管理制度的规范化和科学化都需要一个长期的过程。在管理制度完善之前，制度所存在的缺陷或者问题就容易对班组长造成心理伤害，这种伤害会转化成为班组长的心理压力。

(4) 管理本身的负性影响。企业管理本身不可避免是对人的控制，与人性向往自由的趋向相违背。这种个人内部趋向和外部控制的冲突会使班组长形成内心的焦虑。

(5) 过量任务要求。当限定的工作量超过一般人承受能力的水平时，能否按量完成工作任务也会造成负责该项任务的班组长心理上的紧张。

5. 安全隐患

近年来，企业生产现场的安全事故频频被报道，安全保障逐渐成为所有企业所有管理人员的共识。

班组长身为生产一线的管理者，应时刻关注班组成员在工作场所的高危险性以及产品可能引发的质量安全、工伤事故等问题。这些问题不仅给身在其位的班组长带来收入上的困扰，更是让其身心紧张。

班组长的安全压力的来源主要有违规生产、工作环境存在高危险性、产品本身危害身体健康的物质含量超标。

综上可知,这些压力有的来源于班组长自己本身,有的来源于不可抗拒的外界力量。可将班组长的压力来源大致分为以下几类,具体内容如图7—10所示。

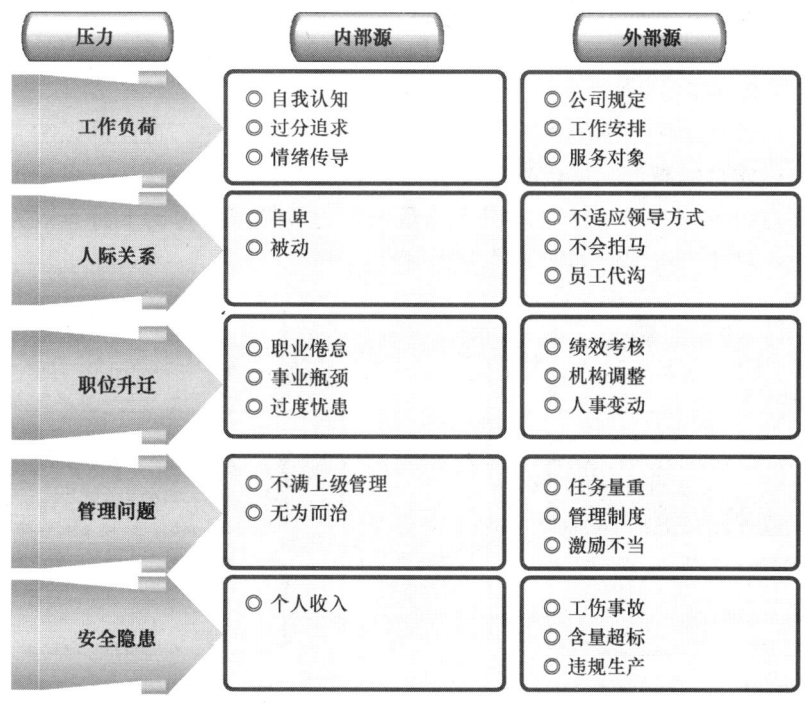

图7—10 班组长的压力源

7.2.2 有效化解压力方法

班组长是生产线安全的第一责任人和生产的直接参与者。在肩负着完成繁重生产任务的同时,也负责统筹整个班组成员的有序生产。工作压力过大,不仅会对班组长造成伤害,降低其工作积极性和工作质量,同时也会影响企业组织的工作绩效和利润水平、员工的士气以及组织的整体良性发展。所以,及时、有效地化解班组长的压力是很有必要的。

1. 缓解压力注意事项

班组长在排解压力的时候,应注意以下三点。

(1) 摆正自己的位置,对上级领导和班组成员负责。

(2) 正确地看待自己的权利和义务。

(3) 处理好自己与班组成员以及企业内部员工的关系。

2. 缓解压力的方法

繁重的压力不但影响班组长对待工作的积极性,而且也影响着工作质量的高低。如何舒缓工作压力,保持身心健康,是班组长提高自身效率的唯一途径。以下是帮助班组长缓解压力的 8 种有效方法,具体方法内容如图 7—11 所示。

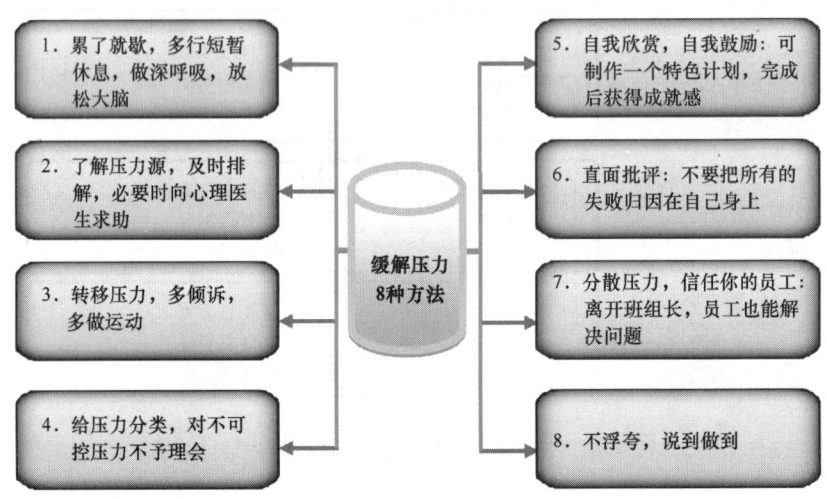

图 7—11 班组长缓解压力的 8 种方法

3. 化解压力的方式

班组长在面对压力时,应正确认识自己面临的是哪种压力,并且尝试使用有效的方式去化解压力,将压力化解为无形。班组长在化解压力的过程中,是自我成长和积累经验的过程。经过这样的历练,班组长会在今后的管理工作中更加游刃有余。

化解班组长压力的方式如图7—12所示。

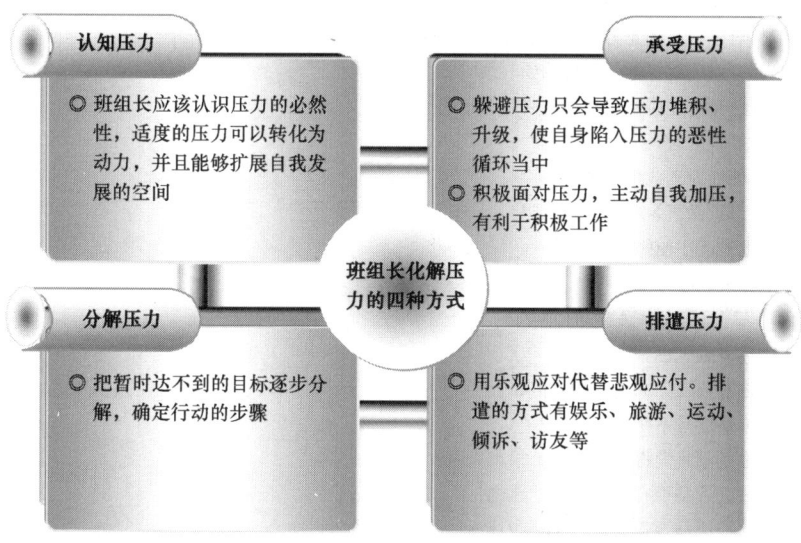

图 7—12　班组长化解压力的 4 种方式

7.2.3　预防压力产生方法

在工作中所产生的压力是不可避免的。班组长要善于预防与管理这些压力,及时排解压力根源,将压力消除在可控范围之内,让自己在轻松压力下工作。

1. 压力诊断

班组长可经常通过一些情景测试以及一些压力预测进行压力诊断。以下列出了一组测验,班组长不妨针对性地给自己"把把脉",诊断一下现有的工作给自己带来的压力。

压力诊断测试题
请以最近一周之内的情形为准
1. 你有头痛的现象吗？
2. 你的睡眠好吗？
3. 你经常感觉到累吗？
4. 你对生活充满无力感吗？
5. 你会对一些平常的事情感到心烦吗？
6. 你感觉不能控制的事情越来越多了吗？
7. 你等候的时候，会不安吗？
8. 你渐渐对酒或烟上瘾吗？
9. 你最近做事，常有失败感吗？
10. 你最近小便频繁吗？
11. 你最近经常生病吗？
12. 你常和其他人发生争吵吗？
13. 你最近气色差吗？
14. 你对自己完成任务没有信心？
15. 你最近是不是比较健忘？
16. 你是不是觉得太多的困难很难克服？
17. 你最近是否有经常作呕的感觉？
18. 你最近是否觉得自己有轻微耳鸣？
19. 你经常有胃不舒服的感觉吗？
20. 你总是觉得时间不够用吗？

备注	（1）如果你回答"是"的数量在5个以内，那么恭喜你，你所感受到的压力状况很正常 （2）如果你回答"是"的数量在6到14之间，则说明你承受了一定压力，需要适度缓解压力 （3）如果你回答"是"在15个以上，你必须警惕了，你的压力过高，必须尽快给自己降压，必要时寻求心理咨询

2. 保持乐观心态

班组长无论诊断出自己是否存在压力，在平时的工作中，班组长都应该保持积极乐观心态，培养自己良好的工作习惯，使压力远离自己的身心。帮助班组长保持乐观心态的10种方法如图7—13所示。

图7—13 保持乐观心态的10种方法

3. 预防压力的措施

班组长在对待压力的心态防护工作做好之后，还应采用一些切实可行的预防措施予以配合，这样才能确保压力的"病毒"屏蔽在安全距离之外。图7—14所列的压力预防5项措施，可供班组长借鉴和参考。

班组长管理基础知识

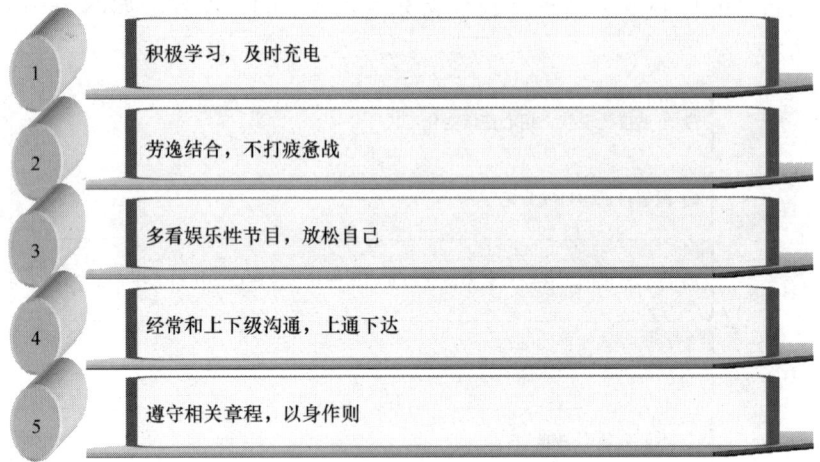

图7—14 预防压力的5项措施

第8章 班组长的业务管理

8.1 物料管理

8.1.1 物料需求确定方法

生产现场物料需求确定对企业制造成本控制工作具有重要意义。物料需求确定方法主要包括推导分析确定法和定额分析确定法两种。

1. 推导分析确定法

推导分析确定方法是指相关管理人员根据企业年度、月度和季度主生产计划和任务分配情况进行物料需求分析,通过经验判断、统计分析等手段推算出班组生产物料需求数量的方法。班组长应根据往年数据、自我经验等提供相关意见。

2. 定额分析确定法

定额分析确定法,是指利用物料消耗定额,根据生产计划确定生产班组生产所需物料数量总量的方法。物料需求总量的计算公式如下所示。

物料需求总量＝单位工艺定额×生产计划量＋料头量

上式中,单位工艺定额,是指生产加工过程中应达到的物料正常消耗的数量标准,由物料的有效消耗和工艺损耗组成。单位工艺定额可由技术人员通过技术资料计算得到,或者是通过对实际生产过程中的生产耗用数据进行测算得到。

8.1.2 物料存储管理方法

1. 物料存储定位管理

班组长应组织物料员对生产现场物料实行定置管理,在生产现场规划出专门区域放置物料,并根据物料类型和特点划分为若干子区域,每个区域之间应留有相应的通道和明显的分界线。生产现场物料放置的规划方式可参考表8—1示例。

表8—1　　　　现场物料放置区域划分示例

区域名称	用途	相关说明
合格材料区	用来放置即将投入生产的合格物料	—
不合格材料区	用来放置作业中发生或发现的不良品	—
辅助材料区	用来放置周转、加工等辅助工序用的物料	—
半成品放置区	用来放置或转移半成品、零部件等	在半成品区域内,同一产品放置在同一区域,工序相同的产品集中放在该区域的统一区域内并设置清楚的工序记录卡,每版贴一张记录卡
成品待检区	用来放置未检验的产品	在成品区域,同一客户的产品放在一个小区并按品种分开,进入成品区以前,要检查每板贴的工序记录卡是否记录完整,并按板的序列号依次摆放,做到摆放整齐、标识清楚明显、记录完整
合格成品暂存区	用来放置检验合格的、等待入库的产品	

2. 物料存量管理

班组长应积极协助仓储部制定生产物料存储定额,确定合理的物料存储量,降低库存成本并保证生产物料的及时供应。

物料存储定额按具体作用和运作条件有不同的分类,仓储部和班组长应根据不同情况制定各类定额指标,并形成物料存储定额体系,具体内容见表8—2。

表8—2　　　　　　　　物料存储定额指标体系

分类条件	定额指标名称	定义和计算公式	
计算单位	相对储备定额	表明应保有可供多少天使用的物料	绝对储备定额＝平均日用量×相对储备定额
	绝对储备定额	表明应保有多少计量单位的物料	
综合程度	个别物料储备定额	表示具体规格型号物料的存储水平 个别物料储备定额＝经常储备定额＋保险储备定额	
	类别物料储备定额	表示某一大类品种物料的存储水平 类别物料储备定额＝(平均供应天数×调整系数＋保险储备天数)×平均日需求量	
定额作用	经常储备定额	经常储备定额＝(平均供应间隔天数＋使用前准备天数)×平均日需求量	
	保险储备定额	保险储备定额＝保险储备天数×平均日需求量	
	季节储备定额	季节储备定额＝季节储备天数×平均日需求量	

8.1.3　物料使用管理方法

班组长对生产现场物料实行定额管理，通过利用由生产技术人员指定的物料消耗定额进行限额领料发料，严格控制物料加工程序，提高对边角料和废料的回收利用，提高物料的使用率，具体管理方法如下。

1. 严格按照物料消耗定额领料发料

班组长协同物料员，根据当前阶段生产任务和物料工艺定额等，计算出物料的消耗总量并按总量领料或提料，由物料员严格按各生产岗位的实际生产任务发料。

2. 合理加工

班组长监督操作人员进行物料加工时，必须要求其遵守"科学投料、量体裁衣、正确划线"的原则，尽量减少边角料和废料的出现。

3. 边角料回收

对于在加工过程中产生的边角料，能拼接的，在确保产品质量的前提下，尽量进行拼接使用；不能拼接的，需对这些边角料进行整理加工，留作他用，努力做到物尽其用。

4. 废料的回收

对于可回收的废料，班组长应组织人员对其进行清洁整理，在确保可再次利用时，同生产成品一同入库。

8.1.4 物料防护管理方法

1. 现场物料存储安全防护

（1）易燃易爆品管理

1）生产用的酒精、汽油、机油、润滑油、洗板水等危险物品要放置在远离工作区域的地方，要有醒目的"易燃易爆危险品"标识。

2）使用危险品时要远离电源、火源，使用完毕及时将其放回专门区域。严禁将危险品私自带出生产现场。

（2）电路管理

1）生产现场闲置电线、插板等应及时送交班组长，由其进行专门保管，防止因为缺乏妥善储存而出现老化，再次使用时产生危险。

2）生产现场电器开关应由专人负责，若发现生产现场线路有问题，应立即通知相关维修人员进行检查、维修，以确保生产现场物料的安全。

（3）消防器材管理

1）生产现场内尤其是具有危险性的生产物料附近，应配备完善的消防器材，并保证每个班组员工清楚地知道存放位置及使用方法。

2）消防器材要妥善保管，使之处于良好状态，班组长应配合相关维修人员每半年对其进行保养检修，若出现故障要及时进行设备更换。

2. 现场物料搬运安全防护

现场物料搬运的安全防护措施主要有以下 7 点，具体如图 8—1 所示。

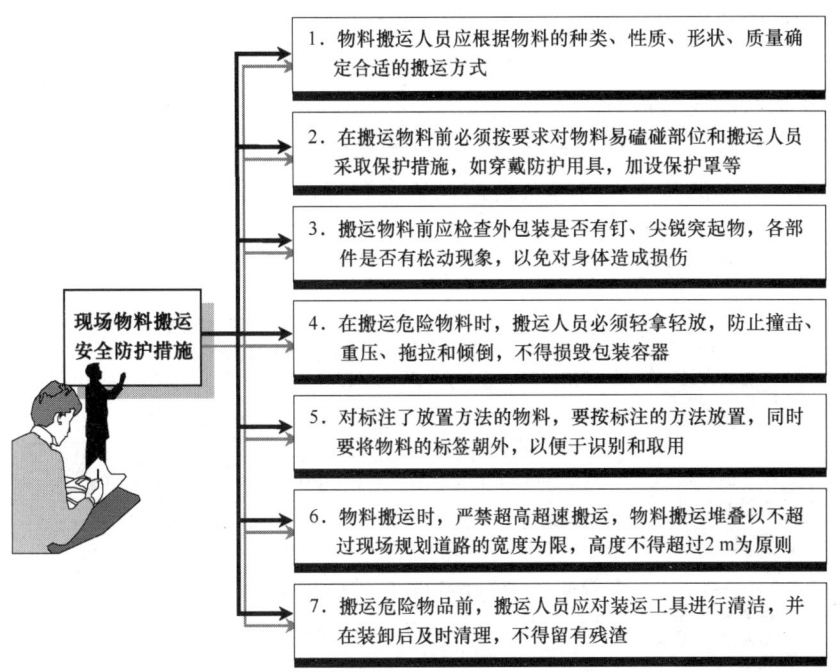

图 8—1 现场物料搬运安全防护措施

8.2 设备管理

8.2.1 设备操作管理方法

设备操作管理的关键，是保证设备运行中设备和人员的安全，提高设备工作效率和利用率。达到以上两点目标，需要班组长从设备运行环境、设备操作等方面进行管理，具体内容如下所示。

班组长管理基础知识

1. 设备运行环境管理

班组长应做好设备使用环境的管理工作，应按照"5S"现场管理要求，保持生产设备使用环境的整理、清洁，同时，还必须按照生产设备的运行要求，安排设备位置以及安全防护措施，满足设备运行的环境要求等，以便尽可能消除生产现场的安全隐患，保证设备运行的安全进行。

班组长在进行设备布置时，应根据生产产品品种、数量以及工艺等方面的特点，选择合适的设备布置方法，提高生产现场的设备利用率，降低生产成本，保证生产现场布置的合理性。生产现场设备布置的方法具体如图8—2所示。

布置方法	说明与适用范围
按工艺技术布置的方法	◆ 说明：各种同类设备布置在一起，组成设备群 ◆ 适用范围：适用于生产工艺较复杂的产品
按产品对象布置的方法	◆ 说明：设备或工作地之间位置固定，均按产品加工顺序或装配顺序排列，产品顺次从一个工作地流向下一个工作地，直至生产完成 ◆ 适用范围：适用于品种少、产量大的产品
按固定位置布置的方法	◆ 说明：将加工对象固定在一个位置，操作人员携带工具在该处工作 ◆ 适用范围：适用于体积与重量都非常大，不易移动和只能以单件或极小批量生产的产品
按特定顺序布置的方法	◆ 说明：根据产品的批量、工艺相似性来使产品有一定顺序，以减少在制品的库存时间，缩短生产周期 ◆ 适用范围：产量不足以达到使用生产线的产品

图8—2 设备布置方法及其具体说明

2. 设备操作管理

（1）设备操作的"四定"原则。因设备违规操作极易出现设备安全事故，造成人员伤亡和企业财产损失，因此设备的操作应严格遵守图8—3所示"四定"原则。

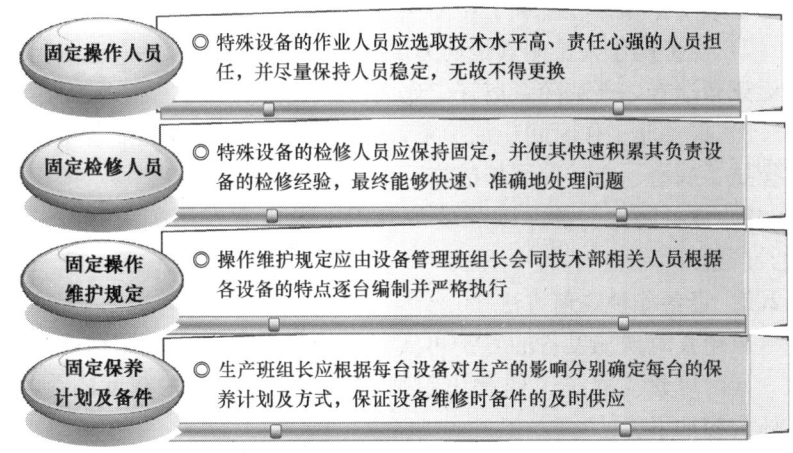

图 8—3 设备操作的"四定"原则

(2) 设备任务分配。班组长应合理安排生产现场设备工作任务，明确各生产任务的设备运行台数和时间，保证并提高各设备的利用率，并逐步实现设备满负荷运转。

(3) 设备操作基本注意事项

1) 设备运行对环境有如低温、恒温、恒湿、防震、防尘等特殊要求的，企业应采取相应措施，确保设备安全、准确运行。

2) 设备操作人员应具有相应操作资质证书，接受相应的岗前培训考核合格后方可上岗。

3) 设备必须备有完整的技术资料以及安全运行技术规程，并要求对其进行详尽的运行、保养和故障记录。

4) 设备相关人员不得因任何原因私自拆卸设备零部件，发现异常立即停止设备运行，不允许设备带故障运转。

5) 在运行过程中遇有不正常情况时，设备操作人员应根据操作规程进行紧急处理，及时通知设备部并进行动力设备故障情况的上传下达。

6) 生产班组应定期或不定期对设备操作人员进行安全教育，严格监督其安全操作和管理工作的执行情况。

7) 设备操作人员尤其是动力设备操作人员在值班期间应进行设备无死角巡查，严禁随意离开工作岗位。

8) 设备非工作时间应加护罩，长时间停机时，应对设备定期采取擦拭、润滑、空转等维护措施。

9) 设备附件、备件以及设备专用工具应有专用柜架存放、搁置，严禁外借。

8.2.2 设备养护管理方法

班组长对现场设备的养护可实行三级保养制与点检制结合的方法，同时可建立养护工作评比制度，以确保各项养护制度的落实，具体内容如下。

1. 实行三级保养制

设备维护保养采用三级保养制度，即对设备进行日常保养、一级保养以及二级保养三个级别的养护管理。设备三级维护保养的具体内容见表8—3。

表8—3　　　　　　设备三级维护保养具体内容

养护级别	周期	执行主体	具体措施/内容
日常保养	每日两次或每周一次	设备操作人员	◎上班前对设备进行点检，核实上一班组运行记录的异常情况，确认设备异常情况 ◎在设备启动前进行设备规定润滑处理并检查防腐情况 ◎经设备检查和空转，确认设备无异常后，方可进行作业 ◎操作完成后按照规定进行设备清洁和擦拭，填制设备运行记录，确实关闭设备电源，并清理设备和现场 ◎每周对设备进行彻底的清扫、擦拭和涂油维护

续表

养护级别	周期	执行主体	具体措施/内容
一级保养	每月一次或每季一次	以设备操作人员为主，由设备维修人员协助	◎在日常保养的基础上，对设备进行局部和重点部位拆卸检查，彻底清洗设备内外，疏通油路，清洗和更换油毡、油线、滤油器等，其中电气部分的保养工作由设备维修人员负责
二级保养	每半年一次	以设备维修人员为主，由设备操作人员协助	◎在日常保养和一级保养的基础上，对设备进行解体检查和修理，并对设备电气部分进行清洗、换油和检修等

2. 规范设备点检

设备点检是指为提高、维持设备性能，通过人的五官或借助工具、仪器，按照预先设定的周期和方法，对设备规定的部位进行预防性周密检查，以使设备的隐患和缺陷能够得到早期发现、早期预防、早期处理。

点检是生产现场设备管理的基本手段，其目的是通过点检准确掌握设备技术状况，维持和改善设备性能，预防设备事故发生。点检的实施前提是制订严密的点检计划，点检计划应符合定点、定标准、定人、定周期、定方法以及定量化指标的"六定"原则。班组长监督班组成员做好日常点检，协助其他人员做好专业点检，确保本班组的点检工作按计划严格实施。

3. 建立评比制度

班组内部可建立设备养护工作的评比制度，如每季度对其设备操作人员的设备日常维护保养工作进行评比，对评比结果前三名的员工进行物质奖励，并在部门内通报。

8.2.3 设备故障原因分析

企业要及时组织对生产现场设备故障的原因分析工作，明确事故责任，做好防范措施，并保存好分析的原始数据。班组长需掌握设备故障原因分析的相关知识，具体如下所示。

1. 设备故障原因类型

对设备故障原因进行分析时，首先需要了解设备故障原因的类型，设备故障可能是因设备内部原因或外界因素影响，其主要原因类型如图8—4所示。

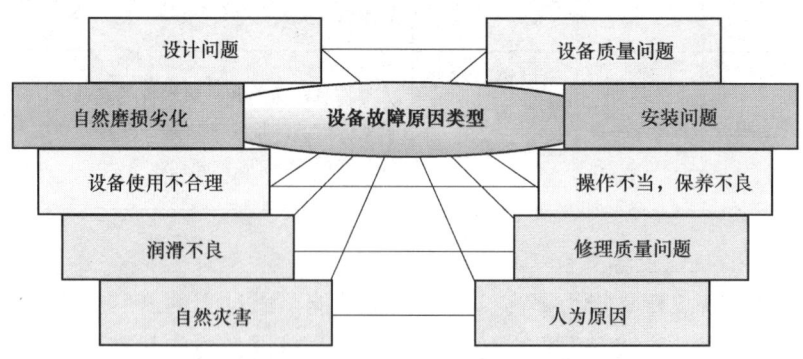

图8—4　设备故障原因类型图

2. 设备故障树分析方法

故障树分析法，是通过绘制故障分析树，分析设备发生故障的表现及其直接原因、途径，估算各情况发生概率，并提出有效预防措施的系统、可靠的研究方法。故障分析树表示设备故障与各零部件故障之间的逻辑结构关系。

班组长分析设备故障时，通过将设备的故障表现作为故障分析的目标，向下逐级找出直接导致上一级故障表现的全部直接因素，直到找出造成设备故障的所有基本因素为止，再通过对这些基本因素进行诊断和验证，最终确定故障原因。

3. 设备故障诊断方法

班组长在确定设备故障原因时，应通过科学的诊断方法进行，设备故障诊断方法主要包括振动诊断法、声学诊断法、油液分析技术诊断法三种，其具体内容如图8—5所示。

设备故障诊断方法

1. 振动诊断是目前所有故障诊断技术中应用最广泛也是最成功的诊断方法

2. 声学诊断法是根据不同零件产生的机理和特征,采用合适的手段对监测到的噪声信号进行分析,识别噪声源,进行设备故障诊断的方法

3. 油液分析技术诊断法是根据油液中的颗粒的浓度、形态、成分、类型、大小、分布和材料等数据信息,分析判断设备的磨损状态、磨损部位、磨损机理,进而确定故障原因的方法

图 8—5　设备故障诊断方法

8.2.4　设备故障管理方法

1. 遵守故障处理程序

班组长在进行生产现场设备故障处理时,应遵守一定的处理步骤,如图 8—6 所示。

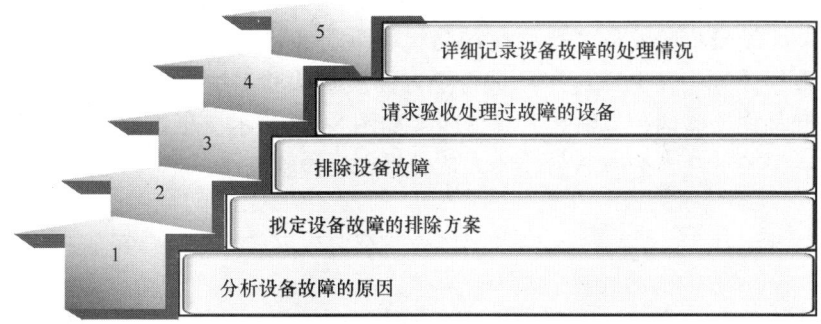

图 8—6　班组设备故障处理步骤

2. 做好设备故障记录

(1) 设备故障记录的内容。设备故障的记录工作是设备故障处理管理的重要组成部分,其内容包括设备请修单、设备检修记录表、设备维修记录表、设备维修验收单等内容。

(2) 设备故障记录的管理。班组长应指派专人进行设备故障处

理的记录工作，并要求其注意图8—7所示三个事项。

- 设备故障记录的管理人员应及时收集与设备故障有关的设备检修、维修信息
- 设备故障的原始记录不允许外借，设备维修人员需要借阅时应办理规定的手续并且只提供复印件
- 设备故障的原始记录不允许任何人销毁，确需要销毁时必须得到设备部经理与主管副总的审批同意

图8—7 设备故障记录的注意事项

8.3 质量管理

8.3.1 质量检验方法

质量检验人员应严格按产品检验手册和检验规范，通过运用专业检验方法和工具对产品进行全方面质量检验，主要方法包括全检和抽样检验两种方法，其具体内容如图8—8所示。班组长应掌握各种检验方法，配合质量检验人员做好产品检验工作。

- 全检是指根据某种标准对被检查产品进行全部检查的方法
- 主要适用于数量较少、价值较高的产品。

- 抽样检验又称抽样检查，是从一批产品中随机抽取少量样本进行检验，据以判断该批产品是否合格的检验方法
- 适用于所有类型产品的检验，主要适用于数量较大产品的检验

图8—8 质量检验方法

其中抽样检验方法根据抽样对象特征选择适当的抽样方式和质量检验水平，按照抽取样本的次数可分为一次抽样和二次抽样、多次抽样、序贯抽样四种方法，以采用一次抽样和二次抽样为主。

一次抽样检验实施方法，即从当批检验产品中抽取一次样本，根据此次抽取样本的检验结果，然后决定检验批合格或不合格。

二次抽样检验实施方法，即根据第一次样本的检验结果，决定合格、不合格，再抽取一次样本，并根据两次样本的结果对照检验标准，以决定该检验批是否合格。

8.3.2 质量控制方法

班组长对生产现场质量的控制方法主要包括质量管理培训和关键工序控制两种方法，其具体内容如图8—9所示。

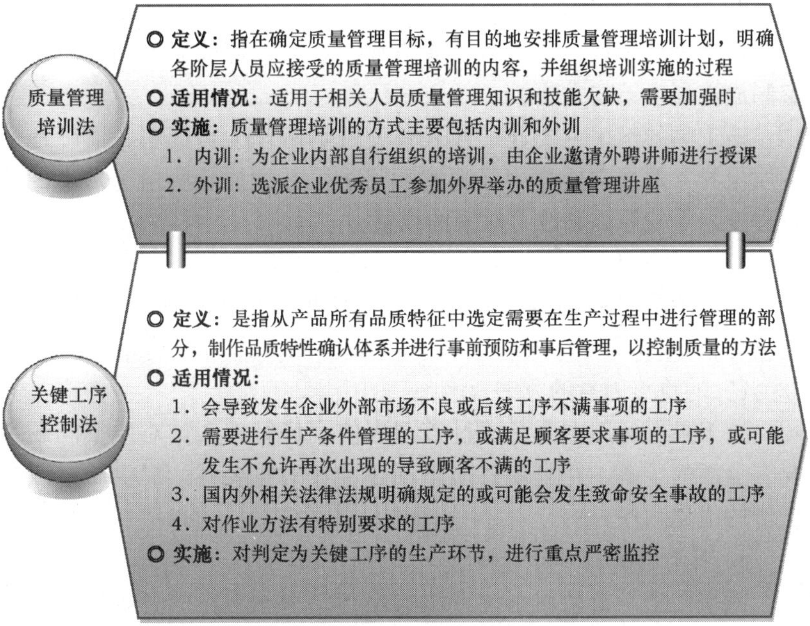

质量管理培训法
- **定义**：指在确定质量管理目标，有目的地安排质量管理培训计划，明确各阶层人员应接受的质量管理培训的内容，并组织培训实施的过程
- **适用情况**：适用于相关人员质量管理知识和技能欠缺，需要加强时
- **实施**：质量管理培训的方式主要包括内训和外训
  1. 内训：为企业内部自行组织的培训，由企业邀请外聘讲师进行授课
  2. 外训：选派企业优秀员工参加外界举办的质量管理讲座

关键工序控制法
- **定义**：是指从产品所有品质特征中选定需要在生产过程中进行管理的部分，制作品质特性确认体系并进行事前预防和事后管理，以控制质量的方法
- **适用情况**：
  1. 会导致发生企业外部市场不良或后续工序不满事项的工序
  2. 需要进行生产条件管理的工序，或满足顾客要求事项的工序，或可能发生不允许再次出现的导致顾客不满的工序
  3. 国内外相关法律法规明确规定的或可能会发生致命安全事故的工序
  4. 对作业方法有特别要求的工序
- **实施**：对判定为关键工序的生产环节，进行重点严密监控

图8—9　质量控制方法及其具体内容

8.3.3 质量改善工具

生产现场进行质量改善主要运用数据分层法、检查表法、排列图法、散点图法、直方图法、因果图法以及管制图法这七种质量改善工具。具体内容如下所示。

1. 数据分层法

数据分层法是根据某一特性将某一对象集分成几个小的子集，根据不同的维度分别收集数据的方法，是一种非常重要的数据收集方法。

该工具的运用是通过对没有分层的质量数据与分层后的几个子集的质量数据进行比较、分析，找出影响质量的因素，把握各因素对质量的不同影响程度。

2. 检查表法

检查表法是将不合格数、缺陷数等计数数据根据不同项目整理编制成清晰表单的方法。

该工具的运用主要通过该表单使现场管理人员简单、清晰地了解质量异常数据主要集中在哪些项目上，并把握某些情况发生的严重程度，寻找原因和改善对策的线索。

3. 排列图法

排列图法又称帕累托图法，是在帕累托 80/20 理论的基础上，通过分析缺陷项目、缺陷数以及损失金额，找出影响生产质量中"20％"的重点因素的方法。

该工具的运用主要是通过该图表使现场管理人员对质量问题情况有全面的了解，并呈现各质量问题的相对重要性，提供质量改善工作的优先顺序。

4. 因果图法

因果图法是指利用系统方法找出与结果相对应的各种原因，并从中筛选出关键原因的方法。该工具主要用于理顺混乱的因果关系，采用直观的方法分析和解决问题，或通过深度地分析问题寻找问题的根本原因，以及寻找各种因果关系，并制定相应改善对策并最终消除原因三类用途。

5. 散点图法

散点图法是主要将生产现场需要了解的硬度与张力、密度与浓度、温度与数量等成对数据制成图表，以观察数据之间的相互关系和相关程度的方法。

该工具的运用主要是检查两组数据之间的相互关系，并对因果图中的因果关系进行验证。当相关程度甚高时，可对该数据项进行进一步的研究和控制，以达到质量改善的目的。

6. 直方图

直方图法是用来分析、判断和预测生产工序的精度、工序质量及其变化，并根据质量特性分布情况进行适当调整的工具。

该工具的运用主要通过描述数据的分布情况，判断某加工工序有无异常情形，检查该异常情况所显示数据是否正常受控，以便对可控异常进行调整，最终实现质量改善的目的。

7. 管制图法

管制图法是将代表产品质量特性的点以记号标示上去，根据该点在管理范围内、外的情形，判断工序的质量是否在可控状态的方法。

该工具的运用是借由管理界限的定立，区分出生产工序质量异常的合理性，即时监控，并在出现异常时立即采取改善对策。

7 种 QC 质量改善工具图的示例如图 8—10 所示。

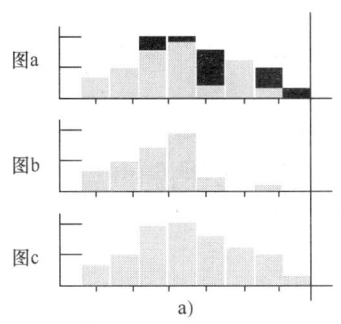

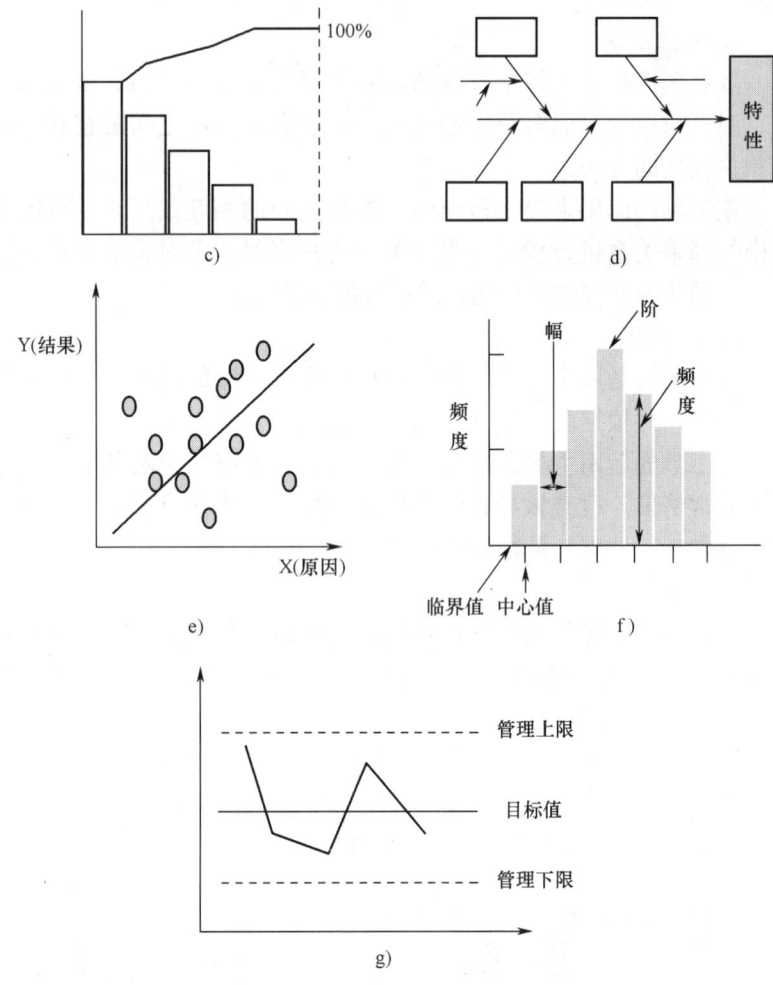

图 8—10　7 种 QC 质量改善工具示例
a）数据分层法示例　b）检查表法示例　c）排列图法示例
d）因果图法示例　e）散点图法示例　f）直方图法示例
g）管制图法示例

8.4 安全管理

8.4.1 安全预防管理方法

1. 制定安全防护措施

为保证生产班组安全、顺利地完成生产作业,班组长应积极配合上级领导及相关部门制定安全防护措施,提出安全预防建议。安全防护措施的主要内容见表8—4。

表8—4　　　　　　　　安全防护措施

安全防护措施	具体内容
生产环境安全防护	◎生产现场应配备安全防护装置及设施,应符合国家颁布的工业企业设计卫生标准、建筑设计防火规范及其他所有规定的要求 ◎有毒有害生产作业场所应确实具有可靠地通风、吸尘、净化、隔离等必要的防护措施,并定期进行环境监测 ◎有毒有害生产作业场所应与无害作业区和生活区分开,且应设置自动报警装置和通风设施 ◎生产现场的危险品应具有醒目的安全标识和相应的安全应急预案
生产过程安全防护	◎生产现场必须确保具有可靠的安全防护设备、应急救援设施以及通信报警装置 ◎生产班组应对安全防护设施进行经常性维护、检修,确保其处于良好的运行状态 ◎进入有毒有害作业现场,作业人员需佩戴符合国家职业卫生标准的防护用品,并保证作业场所良好的通风状态 ◎企业定期组织对有毒有害作业场所进行职业中毒危害因素监测和评价
生产人员安全防护	◎新职工从业前要进行健康检查,对生产操作人员定期进行健康检查,并建立健康档案 ◎对受到或可能受到急性职业中毒危害的员工,班组长应要求企业及时组织健康检查和医学观察

2. 加强安全教育管理

为提高员工的安全生产意识，预防生产安全事故的发生，企业一般采用三级安全教育制，将安全教育分为企业级、车间级以及班组级三个等级，其中班组级安全教育的内容如图8—11所示。

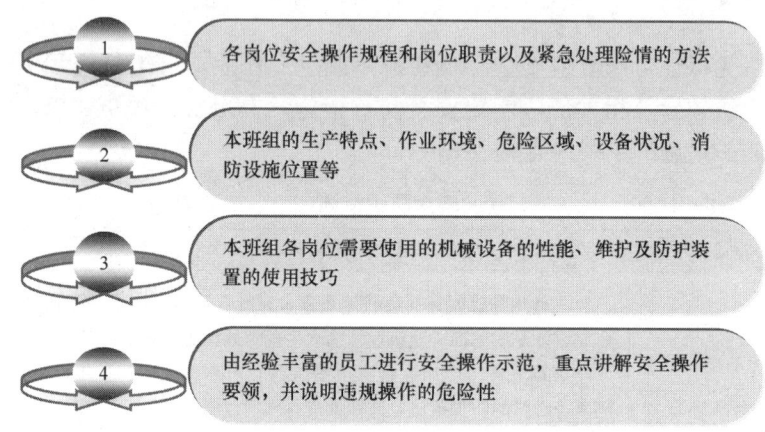

图8—11　班组级安全教育内容

3. 划分安全生产责任

生产部可通过采用安全生产责任制，将安全生产责任具体到生产一线的每一个人身上，并要求相关管理人员进行监督和定期考核，促使生产人员按照安全操作规程进行作业，避免安全生产事故的发生。安全生产责任制度在生产班组的具体体现如下。

（1）班组长安全生产责任

1）贯彻执行企业安全生产工作方针，领导班组进行安全作业生产。

2）执行安全生产相关规章制度，带头做好安全生产工作，监督班组成员的作业情况。

3）做好安全工作记录，定期参加安全工作会议，并提出合理的安全改善建议。

4）合理分配班组人员的工作，不准强令员工冒险作业。

5) 及时检查生产现场的安全防护措施，发现不安全因素及时向车间主任汇报并提出整改措施，及时制止没有可靠安全措施进行保护的作业。

6) 对班组内员工进行安全教育及指导，监督班组成员防护用具的使用及维护情况。

7) 发生工伤事故后，迅速组织抢救人员，保护现场，并及时向领导汇报情况。

（2）班组成员安全生产责任

1) 认真学习并严格遵守安全生产技术操作规程和相关规章制度，确保不违章作业。

2) 在生产过程中及时劝阻他人的违章操作或向班组长汇报。

3) 拒绝违章指挥，不在安全设备不完善和危险区域进行操作。

4) 发现不安全因素后应及时向上级汇报。

5) 熟悉劳动保护用品和安全设施，爱护安全设备和设施。

6) 发生工伤事故后应及时、全力抢救伤员，并立即报告领导，保护现场，如实向调查组反映事故经过和原因。

7) 积极参加安全生产活动，主动提出安全改进建议。

4．实施安全检查

（1）安全检查内容。班组长应详细了解安全检查内容，以便于对相关内容进行重点管理，配合相关领导进行安全检查。安全检查的具体内容见表8—5。

表8—5　　　　　　安全检查的具体内容

安检项目	具体内容
一线操作人员	◎检查一线操作人员对安全生产的认识和责任心 ◎检查一线操作人员忽视安全的思想是否已克服，出了事故是否能认真吸取教训
一线管理层	◎检查一线管理层是否能够正确处理安全与生产的关系 ◎检查一线管理层能否坚持安全和生产"五同时"，对一线操作人员的安全教育执行度，出现问题能否严肃处理并落实整改措施

续表

安检项目	具体内容
安全制度	◎检查各项制度的执行情况，有无违章指挥、违章作业的现象，有无制定车间、班组安全管理制度
工艺和操作	◎检查各种原材料是否按规定投入，各部门是否按规定操作，操作原始记录是否真实
设备相关	◎检查设备、仪表、车间、通道、安全装置、消防器材等的安全状况是否良好 ◎检查工位、设备、工具堆放是否整齐 ◎检查设备操作人员劳保用品穿戴、保管是否良好，消防通道是否畅通

（2）安全隐患整改。在进行安全检查中发现安全隐患的，班组长要及时报告上级领导，由生产部和有关职能部门制定整改方案，并要求相关责任人严格按照整改方案执行。为保证安全隐患整改的效果，有关部门和人员在制定整改方案时应注意下列三个事项。

1）方案制定要做到"四定"，即定项目、定时间、定责任人、定实施监督复核人。

2）隐患整改过程中做到"三不推"，即班组能整改的不推给车间和部门，车间和部门能整改的不推给整个企业，今天能整改的不推到明天。

3）制定奖罚制度，相关管理人员应对不能按时完成整改任务的责任人采取经济处罚，并在安全生产考核时加倍扣分。由此造成事故的由责任人承担一切责任。

8.4.2 安全事故处理方法

1. 制定安全事故处理预案

（1）识别安全事故危害等级。为便于对生产现场安全事故的管理，一般按照安全事故造成的人员伤亡和直接经济损失情况将安全事故分为特别重大事故、重大事故、较大事故以及一般事故4个级别，具体识别可根据图8—12所示级别定义进行。

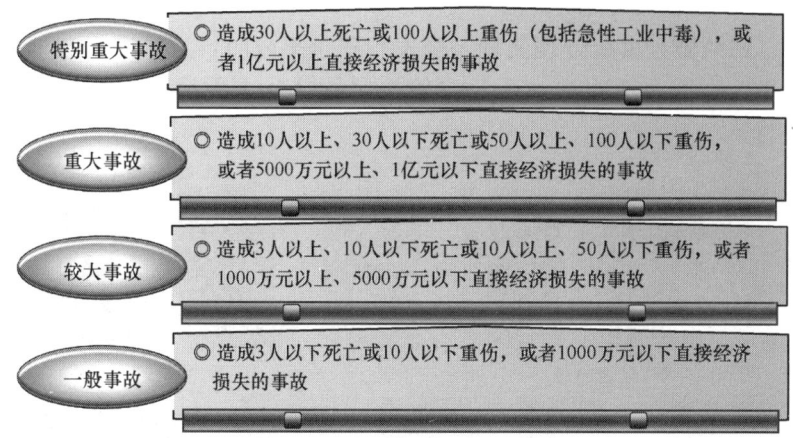

图 8—12 安全事故等级划分及定义

（2）按照事故类型制定应急预案。生产现场的安全事故主要原因是因生产现场设施、设备和危险品造成的，按照不同灾害形式，企业应制定相应的应急预案，班组长应严格按照预案内容进行事故救援，保证事故处理效率。事故应急处理预案主要包括图 8—13 所示 7 种。

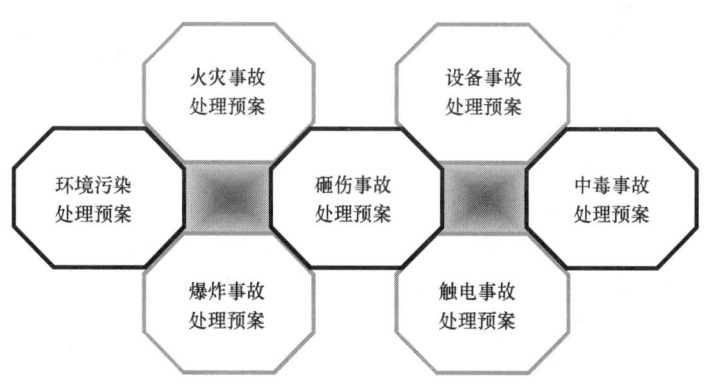

图 8—13 事故应急预案的主要类型

2. 安全事故处理实施

(1) 安全事故处理流程。当发生安全事故时,为保证事故处理效率,降低企业损失,企业一般按照图 8—14 所示事故处理流程进行。

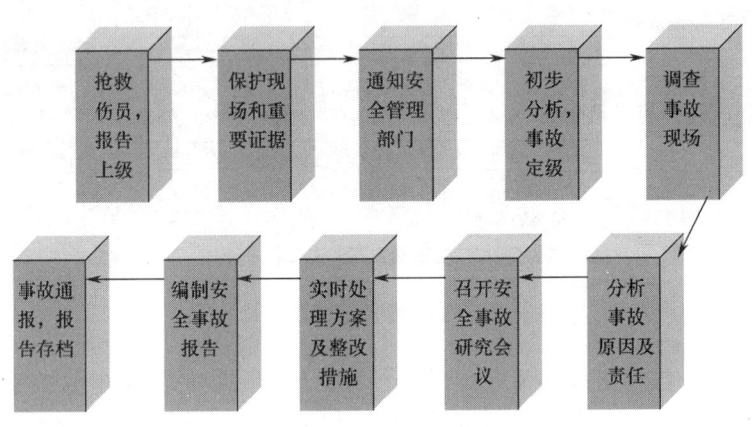

图 8—14 安全事故处理流程图

(2) 安全事故处理要求

1) 发生重大级别以上的安全事故时,企业应立即建立以安全委员会为领导的应急指挥小组,主要成员包括安全部和生产部的相关人员。

2) 发生重大级别以上安全事故时,全体员工应在应急指挥小组的领导下开展紧急抢救工作,以防事故蔓延。

3) 当发生安全事故时,班组长应本着遇事冷静、互相协调、通力配合、不慌不乱的原则,尽快完成救助、上报、保护现场等工作。

(3) 编制事故报告

班组长应协助安全部分析事故发生的直接原因和间接原因,以及事故的直接责任人和连带责任人,并编制安全事故报告。为保证报告内容的全面和准确性，安全事故报告一般应包括图8—15所示6项基本内容。

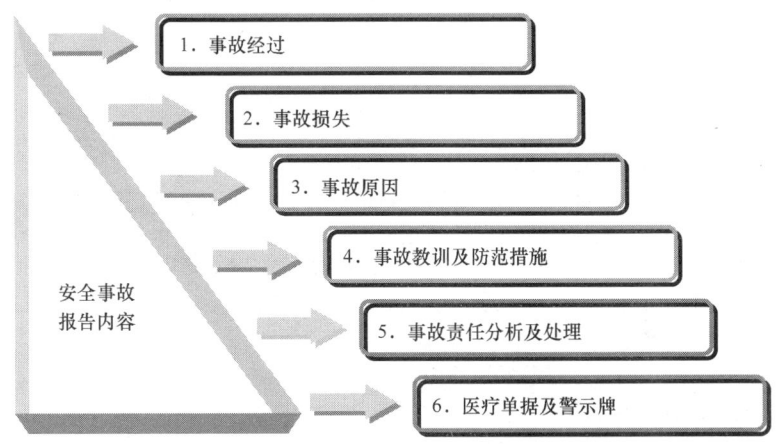

图8—15　安全事故报告内容

8.5　成本管理

8.5.1　成本管理内容

班组长进行成本管理，需要协助上级领导及相关部门构建完善的成本管理体系，明确成本构成和管理内容。

1. 成本管理体系

班组成本的管理应从建立班组生产管理系统、建立成本管理制度、制定班组成本控制方法、确定班组成本核算方法等方面入手，构建完善的班组成本管理体系，成本管理体系的具体内容如图8—16所示。

2. 班组成本构成分析

班组成本，即各生产班组所承担的生产成本，是指生产班组为生产产品或提供劳务而发生的各项费用，主要包括在生产或劳务过

1. 班组生产管理系统

- 包括五大基本因素：班组是管理控制的主体；操作单元是管理控制的客体；生产运行质量、产品加工质量、操作成本是管理控制的对象
- 提高生产工艺技术是班组生产管理系统的技术基础
- 班组生产过程中成本费用的动态控制工程是五大基本因素相互作用的过程

2. 班组成本管理制度

- 主要内容：一是班组成本管理系统与管理机制，如班组长、操作工和车间核算员岗位的成本管理责任、权利和义务；二是班组成本对象、具体项目和成本管理；三是原始数据的采集记录方法；四是主要成本控制结点和控制方法；五是班组成本考核方法和奖惩的规定

3. 班组成本控制方法

- 主要内容：一是操作单元的控制与分析的方法；二是班组成本控制的方法；三是成本控制结点分析表格式的设计

4. 班组成本核算方法

- 主要内容：一是班组成本核算的原则；二是班组成本核算的内容；三是班组成本核算的程序；四是班组成本统计账簿格式的设计

5. 班组成本分析方法

- 主要内容：一是班组成本分析程序；二是班组成本分析表格式的设计；三是班组成本分析报告的基本格式

6. 班组成本考核方法

- 主要内容：一是班组成本考核的指标及计算方法；二是班组成本控制业绩评价考核方法；三是班组成本考核的指标权重系数的调整；四是成本差异调查、奖励与惩罚

图 8—16　班组成本管理体系

程中实际消耗的材料、人工以及其他直接和制造费用。其具体构成见表 8—6。

表 8—6　　　　　　　班组成本构成项目一览表

项目	说明
1. 直接材料成本	◆指班组在生产产品或劳务过程中所消耗的、直接用于产品生产并构成产品实体的材料，主要包括原材料、燃料和动力、包装物、外购半成品、修理用备件（备品配件）和其他直接材料
2. 直接人工成本	◆指班组在生产产品或劳务过程中，直接从事产品生产的员工工资、奖金、津贴和补贴，以及福利费
3. 其他直接费用	◆指企业发生的除直接材料和直接人工以外的，与产品有直接关系的费用
4. 制造费用	◆指企业各部门或单位为生产产品和提供劳务而发生的各项间接费用，不包括企业行政管理部门为组织和管理生产经营活动而发生的管理费用

备注：企业在统计、核算上述各项费用时，统计口径、核算方法应保证统一

3. 成本管理工作内容

在班组成本管理过程中，班组要从控制浪费和降低成本的改善两方面来进行成本管理。

（1）控制浪费。班组长要掌握成本基础知识、做好成本监督工作、指导班组与成本相关的工作，以此来控制班组成本的浪费，其工作内容具体如图 8—17 所示。

（2）成本改善。班组长应了解班组成本改善的内容和方向，并掌握改善的途径，以此来降低班组成本，为企业创造价值。具体班组成本改善工作的步骤如图 8—18 所示。

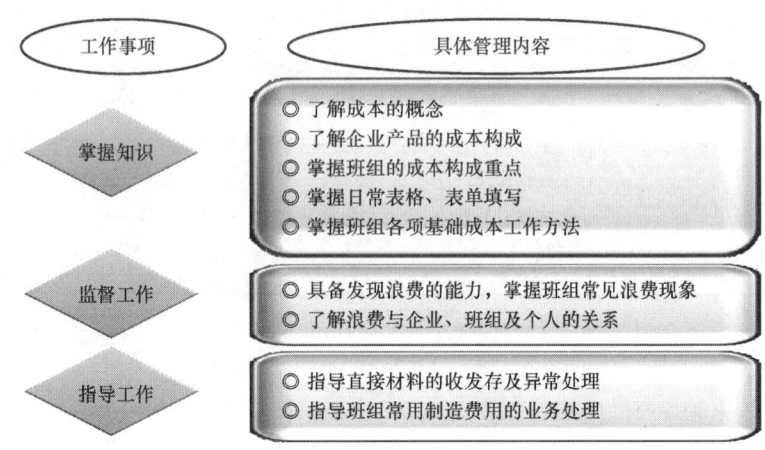

图8—17 班组成本控制浪费工作内容

8.5.2 成本控制方法

班组成本控制，是班组长根据一定时期的观察和总结，预先建立的班组成本管理目标，是在其职权范围内，在生产耗费发生的事前、事中及事后，对各种影响成本的因素和条件采取一系列预防和控制措施，以保证班组成本管理目标实现的管理行为。

1. 成本控制的角度

要想有效实施成本控制的方法，必须了解成本控制的角度。

（1）成本构成角度控制。班组长可通过对班组成本构成直接材料成本、人工成本、制造费用这三个角度采取相应控制措施来

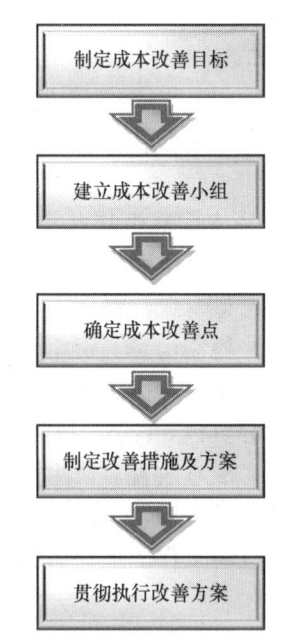

图8—18 班组成本改善的步骤图

开展班组成本控制工作,具体见表8—7。

表8—7　　　　　成本构成的角度分析控制

序号	控制角度	具体项目	具体控制措施
1	直接材料成本控制	原材料、零部件等	◆ 严格执行物料需求计划 ◆ 加强物料的退补料管理 ◆ 减少物料损耗,防止物料浪费
2	人工成本控制	工资、奖金、其他福利等	◆ 严格按照工艺路线进行生产 ◆ 通过实施标准工时提高工作效率 ◆ 完善工时记录并监督 ◆ 推行计件工资制,降低单位人工成本
3	制造费用控制	机物料消耗、废品损失、劳动保护费、设备维修费、差旅费等	◆ 准确测算并有效提高机器设备利用率 ◆ 及时维护机器设备,降低折旧费用 ◆ 通过实施标准化操作降低水电费用的支出 ◆ 通过推行节约减损技巧降低水电消耗

(2)成本控制主体角度控制。班组在进行成本控制时,可从自我控制及对外控制这两个角度开展工作,具体管理内容如图8—19所示。

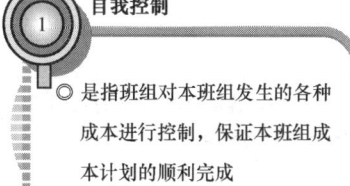

图8—19　根据控制主体划分的控制角度

2. 成本控制常用方法

控制班组成本的工作贯穿于生产和管理的各个方面，与每个班组成员的生产工作具有直接联系，因此，必须从生产的各个环节开展全面的成本控制管理。常用的成本控制方法主要有6种，具体内容见表8—8。

表8—8　　　　　　　　成本控制常用方法

常用方法	具体内容
1. 提高产品质量，降低废品损失	◆各生产班组要严格执行操作规程，加强各道工序的质量检验，防止大量废品产生，减少废品损失 ◆各生产班组加强对废品、残次品的修复和回收利用
2. 降低原材料消耗	◆健全产品材料消耗定额和燃料、动力等耗用定额，做好定额发料，提高原材料利用率，加强对材料消耗的分析和考核，实行节约奖励制度 ◆加强物流管理，减少途耗、库耗和在制品的损耗，严格原材料验收和库存管理 ◆选用新材料，降低材料采购成本 ◆班组要积极配合设计部门进行产品设计变革，做到选材合理，产品功能合理
3. 提高劳动生产率	◆不断改善劳动组织，合理用工与分工，减少非生产人员 ◆加强员工培训，提高员工技术素质，提高劳动生产率，增加产量，减少单位产品中的固定费用，从而降低班组生产成本
4. 提高设备利用率	◆班组要合理安排作业任务，提高现有设备的利用率，降低产品单位成本中的设备折旧费和修理费 ◆班组还可以建议有关部门选用生产效率高、使用成本低的设备
5. 提高产品产量，增加产品品种	◆通过采用新设备、新技术，不断改进工艺技术操作方法，提高生产能力，增加产品产量和品种，减少单位成本中的固定费用，促使成本降低

续表

常用方法	具体内容
6. 加强安全管理，减少事故损失	◆ 班组长必须在班组内树立安全第一的思想，加强对组员的安全教育，使组员按照安全操作规程进行生产，减少人身伤亡及各种不应有的事故损失

3. 成本控制实施步骤

在整个成本控制过程中，班组长通过既定的控制实施步骤对班组的生产成本进行控制，使本班组各个作业环节实现目标成本或低于目标成本。班组成本控制的具体步骤如图8—20所示。

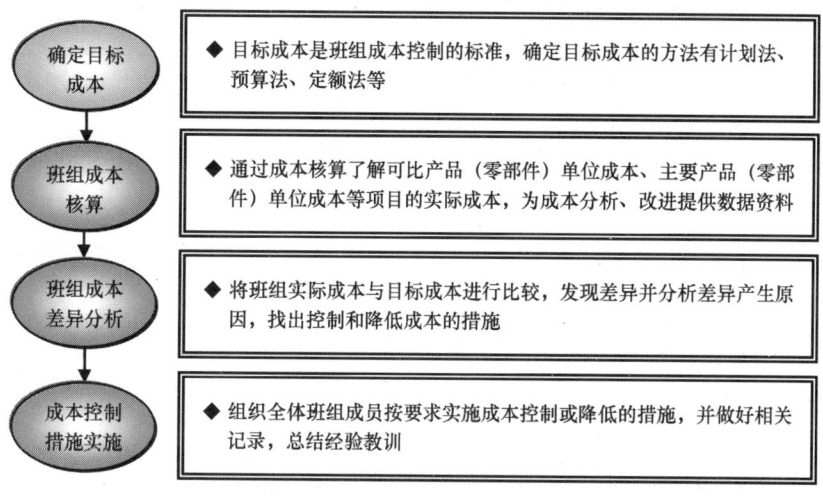

图8—20 班组成本控制的实施步骤

8.6 现场管理

8.6.1 现场管理内容

现场管理是指企业运用科学标准的方法对生产现场各生产要素进行合理有效的计划、组织、协调、控制和检测的过程。作为生产一线的班组长，必须掌握现场管理的内容，确保现场处于良好的运作状态。现场管理的主要内容具体见表 8—9。

表 8—9　　　　　　　　现场管理内容一览表

主要内容	具体说明
现场作业管理	◆具体包括现场作业计划管理、作业进度控制、现场作业交期管理
现场物料管理	◆具体包括现场物料领用与使用、现场物料存储、现场物料搬运与防护
现场质量管理	◆具体包括现场质量检验、现场质量改善、现场不良品处理
现场设备管理	◆具体包括设备操作、设备养护、设备故障处理、模具与治具的管理
现场安全管理	◆具体包括安全纪律与责任、安全防护与检查、安全事故处理
现场人员管理	◆具体包括生产定员管理、车间班组岗位职责、车间班组成员日常管理、生产现场员工培训管理
现场成本管理	◆具体包括材料成本控制、质量成本控制、制造成本控制以及生产定额的管理
现场 5S 管理	◆主要包括整理管理、整顿管理、清扫管理、清洁管理、素养管理
现场改善管理	◆具体包括现场改善推进、现场改善提案管理
现场信息管理	◆具体包括现场信息收集与分析、现场信息传递与应用及生产异常信息处理
现场环境管理	◆具体包括生产作业环境设计、生产作业环境检测、生产作业环境改善以及生产作业环境体系推进

8.6.2　现场管理方法

班组的现场管理，是对生产过程中的各种要素进行合理配置和优化，以完成生产目标和培养下属两项工作的过程。班组长需要对现场工作的各个环节了如指掌，把握现场的各个管理要素，这就要求班组长掌握一定的现场管理方法。

1. 3定5S管理方法

（1）3定5S的内容。3定5S管理对改善现场环境、提升作业效率、保障服务质量、营造班组氛围等方面有显著的效果，并可以减少、消除班组内浪费的行为。具体3定5S的内容如图8—21所示。

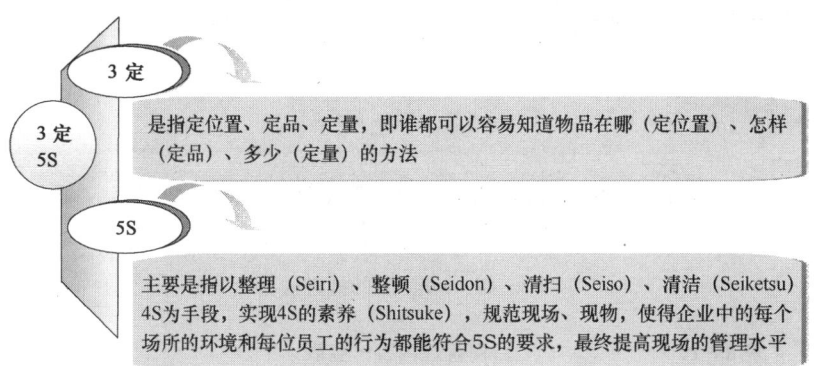

图8—21　3定5S的内容

（2）3定5S的推进。3定5S管理是班组长进行生产现场管理的重要手段，它可以提高产品质量、节约成本和遵守交货日期，还能提高安全性和稼动率，并且可以实现产品多样化的管理目标。班组在具体实施3定5S管理时，需按以下过程进行推进，如图8—22所示。

2. 目视管理法

目视管理是指综合运用管理学、生理学、心理学、社会学等多学科的研究成果，利用形象直观而又色彩适宜的各种视觉感知信息来组织现场生产活动，达到提高劳动生产率的一种管理方法，也是一种利用视觉来进行管理的科学方法。

（1）目视管理的内容。目视管理具有公开化和视觉显示的特点，在现场管理方面主要体现为5个方面的内容，具体的内容见表8—10。

◎ 整理阶段，整理现场不必要的物品

 ◎ 整顿阶段，选定物品及物品放置位置，进行定量存放整顿

 ◎ 清扫阶段，划分清扫的负责区域，把各自负责的区域清扫干净

 ◎ 保持前面3S（整理、整顿、清扫）的清洁阶段

◎ 按各阶段来推进，同时运用目视管理法，使班组每个成员都理解，并鼓励全员参与，使其养成5S的工作习惯，即素养

图 8—22　3 定 5S 的推进过程

表 8—10　　　　　　目视管理内容一览表

内容	具体说明
规章制度与工作标准的公开化	◆ 与现场密切相关的规章制度、标准、定额等，都需要公布于众 ◆ 与岗位工人直接有关的岗位责任制、操作程序图、工艺卡片等，应分别展示在岗位上，并保持其完整、正确和洁净
视觉显示信息的标准化	◆ 必须有完善而准确的信息显示，包括标志线、标志牌和标志色 ◆ 采用清晰的、标准化的信息显示符号，各种区域、通道，各种辅助工具均应使用标准颜色，不得任意涂抹
生产任务与完成情况的图表化	◆ 计划指标定期层层分解，落实到车间、班组和个人，并列表张贴在墙上 ◆ 实际完成情况也要相应地按期公布，并用作图法表示

续表

内容	具体说明
生产作业控制手段的形象直观与使用方便化	◆在生产现场，采用与现场工作状况相适应的、简便实用的资讯传导信号 ◆各生产环节和工种之间的联络，要设立方便实用的资讯传导信号 ◆质量控制，在各质量管理点（控制），要有质量控制图，以便清楚地显示质量波动情况，及时发现异常，及时处理
色彩的标准化管理	◆色彩是现场管理中常用的一种视觉信号，目视管理要求科学、合理、巧妙地运用色彩，并实现统一的标准化管理，不允许随意涂抹

（2）目视管理的推行。推行目视管理可以使生产现场工作更加直观化，从而保持较高的工作效率与正常的工作状态。一般来说，班组长可根据工作现场构成要素的不同，对作业管理、设备管理、品质管理、物料管理和安全管理等方面推行目视管理。具体表现和作用如图8—23所示。

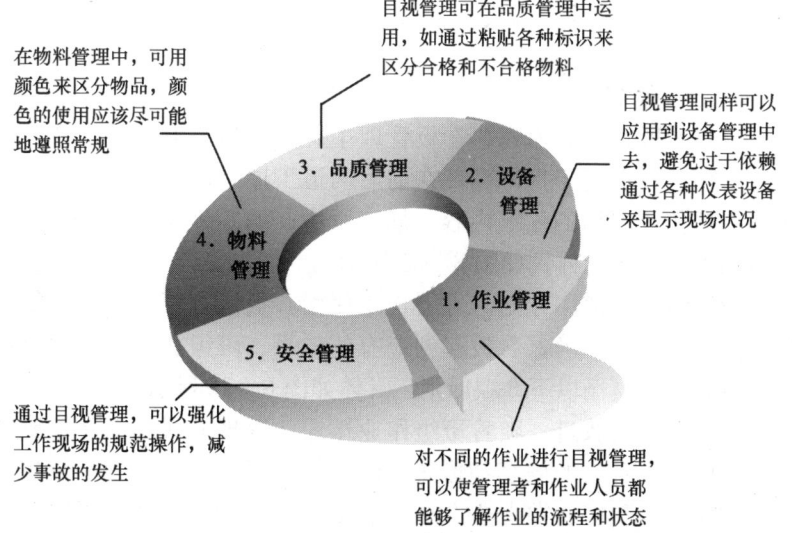

图8—23　目视管理的推行表现和作用

（3）目视管理的工作重点。推行目视管理的工作重点主要集中在人员、设备、材料、方法等方面，其具体要点如图 8—24 所示。

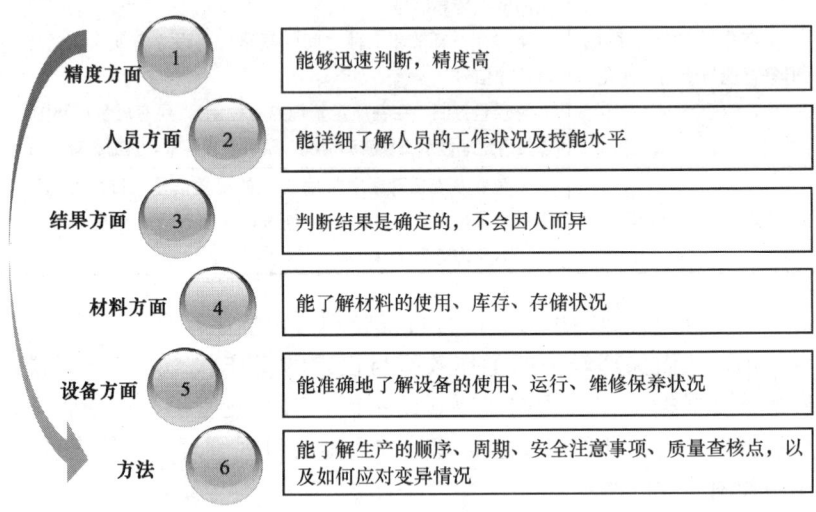

图 8—24　目视管理要点

3. 看板管理法

（1）看板管理的内容。看板管理主要分为传送看板、生产看板两种。传送看板用于指挥零件在前后两道工序之间移动，生产看板用于指挥作业现场的生产内容，规定所生产的零件及其数量。传送看板和生产看板的样例如图 8—25 所示。

（2）看板的使用原则。班组长在使用看板进行管理时，必须严格按照规定进行，确保看板起到应有的效果。班组在生产过程中使用看板时，需遵循以下 6 项原则，具体如图 8—26 所示。

（3）看板的改进。随着班组作业模式、管理方式的变化，班组长也需要改进看板的内容和形式，以便使看板在生产管理中发挥其应有的作用，看板通常改进的内容有以下三个方面，具体如图 8—27 所示。

第8章 班组长的业务管理

传送看板

零件型号：××－×××　　零件描述：装饰铆钉
所需批量：30　　　　　　容器：6cm×8cm铁质框
卡片数量：2/5　　　　　　取货地点：×××
工作设备：1224　　　　　送货地点：×××

生产看板

零件型号：××－×××　　零件描述：装饰铆钉
所需批量：30　　　　　　容器：6cm×8cm铁质框
卡片数量：2/5　　　　　　取货地点：×××
工作设备：1224　　　　　送货地点：×××

要求：
原料型号：××－×××，模具型号：××－×××
换模时间：5 min，存储位置：×××

图 8—25　传送看板与生产看板举例说明图

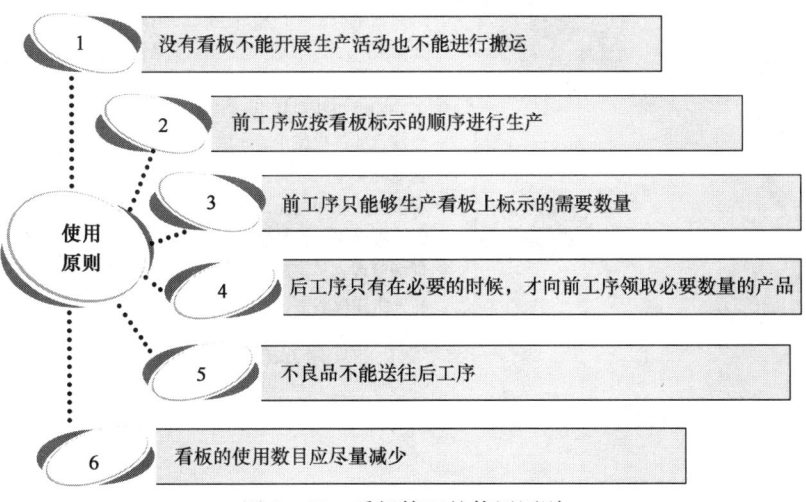

图 8—26　看板管理的使用原则

使用原则：
1. 没有看板不能开展生产活动也不能进行搬运
2. 前工序应按看板标示的顺序进行生产
3. 前工序只能够生产看板上标示的需要数量
4. 后工序只有在必要的时候，才向前工序领取必要数量的产品
5. 不良品不能送往后工序
6. 看板的使用数目应尽量减少

班组长管理基础知识

1. ◎ 看板标示内容的改进，必须符合产品新技术及新工艺的要求

2. ◎ 看板构造及形式的改进，使其更具有创新性与实用性

3. ◎ 看板位置的改进，必须符合生产现场的适用条件

图 8—27　看板改进内容

（4）看板的使用方法。看板一般可细分为工序内看板、信号看板、工序间看板，由于看板种类很多，因此其使用方法也不尽相同，其具体的使用方法如图 8—28 所示。

工序内看板
- ◆ 工序内看板必须随实物，即与产品一起移动
- ◆ 下一工序来领取中间品时摘下挂在产品上的工序内看板，然后挂上领取用的工序间看板，然后按照工序间看板所表示的数量进行生产

信号看板
- ◆ 信号看板挂在成批制作出的产品上面
- ◆ 如果该批产品的数量减少到基准数时就摘下看板，送回到生产工序，然后生产工序按照该看板的指示开始生产，没有摘牌则说明数量足够，不需要再生产

工序间看板
- ◆ 工序间看板挂在从上一工序领来的零部件的箱子上，当该零部件被使用后，取下看板，放到设置在作业场地的看板回收箱内
- ◆ 看板回收箱中的工序间看板所表示的意思是"该零件已被使用，请补充"
- ◆ 现场管理人员定时来回收看板，集中起来后再分送到各个相应的前工序，以便领取需要补充的零部件

图 8—28　看板的使用方法

8.7　工具管理

8.7.1　工具管理分类

班组工具管理，是对班组使用的各种工具进行领取、使用、保

管、修复及报废等管理工作,班组长想要有效地管理班组工具,首先必须对工具进行分类,班组工具根据其性质和用途一般分为通用、专用工具和特殊工具。

1. 通用、专用工具

通用、专用工具一般包括磨具、量具、刀具、卡具、模具、手工工具等,其具体用途如图8—29所示。

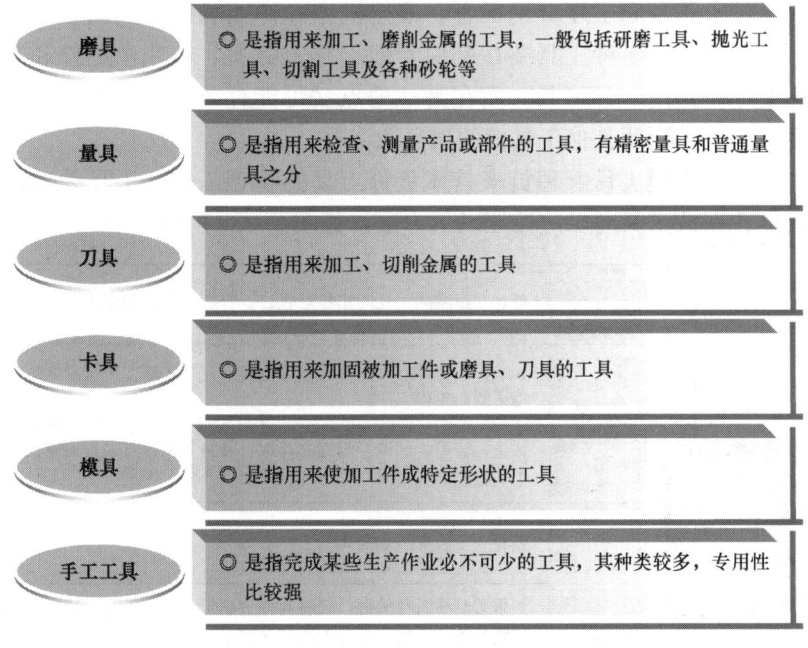

图8—29 班组通用、专用工具示意图

2. 特殊工具

班组生产除了通用、专用工具外,有时还需要一些特殊的辅助工具来完成生产作业,具体包括以下几种。

(1) 生产现场运输工具,如手推车、拖车、驾车、三轮车等。

(2) 工作梯、工作台之类的,是在生产现场产品加工、制造、装备及实验时必不可少的辅助工具。

(3) 其他工具,班组生产人员在进行一些特殊工种时使用的工具,如电表、焊枪、安全帽、安全带等。

8.7.2 工具摆放方法

生产班组车间应设立工具室,存放各种工具,并将工具按照产品部件、零件和工序分别保管,或按机床和作业场所所用的成套工艺装备保管。各种工具要在其保管地点挂上标签,若几个零件和几道工序使用同一种工具,而在其他地点又可能存放这种工具的,则要在标签上注明其他工具架的架号和格号。

班组应设工具管理员来具体负责工具的管理工作,工具管理员具体在摆放工具时,应按照以下方法,如图8—30所示。

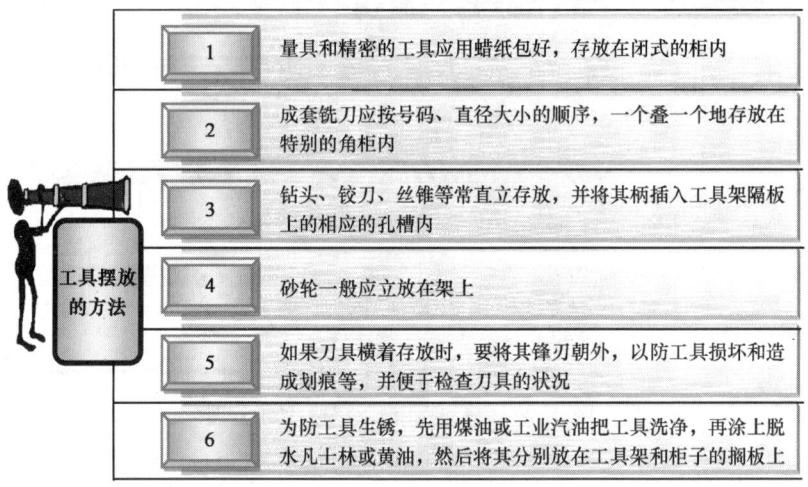

图8—30 班组生产工具的摆放方法

8.7.3 工具使用管理

班组应加强班组工具的使用管理,具体来说班组长要做好以下三项工作。

1. 编制工具需求计划

班组长应根据班组的生产使用需要，制订班组工具的需求计划，明确需求数量及规格型号等的要求，同时应进行工具保管位置的规划，确保生产现场的工位器具齐备、没有短缺，便于人员进行取用。

2. 建立工具使用档案

班组长应根据工具在生产中的作用和技术特征，对工具进行分类、编号，并进行注册登记，建立工具档案，确保工位器具的现场台账账目清晰明了。

3. 制定工具使用规范

班组长应制定工具使用规范，来控制生产工具的使用，提高工具使用寿命和利用率。使用规范应包含以下内容，如图8—31所示。

当班班组使用完工具后，应放在指定位置，并保持工具整齐、清洁，无关物品不允许放在工具架上

合理使用工具，在工具强度、性能允许的范围内使用，严禁串规代用（如旋具代替凿子）

由于使用不当造成工具损坏或报废，要查明原因，并及时上报工具管理人员，由当事人或当班班组负责按相同规格型号配齐损坏工具

每个班组交接班时要做好工具的清点和校验，确保工具账物相符，要求工具完整好用，如有工具缺失，要查明原因，落实责任人，及时上报登记，并配齐缺失工具

班组外人员使用时应办理借用手续，进行登记，并要求其及时归还，如外借工具损坏或遗失，借用人需赔偿，并由班组长上报登记

规范工具的修复和报废，能修复的工具由当班班组及时采取措施，恢复其原来的性能；不能修复的工具，由班组长向工具管理人员申请报废，通过审核后，换领新工具

各班组根据"谁交接谁负责"的原则做好工具的交接管理工作

图8—31　班组生产工具使用规范的内容

8.8 班会管理

8.8.1 班前会的作用

班前会是工作开始前由班组长组织召开、班组成员参加的工作会议，其主要目的是传达上一班组工作情况、考核组员签到、安排具体工作、布置当班任务、传达会议精神等。班前会是班组长对生产的指导、分析、鼓励、动员的工作安排会，是班组成员了解当前企业形势和生产经营情况的主要途径。班前会的作用主要有以下4点。

1. 确保组员工作状态

通过班前会，班组长能够明确组员工作状态，具体可明确以下三方面的状态，如图8—32所示。

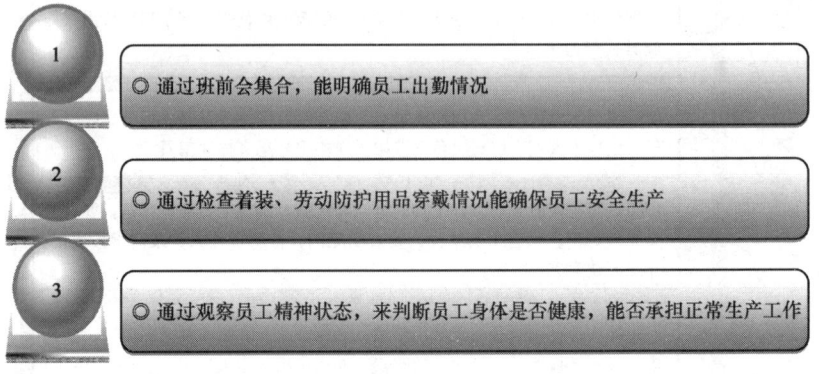

图8—32 明确组员工作状态的方面

2. 提高工作效率

（1）班组长将上一班组的安全、工艺、设备、生产状况等方面存在的问题及经验进行归纳、总结、分析，并将解决问题的具体办法在班前会上明示，避免出现类似问题，提高生产效率。

（2）班组长将事先策划好的工作，向班组所有成员传达与分配,这样既能使全体班组成员明确本班生产目标,又能降低班组长与每位班组成员的沟通成本,营造工作氛围,提高班组工作效率。

3. 准确、及时地传达信息

班组长在开会前已掌握班组生产的相关工作情况及企业需要传达的重要制度或会议精神、文件等,通过班前会能在第一时间将企业及班组相关信息传达给班组成员,以确保班组成员跟上企业思想的步伐。

4. 增强团队意识,提高班组风气

(1)通过班前班组成员的集体会议,能让班组生产一线的组员意识到"生产班组是一个集体",而不是一个人,有利于提高班组成员之间的配合以及互助,同时能提高其对班组团队的认同,更有利于班组长的管理工作。

(2)通过班前会,班组长可以对班组成员进行"集体"的教育工作,让其养成互相监督、互相指导工作的习惯,逐步形成积极向上的班组工作作风。

8.8.2 班后会的作用

班后会是在本班次结束前由班组长主持召开的一天工作结束或告一段落的总结性会议。通过班后会,班组长能及时针对本班组工作完成情况、工艺及设备运行给予总结和点评,总结出现的问题及经验教训,并在专门的记录本上做好记录,为以后改进工作提供依据。

班后会的具体作用表现在以下三个方面,如图8—33所示。

8.8.3 如何开好班前班后会

班前班后会是生产班组实施工作任务前后进行的生产组织活动形式。开好班前班后会可以提高班组的管理水平,通过这种形式班组长可以把各项工作事前进行交代,工作过程中予以落实,工作完成后进行总结,实现班组管理水平的螺旋式上升。班组长要想开好班前班后会,必须注意以下内容。

| 及时解决工作作风问题 | ◎ 在班后会上，班组长可以对工作中有违章行为、工作怠慢、组织失误、责任心不强等现象的员工及时提出批评，纠正其工作心态，必要时明示处罚措施，引起班组全体成员的警戒 |

| 及时传达生产改进措施 | ◎ 班组长对于在生产过程中存在的不足，通过举一反三的道理，明示有效整改措施，让组员清楚地掌握，并明确落实时间，以提醒本班组成员，避免以后生产工作中同类情况的发生 |

| 调动员工工作积极性 | ◎ 在班后会上，抓住重点，简明扼要总结当天完成生产任务和执行安全规程的情况，能让班组成员清楚完成任务目标情况
◎ 在总结的过程中，对表现突出的员工给予表扬和鼓励，这样不仅能够对工作表现优秀者给予肯定，还能倡导大家向其学习，调动大家的工作激情 |

图 8—33 班后会的作用

1. 制定班前班后会制度

把召开班前班后会作为一种制度认真落实，从思想上提高班组成员的会议意识，从行为上进行规范，使班组成员养成良好的工作习惯。

2. 做好充分的准备

班组长在工作时要做到细心观察、敏锐感触、深入思考、认真总结，确定班会要讲的工作重点，最好用笔记本记录下要讲的内容和要点，以防召开时疏漏。

3. 注重会议形式和内容的创新

班组长可从以下三个方面来进行会议形式和内容的创新，具体如图 8—34 所示。

4. 表达要点化

班会具有时间短、内容多的特点，因此班组长在布置工作时要清楚明了；下达任务时确保全员理解；总结工作时，所讲的内容要

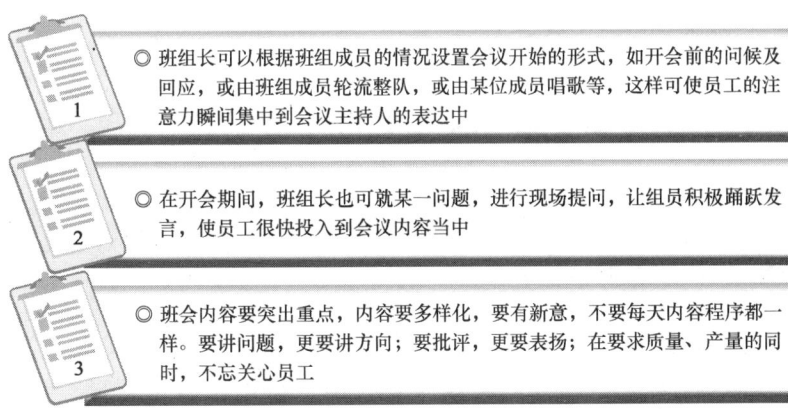

图 8—34　会议形式和内容创新要点

切合实际，富有逻辑性，切忌笼统。

5. 明确班前、班后会的重点

班前和班后会都是为保障班组成员高效率工作而服务的，班组长应明确其会议的重点内容，具体如图 8—35 所示。

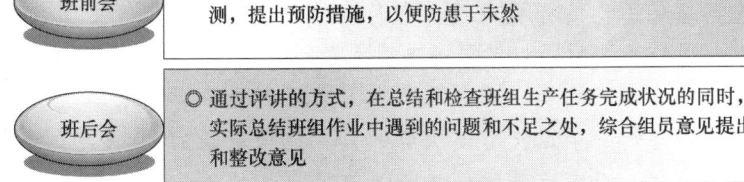

图 8—35　班前会与班后会的工作重点

6. 做好个别成员的思想工作

在班后会上，表扬和批评往往都是指名道姓的，受了批评或处罚的员工可能会因此而背上思想包袱。在会后，班组长应找其进行沟通，帮其克服消极情绪，确保不影响下一班次的工作质量或影响其他班组成员，使其具有信心，努力提升自我。

第 9 章　班组长的自我管理

9.1　班组长的职业素质

9.1.1　态度意识

足球教练米卢在任中国队主教练时,对中国球员说过一句话"态度决定一切"。工作态度包括工作的认真程度、责任度、努力程度等,它是一种潜在的意志。作为班组长,工作态度不仅仅决定了个人的工作成绩,还直接影响着整个班组的工作业绩。

一些企业的班组长认为自己是基层的管理者,官小职卑,没有威慑力。管理不好工人的工作,面对上级,又交不出满意答卷,常常是自己吃苦受累,还落得两头都不好。有些班组长还抱怨基层工作的环境艰苦。他们缺少工作热情,积极主动性不够,工作不努力,自然很多事情都做不好,造成恶性循环。

同样作为班组长,河南平煤化工集团七星公司的采煤队班长白国周却是一个工作态度极好的人。他当班长的20多年间,班组无事故,班组成员亲如兄弟。他将自己的工作总结为:三勤(勤动脑、勤汇报、勤沟通)、三细(心细、安排工作细、抓工程质量细)、三到位(布置工作到位、检查工作到位、防患处理到位)、三不少(班前检查不能少、班中检查不能少、班后复查不能少)、三提高(提高安全意识、提高岗位意识、提高团队凝聚力和战斗力)。

第9章 班组长的自我管理

白国周20多年如一日,坚守在自己的岗位上,任劳任怨。他一丝不苟的敬业精神和持之以恒的工作态度值得所有班组长学习,他尽职尽责、始终不渝的决心和毅力是其他班组长学习的榜样。

测一测

题目:当你站在一个空旷的广场上,你面向南方,你会决定朝哪个方向走?

选项:A. 前方　　　　B. 后方　　　　C. 右方　　　　D. 左方

解析:选A,在做事态度上,常有挫败感。依赖性比较重,需要其他人的帮助才能完成工作。有很多期望,对自己要求较高。对新的事物,犹豫要不要尝试。

选B,属于苦干型人物,有一定的领导能力。工作时极度理性,不会轻易干涉他人的事情。同时也不善于体谅他人,常常是孤独的工作者。

选C,富有责任感,但是有时候需要在别人的强烈要求下,工作才能做得更好。对个人兴趣和选择的工作不能够坚持己见,工作经常受到他人的影响。

选D,做事稳重,事业心较强。即使遇到很大的挫折,也不会轻易放弃。

9.1.2 责任意识

比尔·盖茨曾说过:"人可以不伟大,但不可以没有责任心。"班组长的责任意识是指自己对员工、对企业、对社会所负责的认识,是承担责任和履行义务的自觉态度。班组长作为企业基层的管理者,直接与人、事、物打交道,身处矛盾的第一线,这就要求班组长不仅要有精湛的技术,还需要有强烈的责任意识。

班组长管理基础知识

国航重庆维修基地的班组长周永旭是一个视责任如生命的人。他经常强调"岗位责任重于泰山"的责任意识,有着"立足岗位、献身机身、不辱使命"的坚定信念和不懈追求。也正是基于他强烈的责任感,培育了他忘我拼搏的工作作风。

2009年的一个大雨飘泼的夜晚,他对重庆基地的飞机进行维修检查。当他将飞机B-5064放下15°时,发现驾驶舱的左右襟翼出现了位置不对称,但其他的位置又都很正常。周班长查了很久都没查出原因,值班的人对他说:"今天雨下得这么大,现在也很晚了,等明天白天再检查吧。这个问题应该不大,不会有什么大的影响的。"他一边调试机器,一边说:"当年,就是因为火箭连接处的一个小小的橡皮圈的失效,导致美国'挑战者'号航天飞机发射升空后不久就爆炸了。所以我们的工作一定要做到精确,不能有一丝的马虎。"

周班长进行了反复的检查、串件、测试,最后在凌晨3点查出原因:右襟翼的位置传感器出现了故障。刚刚排除故障后,就接到临时命令,要求该飞机参与一项救援。看着飞机安全起飞,周班长会心一笑。

周班长的强烈责任意识,成功地消除了一项重大安全隐患,保证了飞机飞行的安全,避免了不必要的事故。有调查显示,有90%的事故是发生在班组中,其中有80%直接或间接由班组长造成。班组长是生产一线的"指挥官",在安全生产中发挥着重要的作用。班组长需要增强自己的责任意识,自觉肩负起安全生产的重任。

做一做 如何增强班组长责任意识

1. 了解工作任务,学习规章制度,明确自己的职责。

2. 提高自身素质。班组长必须参加工作相关的教育培训活动,提升工作技能。

第9章 班组长的自我管理

3. 建立优胜劣汰机制。每半年按照德、能、勤、绩对班组长进行考核评估。

4. 控制事故发生率，每天到工作现场进行监督。

9.1.3 安全意识

生产活动是人类最基本的实践活动，是人类赖以生存和发展的基础。然而，在生产劳动中必然会存在一些不安全的因素，如果缺乏安全意识，不采取相应措施加以保护，随时都有可能发生安全事故。

人的生命安全是最重要的，没有安全就没有一切。安全生产，责任重于泰山。实现以零事故为目标的安全管理，对于提高班组的经济效益有着非常重要的意义，班组长必须把安全放在一切工作的首位，提高安全意识，确保班组安全生产。

当然，安全第一绝不只是口号，需要真正落到实处，植入班组成员的思想和行为中。那么，班组长应如何提高安全意识呢？具体如图9—1所示。

学习相关的安全知识
班组长不仅要学习专业知识和管理知识，还要掌握相关的安全知识，如安全技术理论知识、安全生产法规等，并能运用到生产实践中，分析生产中存在的问题，找出解决问题的办法。

始终把安全放在第一位
如果班组成员的生命安全得不到保障，班组的生产是不可能顺利进行的。班组长要时刻把班组成员的生命安全放在首要位置。

识别危险源
班组长可以通过现场情景模拟等找出在作业中那些可能会危害到人的生命安全的因素，并对这些危险源进行全面、深刻的分析，了解其来源、性质、后果，然后采取相应的措施进行防范。

生产任务必须服从生产安全
班组在生产的过程中，如果出现了安全隐患，即使生产任务再紧急、再重大，也要遵循"生产服从安全"的原则，立即停止生产，消除隐患。此时，班组长不要存在侥幸心理，进行冒险作业，一旦事故发生，后果将不堪设想。

开展班组安全教育活动，提高班组成员的安全意识
很多血的教训告诉我们，很多安全事故的发生，主要源于员工安全意识的缺乏。因此，班组长可以组织安全知识竞赛、辩论赛等，在班组内开展安全教育活动，使安全意识深入到班组每个成员的心中，牢记安全生产无小事，以确保班组的生产安全。

图9—1 班组长提高安全意识方法

9.1.4 成本意识

班组长作为企业中最基层的负责人,肩负着降低生产成本的重大责任。在竞争日趋激烈的今天,班组长如果没有成本意识并且不积极降低成本,是很容易被对手打败的。因此,班组长必须提高成本意识,杜绝浪费。

浪费是造成班组生产成本剧增的主要原因。然而,班组中却普遍存在着很严重的浪费现象,如生产过剩的浪费、搬运的浪费、加工过程的浪费、不良品的浪费、库存的浪费等,这使得企业的生产成本大大增加,从而造成竞争力的下降。

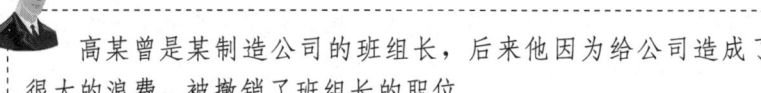

高某曾是某制造公司的班组长,后来他因为给公司造成了很大的浪费,被撤销了班组长的职位。

在制造某种产品时,高某过高地估计了订单需求,造成了大批产品的积压,给公司带来了严重的浪费。虽然他积极地进行补救,给销售部门出谋划策,拓宽销售渠道,可是依然不能彻底解决这个问题。正因为这批产品的积压,造成了生产成本的增加,公司的资金链出现问题,不得不停止另一批产品的生产,给公司造成了很大的损失。

如果高某具备成本意识,并能进行成本核算,就不会出现严重浪费的现象了。班组长提高成本意识,杜绝浪费,可以从以下做起:

1. 优化作业效率

在一个班组中,每个人的效率都是不一样的。据调查,员工工作效率的差异会产生20%~30%的生产效率差异,因此,必须优化作业效率,减少浪费,提高生产效益。

可以通过数据调研,了解班组中每个成员的工作效率,然后根据数据进行改善,并优化班组相互协调流程,从而提高生产效率,降低班组成本。

2. 改善操作动作

班组成员在工作的过程中,操作动作不当,会造成很大的浪费。进行动作的改善,可以遵循4个原则:

(1) 减少不必要动作的数量。

(2) 追求动作平衡。动作平衡可以降低疲劳，从而提高速度。

(3) 缩短动作移动距离。这是动作移动改善的基本手段。

(4) 保持轻松自然的状态。这可以使班组成员以更加舒适的姿势进行工作。

3. 进行成本核算

在成本运行的过程中，班组长要组织相关人员对实际发生的成本费用进行记录。每隔一段时间，就要进行成本分析，找出各项指标超标或节省的原因，为以后的工作提供借鉴。

9.1.5 服务意识

在社会工作中，人与人是相互依存、相互服务的。班组长作为基层的管理者，不能通过自己的权利来压迫员工，用制度管人不如用心管人。同时班组长要想获得民心，就应该增强自己的服务意识，关心和尊重员工，倾听他们的诉求。

李某是某著名企业的班组长。李某明白，班组长这一职位责任重大，要做好班组长的工作，需要班组成员的支持和配合才行。因此，他从不因为自己是班组长，就对员工摆架子、乱指挥，而是尽力做好一个服务者的角色，带领整个班组共同进步。

李某主动关心员工的生活，通过交谈、走访了解他们的现状。当他们生活有困难时，就尽力去帮助他们，并且经常组织旅游、聚餐、座谈会、交流会等丰富员工的生活。他还为员工争取培训机会、组织内部交流和班组间交流等，提高他们的业务能力和综合素质。当员工工作压力大、情绪低落时，他还乐于充当心理咨询师的角色，帮助员工分析原因，缓解他们的压力等。

在班组成员的积极配合下，李某不仅出色地完成了班组工作，还得到了班组成员的爱戴。

班组长要想员工提高工作效率，就应该放下自己的架子，增强服务意识，真心实意地为员工排忧解难。从内心感受员工的痛苦、铭记员工的冷暖、体会员工的辛劳、尊重员工的成功，以心换心，用自己的真心、诚心为他们服务。

做一做　　　　提高自己的服务意识

1. 做员工生活的贴心人。定期走访，了解员工的生活情况，帮助解决家庭困难。

2. 创造有活力的班组氛围。为员工开展丰富多彩的娱乐活动，缓解他们的工作疲惫。

3. 提供学习机会。为员工创造学习条件，提升他们的素质，鼓励他们进步。

4. 关注员工的感情世界。了解他们的精神需求和感情诉求，做他们的忠实听众，帮助他们解除消极情绪。

5. 帮助员工减压。定期为员工开展心理辅导，让员工通过打击沙包等活动来释放压力。

9.2　班组长的自我认知

9.2.1　自我分析

认识自我不是一件容易的事情，但是，我们必须努力去做。如果一个人不能正确地认识自己，就会出现两种极端结果：一是过高地估计自己，眼里都是优点，进而骄傲自大、盲目乐观；二是只看到自己的缺点，觉得处处不如人，进而产生自卑心理，丧失信心。我们只有对自己有了全面清晰的认识，掌握了自己的长处和短处，了解了自己的喜好和憎恶，才能搞清楚自己适合做什么，不适合做什么，进而对自己进行更好的定位，做好自己的角色，更好更快地成长。

班组长作为班组生产管理的直接指挥者和组织者，在组织生产中有着举足轻重的地位。他们虽然职位不高，但是肩负着提高产品质量、提高生产效率、降低成本、防止事故的重大责任。因此，班组长必须客观辩证地评价自己，对自己有一个正确的认知，扬长避短，更好地胜任本职工作。

自我分析，是指对自我全面、理性、透彻的分析。对每个人来说，进行自我分析都是很有必要的。只有通过不断地自我分析，客观辩证地认识自己，才能找出自己的优缺点，进而改正缺点、发扬长处，促使自己不断进步。

> 周某是某汽车公司维修部的优秀员工。前不久，他由于业务精进，被公司提拔为班组长。周某觉得自己是业务尖子，肯定能胜任班组长的工作，于是就毫不犹豫地接受了公司的任命。一段时间后，他发现实际情况并没有想象中那么顺利，小组的业绩不断下滑，自己的班组长也做得越来越吃力，他也因此受到上司的多次批评。
>
> 后来，在上司和同事的帮助下，周某终于找到了问题所在：作为一个班组长，只有专业技能是不够的，还得有过硬的管理能力。周某虽然技术过关，可是管理却是他的弱项，因此，他不能胜任班组长工作。他很后悔当初的想当然给他人带来的困扰。为了小组更好的发展，他主动辞去了班组长的职位。

如果周某在接到任命的那一刻，能理性地对自己进行自我分析，找出自己的优势和缺点，就不会盲目地做出选择了。班组长，作为企业最基层的负责人，虽然职位不高，但责任却不小。因此，班组长必须经常进行自我分析，保持对自己的清醒认识，才能做好班组工作，打牢基础，促进企业发展。

班组长在进行自我分析时，可以借鉴SWOT分析法。SWOT四个英文字母分别是：优势（Strength）、劣势（Weakness）、机会

（Opportunity）、威胁（Threat）。SWOT分析法，就是将与研究对象有关的各种主要内部优势、劣势和外部的机会、威胁等，通过调查列举出来，然后用系统分析的思想进行分析，从而得出一系列相应的结论。班组长通过SWOT分析，就能找到自身的优势、劣势以及核心竞争力。

班组长借鉴SWOT分析法进行自我分析，可以遵循以下三个步骤：

第一，每个人都有自己的优点和缺点，请写在下面的卡片上。

第二，每个人都有自己喜欢和讨厌的事情，请写在下面的卡片上。

第三，对上面两张卡片上的内容进行分析，明晰自己的长处和短处，清楚自己喜欢的事情和不喜欢的事情，并在此基础上，改正自己的缺点，发扬自己的长处，找出自己最适合做并能做好的事情，制定自己的职业发展规划。

班组长在经过上述的自我分析之后，就会对自我有一个全面、清醒的认识：哪些长处需要发扬，哪些缺点需要改正，自己到底适不适合班组长的职位，他们心中都会有数。

9.2.2 自我定位

著名作家王蒙在其自传中说:"一个人应该知道自己能够做什么,应该做什么,必须做什么,更应该知道不应该做什么,不要做什么,其实做也做不到什么。"这里提到一个自我定位的问题,很多人不知道自己该做什么,不该做什么,适合做什么,不适合做什么。

每个人都应该对自己有一个清晰的定位,班组长也不例外。班组长首先应该明确自己能做班组长吗,适合做班组长吗。在确定这个问题之前,他们应该对班组长这一角色有一个清晰的认识。

班组长就是班组的领导者,是班级生产管理的直接指挥者和组织者,属于兵头将尾,肩负着提高产品质量、提高生产效率、降低成本、防止工伤和重大事故发生的重大责任,以及劳务管理、生产管理、辅助上级的职责。总之,班组长的角色特点可以概括为:职位不高,决策不少,责任不小。

在了解了班组长这一角色后,班组长就能根据自己的能力水平、优点缺点、个人喜好等判断自己适不适合做班组长,能不能做好班组长了。如果认为自己能胜任班组长的工作,就应该制定详细的职业发展规划;如果认为自己不适合做班组长,就应该果断放手,去寻找适合自己的职业和职位。

周某原是某钢铁公司炼铁部的员工,后来因为技术出色被任命为某班的班组长,可是过了不长时间,他就主动辞去了这一职位,申请调到研发部门去了。

事情是这样的。周某上任不久,就发现自己并不适合做班组长,因为他的兴趣爱好在技术方面,对于班组长的很多烦琐工作,他总是提不起兴趣。他每天都会花很多的时间去钻研技术,而很少去管理班组的其他成员,任由他们自由发展。他一心放在提高技术上,甚至很少有时间给班组成员开会。他也曾

班组长管理基础知识

> 想把班组的工作做好，可是一想起要做自己不喜欢的事情，他头都大了。这样一来，班组工作一塌糊涂，业绩不断下滑。
>
> 为了自己和班组更好地发展，周某果断决定辞去班组长之位，并申请调到研发部门，发挥自己的优势，去做自己喜欢的事情、能做好的事情。

周某的做法是明智的，他没有在自己不适合的职位上坚持，这源于他对自己有一个明确的定位，自己是不适合、也做不好班组长的，他最适合做的是技术的研发。

下面是一个自我测验，可以帮助班组长更好地进行自我定位。

1. 你明确班组长的使命与责任吗？
   A. 是　　　B. 一般　　　C. 不是
2. 你能做好生产计划与日常管理吗？
   A. 是　　　B. 一般　　　C. 不是
3. 你善于培育高效团队和团队精神吗？
   A. 是　　　B. 一般　　　C. 不是
4. 你注重与上级、同事、下属的沟通吗？
   A. 是　　　B. 一般　　　C. 不是
5. 你会灵活运用激励理论来激励班组成员吗？
   A. 是　　　B. 一般　　　C. 不是
6. 你能娴熟运用权变管理吗？
   A. 是　　　B. 一般　　　C. 不是
7. 你具备较强的抗压能力吗？
   A. 是　　　B. 一般　　　C. 不是
8. 你善于调节自己的情绪吗？
   A. 是　　　B. 一般　　　C. 不是
9. 你有发现问题的意识和解决问题的能力吗？
   A. 是　　　B. 一般　　　C. 不是

10. 你了解你的员工性格、爱好及目前状况吗？

A. 是　　　　B. 一般　　　　C. 不是

评分标准：

选择 A 选项得 3 分；选择 B 选项得 2 分；选择 C 选项得 1 分。

总分评价：

1. 如果你的总分在 25～30，说明你具备较强的班组长胜任能力，你比较适合做班组长。当然，为了能够在越来越激烈的竞争中立于不败之地，你还需要不断地更新自己的知识、提高自己的能力。

2. 如果你的总分在 20～25，说明你具备一定的班组长胜任能力，但是对做好班组长的工作来说，这是远远不够的，还需要你不断地充电。

3. 如果你的总分低于 20 分，说明你的班组长胜任能力很弱，你是不适合做班组长的。建议重新进行自我定位，选择更适合自己的职位。

9.2.3　自我改善

在今天的知识经济时代，知识更新的速度越来越快，我们必须不断地获得新的知识和技能才能适应社会的发展，跟上时代的步伐。之前，不识字的人是文盲，现在不会学习、原地踏步走、不懂得自我改善的人就是文盲。不变是暂时的，变化是永恒的。为了更好地生存和发展，我们必须不断地进行自我改善。

班组长必须明白：在今天的社会，不要指望一劳永逸地获取知识和技能。今天赖以生存的"看家本领"，也许很快就会被淘汰。如果班组长拒绝自我改善，幻想指望着已经过时的专业技能和管理经验过日子，是很容易被竞争对手打败的。

班组长应该如何进行自我改善呢？可以从以下几点做起，具体如图 9—2 所示。

班组长管理基础知识

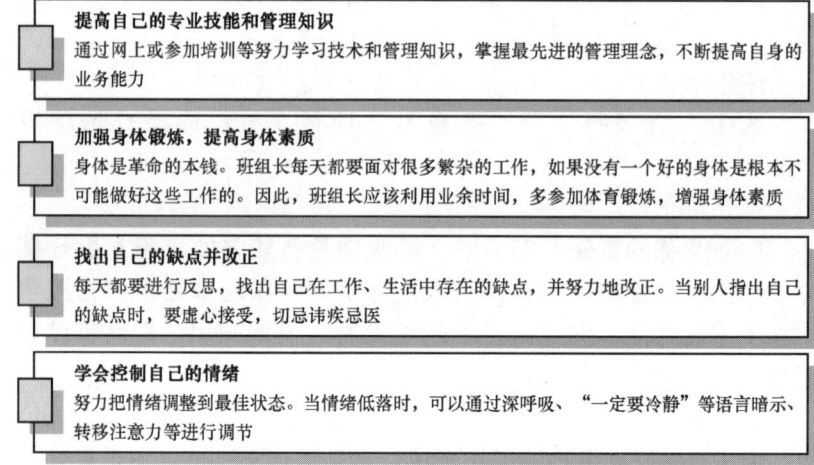

图 9—2　班组长自我改善方式

9.3　班组长的能力提升

班组长作为班组的领导者，他的能力水平决定着一个班组的工作效率和业绩，因此，班组长必须不断地提升自己的能力，才能更好地带领整个班组不断进步。

班组长的能力是由很多方面构成的，包括目标设定能力、情绪管理能力、持续学习能力、总结分析能力、自我调节能力、业务精进能力等。班组长在日常的工作、生活中，必须注意提升这些方面的能力，才能更好地迎接挑战，做一名合格的、优秀的班组长。

9.3.1　目标设定能力

歌德曾经说过："人生重要的事情就是确定一个伟大的目标，并决心实现它。"目标是一个组织在一定时期内通过努力所希望获得的成果。对于任何一个组织来说，目标是其管理活动的起点，组织内部的各项管理活动都是以目标为依据的；同时，目标又是管理活动的终点，它是判断一个组织管理是否合理和有效的标准。当然，班组也不例外。

班组长，作为班组的领导者，在布置工作任务时，首先应为班组成员设定一个明确的目标，并鼓励他们积极努力地去实现它。当然，设定的目标不能太低，如果很容易实现，就不会对员工有什么激励作用，即使目标实现了，他们也不会有太多的成就感；相反，如果目标定得太高，遥不可及，就会大大挫伤员工的主动性和积极性。

> 王某是某钢铁企业焊接车间的班组长，他自上任以来，班组业绩平平，这让提拔他的陈经理很失望。陈经理经过一番调查，终于找到了王某在管理中存在的问题。
>
> 王某一直是业务方面的尖子，争强好胜心极强。他自从当上班组长之后，就一心想要领导班组成员争做优秀班组，因此，为班组成员设定了大大超过他们现有水平的目标。刚开始，班组成员被王某的激情所感染，都能积极地配合。可是，过了不长时间，员工们就发现王某为他们制定的目标太高了，是遥不可及的，因此积极性大大下降，这就影响了班组的工作效率和业绩。
>
> 陈经理把这个问题告诉王某后，王某恍然大悟。他意识到，是自己的好胜心害了班组，制定了不切实际的班组目标，导致班组业绩的下滑。因此，他根据公司的方针、政策和班组成员的能力水平，重新制定了班组的目标和每个员工的子目标。新的目标实施一段时间后，王某发现，班组成员的积极性提高了，班组的业绩也开始提升。

由此可知，设定目标不是一件容易的事情，班组长必须提高目标设定能力。班组长在设定目标时，应遵循三大原则。

1. 服务全局

班组目标是公司总的经营目标和部门管理目标的细化表现，所以，班组目标要服务全局。

2. 系统性

组织中各类、各级目标并不是孤立的，而是左右关联，上下贯通，融合成一个整体。因此，要从不同角度、不同侧面系统性地选择相关目标，才能保证综合能力的提升和业绩目标的实现。

3. C-SMART 标准

设定班组目标，应是有挑战的、具体化的、可测量的、能够实现的、注重效果的和有实效的。

（1）目标是有挑战的（Challenge），即具备一定的水平和要求，必须通过足够的努力才能达到。

（2）目标是具体的、明确的（Specific），指目标可以把握，不用抽象的概念。

（3）目标是可以衡量的（Measurable），即应有一组明确的数据，作为衡量目标是否达成的依据。

（4）目标是能够实现的（Achievable），即目标应结合实际，不脱离现实，通过努力可以实现。

（5）目标是注重效果的（Result-oriented），是指目标能指引班组成员共同努力，并产生实际效果。

（6）目标是有时限的（Time-limited），指明确目标是什么时间、哪个阶段内要达到的，有了时间限制，工作才会更有条理。

9.3.2 情绪管理能力

情绪是人们对于各种认知对象的一种内心感受或态度。积极的情绪能带给我们勇气、信心和力量，消极的情绪则会使我们冲动、消极、无所事事。所以，每个人都应学会控制自己的情绪，提升情绪管理能力，不做情绪的奴隶。

情绪管理是一种善于掌握自我，对生活中的矛盾和事件引起的反应能进行适可而止的排解，并能以乐观的态度、幽默的情趣及时

第9章 班组长的自我管理

地缓解紧张的心理状态。

班组长,作为班组的领导者,在平时的工作中面临着极大的压力,如指标压力、产品质量压力、安全压力、士气压力等。工作压力大,就容易使人心情不好,情绪低落,进而影响工作效率。因此,班组长不仅要调节好员工的情绪,让他们保持着积极的态度和高昂的工作热情,还必须管理好自己的情绪。

> 齐某是某煤矿企业的班组长,自上任以来,兢兢业业,班组工作颇有成绩。但有一件事情,常常令他自责不已。一想起此事,他就觉得自己不是一个合格的班组长。
>
> 这件事情是这样的:2011年12月的一天,齐某正在给班组成员开会,说到关键部分时,他听见有一名员工正在与旁边的员工争论什么。齐某本来就因为班组月度工作指标没有完成而刚受到上司的批评,心情很不好,并且他认为在他开会时,员工不听是对他的不尊重。所以,他的怒火一下子就上来了,当着很多人的面,大声训斥了那个员工,并让他闭嘴。那个员工听后,就和齐某顶撞了起来,致使会议无法继续下去。第二天,那个员工就辞职了。
>
> 其实,那个员工本来是很优秀的。他那天之所以和同事争论,是因为他觉得齐某的工作安排存在安全隐患,而同事却赞同齐某的做法。幸好齐某发现得快,才及时地避免了一场安全事故。
>
> 一想起此事,齐某就后悔不已。他觉得自己当时太过分了,太不像领导了。他告诫自己:冲动是魔鬼,以后遇事要冷静、冷静、再冷静。

冲动是魔鬼,班组长必须管理好自己的情绪。班组长提升情绪管理能力,应从以下几点做起。

1. 调适自身情绪

每个人都有情绪低落的时候,班组长也不例外。这个时候,班组长可以找朋友聊聊天,做一些自己喜欢的事情,如听音乐、跑步等,舒缓自己的情绪,切忌看谁都不顺眼,看谁都挑刺。

2. 着眼于问题的解决

当遇到下属粗心大意或操作违规造成的错误时,班组长切忌采用不理智的方法,如呵斥、责备、甚至怒骂等来解决,这样只会激化矛盾,并不能真正地解决问题。班组长在遇到这样的事情时,要不停地告诫自己不要动怒,让自己先平静下来,然后采用员工能接受的方式一起解决问题。

比较有效的控制愤怒情绪的办法有:语言暗示,如"不要动怒""不能发火"等;想一些比较振奋人心的事情来转移注意力;后果预想,如"如果责骂他一顿,他可能会……";移情换位,站在员工的角度思考,如"如果我做这件事,可能也是这样的结果"等。班组长在遇到令人愤怒的事情时,可以尝试用上面的方法控制自己的情绪。

3. 创造良好的情绪宣泄空间

管理员工的情绪,创造良好的情绪宣泄空间,是班组长的重要职责之一。班组长可以从以下两点入手:

(1) 成为情绪咨询师。班组长应该努力成为班组压力的倾诉对象,与员工打成一片,及时掌握他们的思想动态。当员工情绪低落时,班组长应适当地给予些关心和鼓励,让他们重拾信心。

(2) 拓展宣泄渠道。员工有情绪,抑制不是办法,应该让他们宣泄出来。因此,班组长要主动为班员的情绪表达创造条件,如在办公区角落里放一些幽默刊物或笑话集锦;设置专门的意见箱,让员工将自己的不满写出来;在休息时间,放一些舒缓的音乐调节员工情绪;组织员工娱乐、竞赛、旅游等,丰富员工的业余生活等,减轻员工的工作压力,愉悦员工的心情。

9.3.3 持续学习能力

有一句西方谚语说："当我停止给予的那一天，我将不再获得；当我不再学习时，我将停止成长。"在知识经济时代，科技飞速发展，知识更新的速度越来越快，一个人如果不学习，或是学习能力不强，都有可能落伍。

活到老，学到老。每一天，我们都面临新的事物和新的问题，如果我们不保持学习的状态，就很难适应时代的发展。在竞争日趋激烈的今天，不学习就等于慢性自杀。对所有人来说，成功的秘诀就是能以最快的速度学会最多有用的知识，并能使这种学习能力长久地保持下去。

> 李嘉诚 14 岁时，就被迫辍学就业，但是他以学识渊博闻名香港商界，这与他的终身学习理念是有很大关系的。
>
> 李嘉诚 14 岁那年，父亲病逝，他被迫辍学，到茶楼打工。他每天要工作 15 个小时以上，但是回到家后，依然苦读到深夜。刚到香港的李嘉诚面临着广州话和英语两个语言难关。李嘉诚就跟着表弟表妹学习广州话，经过刻苦学习，很快就学会了。他还利用业余时间学习英语，也学会了。在中南公司做学徒时，他还自学中学课程。
>
> 正是这种求知的精神和坚持学习的毅力，给李嘉诚带来了第一个命运的转折点。一天，他在阅读英文版《塑胶》杂志时，看到一条消息：某家意大利公司的塑胶花即将销往欧美市场。李嘉诚判断，这将引发塑胶市场的革命性变化。于是，就一个人前往意大利拜师学艺。在这段时间，李嘉诚刻苦学习，不断求索，很快就掌握了塑胶花生产技术，为自己攫取了第一桶金。
>
> 当有人问李嘉诚，他成功靠的是什么时，他毫不犹豫地回答："靠学习，不断地学习。"

从学徒到商业巨擘，李嘉诚用自己的行动诠释了"活到老，学到老"的终身学习理念，正如他自己所说："财富源自知识，知识才是个人最宝贵的资产。"

学习的重要性是不言而喻的，作为班组长，应牢记：不要指望一劳永逸地获取知识，而应该树立终身学习的理念，提高持续学习的能力，使自己能在激烈的竞争中立于不败之地。那么，班组长怎样学习才能更有效呢？下面有几种学习模式，班组长可以借鉴。

1. 网上学习

现代社会是一个多元化的学习时代，有书本学习、网络学习等，其中网络学习是最高效、最便利的学习方式之一。班组长必须通晓网络学习，否则就会被网络所淘汰。网上的资源相当丰富，班组长可以通过网络丰富学习内容，增强自身的学习力。

2. 班组互动学习

班组互动学习，包括两层含义：一是班组内部的互动；二是班组与班组之间的互动。

在日常工作中，每个人都积累了一定的经验教训。如果这些经验和教训能在班组内部得到交流和分享，就能少走很多弯路。因此，班组长应定期组织"交流会""座谈会"等，使班组成员就自身的经验得失跟其他成员分享，实现班组成员的共同进步和成长。

班组与班组之间的互动，主要通过"走出去"和"请进来"两种形式完成。"走出去"是指到别的优秀班组参观学习，学习他们的成功之处。"请进来"是指聘请优秀班组的成员来本班组讲解。班组长应当多组织这样的互动交流，吸取优秀班组的经验，使自己及班组成员成长得更快更好。

3. 标杆学习

标杆学习，是指选择一个学习的标杆（可以是组织，也可以是个人），全面、透彻地学习其长处。班组长也需要选择一个标杆并对准，努力学习并赶超。班组长需要寻找的标杆有两个：一个是班组标杆，学习先进班组的建设经验；另一个是管理者标杆，借鉴标杆管理者的班组管理经验。

当然，班组长在运用标杆学习法时，不要照搬照抄，应根据自己班组的具体情况，灵活运用。

9.3.4 总结分析能力

总结是对过去一段时期的工作、学习等情况进行回顾、分析，并做出客观评价。分析就是将研究对象的整体分为各个部分、层次等，并分别进行考察。分析的意义在于找出能够解决问题的主线，并解决问题。

班组长，作为企业中最基层的负责人，担负着劳务管理、生产管理和辅助上级的职责，每天都会有很多烦琐的事情与大量棘手的问题需要解决。因此，班组长必须提高自己的总结分析能力，在出现问题时，能准确地进行分析，找出产生问题的根源，提出解决的对策，并进行经验教训的总结。

> 姜某是某化工企业的优秀班组长，他们班组的业绩总是名列前茅。在班组交流会上，有人曾问他是怎样做到的，他的回答是："只要善于总结分析就可以了。"
>
> 姜某身为生产一线的班组长，每天都会碰到很多棘手的问题。面对这些问题，他没有退缩，而是积极地进行系统分析，并喜欢刨根问底，直到找到产生问题的最终原因。最终原因找到了，解决问题的对策自然就出来了，并能从根源上彻底消除隐患。在改善对策实施后，他还会及时地进行效果验证，看对策是否有效。同时，还善于进行经验教训的总结，对关联问题进行预防，以防止类似问题再次发生。
>
> 就是这样，姜某虽然每天都会遇到很多问题，但是他都能很快地解决掉。因此，他们班组一直都是优秀班组，他也多次被评为优秀班组长。

如果姜某不善于总结分析，那么他在遇到问题时，就会一头雾水，很难找到解决问题的对策，进而会产生惧怕问题的意识，这样是不能胜任班组长的职位的。

因此，班组长必须提升自己的总结分析能力，可以参加相关的培训，阅读有关的书籍，还可以在解决问题的实践中提高。一旦问题发生，班组长应该掌握科学的方法、借助科学的工具，系统地进行分析，追本溯源，从根本上解决问题，防止问题再次发生，如图9—3所示。

系统分析	确定对策	效果验证	总结经验
问题的产生是由很多原因造成的，可以从人员、设备、材料、方法、环境、测量系统等要素入手，运用关联图、鱼骨图和失效模式分析管理工具，将可能的原因罗列出来，并刨根问底，找到问题的末端原因	原因找到了，对策就好确定了。确定对策有几个要点需牢记：对策必须针对每一个末端原因；对策必须详细、明确，应包括防止不良再次发生的解决方案	对策实施后，要及时地进行效果验证，以确定对策是否有效。进行效果验证时，应该数字化、具体化，利用实物、事实和统计数据等进行说明	效果验证后，还要及时地进行总结，并对关联问题进行预防，以防止类似问题再次发生

图9—3　班组长解决问题步骤

9.3.5　自我调整能力

自我调整是个体认知发展从不平衡状态到平衡状态的一种动力机制，是指人们给自己制定行为标准，然后用自己能够控制的奖赏或惩罚来维护或改变自己行为的过程。

不变是暂时的，变化是永恒的。为了更好地生存和发展，我们必须不断地进行自我调整，以适应形势的发展。班组长不但不能拒绝变化，还要适应变化，并且要主动创造变化，在变化中不断提升自己。班组长如果能根据变化了的形势，不断地进行调整，就能掌握发展的主动权。相反，不学习，不改变，就只能等着被淘汰。

第9章 班组长的自我管理

> 杨某曾经因为技术出色,多次被评为优秀员工。当他升为班组长时,他错误地以为,只要有技术、经验就能带领整个班组不断进步。他没有认清当时的形势,班组长已经面临着从技能型向管理型、从经验型向知识型的转变,仅有技术、经验是不够的。他们班组,自从杨某上任后,业绩不断下滑。曾有班组成员给杨某提意见,指出了他的问题所在,可是他很固执地拒绝了下属的好意。
>
> 杨某上任后的表现,上级领导都看在眼里。刚开始,领导还以为他是角色不适应,过一段时间就会好的,可是他丝毫没有要进行自我调整的意思,领导不得不很惋惜地撤销了他的班组长职务。

面对变化了的形势,杨某如果能进行自我调整,补充学习管理方面的相关知识,他也许能成为一名很出色的班组长。很遗憾的是,他拒绝调整,自己把进步的大门关上了。

班组长应该提高自我调整能力,把自己塑造成一名合格的班组长。那么,班组长应如何做呢?下面几条意见可供参考,具体如图9—4所示。

9.3.6 业务精进能力

在竞争越来越激烈的今天,班组长不仅要管理好班组,还要提高自己的业务能力,只有这样,才能使自己的地位不被动摇,并为职业发展铺好道路。如果一个班组长,不去主动学习、提高自己的业务能力,只是原地踏步走,被淘汰是迟早的事。相反,如果班组长能通过各种相关的培训和书籍不断充电,并在实践中不断锻炼,他的职业发展前途就是光明的。

班组长不仅要专业技能过关,还必须具备过硬的管理知识。在日常工作中,班组长要注意这些知识的学习和积累,并用来指导班组的工作。

班组长管理基础知识

把握好情绪

积极的情绪能带给我们勇气、信心和力量，消极的情绪则会使我们冲动、消极、无所事事。因此，班组长应学会控制自己的情绪，不做情绪的奴隶。当自己心情低落时，去找一个安静的地方待会，或是找朋友聊聊天，或是做自己喜欢的事情，如听音乐、跑步等，把自己的情绪调整到最佳状态

做好调整计划

目标的实现不是一帆风顺的，班组长应根据工作的进展和客观形势的发展变化，适时地进行调整；如果形势已经发生了变化，班组长还在坚持着原来的目标，即使目标实现了，也是没有意义的

更新知识

在今天的知识经济时代，知识更新的速度越来越快，因此，班组长必须不断地学习，更新大脑中的知识储备，才能更好地胜任本职工作。班组长如果拒绝学习，用已经被淘汰的理念管理班组，结果只能被班组淘汰

敢于竞争

有竞争才有动力。因为存在着竞争，班组长就会时刻保持警惕、不断调整以适应竞争的新形势，从而使自己立于不败之地

不断反省

认真反省，才能不断进步。班组长每天都要反省自己一天的工作，找出存在的不足之处，并虚心请教，积极改正

图9—4　班组长提高自我调整能力方法

夏某是某电子公司的班组长，他是从一名普通的员工升上来的。他自知自己的技术水平和知识积累，做一名合格的员工还可以，但是要能胜任班组长这一职位是远远不够的。因此，上任的第一天，他就下定决心，努力提高自己的业务能力。

他每天下班后，都会去网上搜索与电子技术、管理有关的知识和视频，努力地学习。他还充分利用周末时间，自费参加相关培训班，提高自己的技术能力和管理水平。在工作中，他一遇到不懂的问题，就及时地虚心请教……一段时间后，他发

现自己有了明显的进步，刚上任时的各种"无能为力"逐渐消失了，他开始为班组成员讲解技术难题，并把班组的各项工作做得井井有条。

半年后，他所带领的班组被评为优秀班组，他也被领导点名表扬，成为他人学习的榜样。很多同事惊讶于他的进步，纷纷前来取经。

只有不断地提高自己，才能更好地做好本职工作。班组长每天都会做很多的事情，确实很忙，但这绝不是拒绝提高的借口。如果你的业务能力提高了，工作起来，就会更加得心应手。班组长要提高自己的业务能力，可以从以下几点做起：

1. 制订提高计划

班组长在开始提高业务能力之前，先根据自身的实际情况，制订一个提高计划。有了计划，就能在计划的指引下一步步地去实现，否则很容易半途而废。

2. 网上自学

网络上的资源相当丰富，可以利用下班后的时间，去网上下载一些与自己专业相关的或管理方面的知识或视频，进行自学。

3. 参加相关的技能培训和管理培训

参加相关培训，可以避免自学时的枯燥，并能通过与培训师和其他学员的互动交流学到更多的知识，少走弯路。

4. 向同事请教，经验共享

在工作遇到难题时，要虚心向同事请教，并组织相关的经验交流会，分享大家的经验，共同进步。

第10章 班组长的人际管理

10.1 内部人际关系的处理

10.1.1 如何与上级搞好关系

班组长在班组工作中，个人的努力固然重要，但上级赏识和重用同样不可或缺。只有处理好与上级的关系，所做的工作才能得到上级认可，自己的工作才能顺利展开。

1. 与上级搞好关系的做法

如何和上级搞好关系是一门大学问，图10—1列举了两种不同

图10—1 处理与上级之间关系的两种不同做法

做法,并将其进行了比较。

2. 与上级关系好坏的影响

与上级的关系处理得好将会使班组长的工作如鱼得水,处理得不好则会麻烦不断,若想个人职业生涯得到更好的发展,作为班组长,就应该积极地处理好与上级的关系。

平时在和上级打交道时一定要注意方式和方法,好的方法是成功的一半,若方式、方法运用不当,不但会影响人际关系的处理,也会影响自己的工作及职业生涯的发展。

下面就是一个与上级关系处理不当的例子。

祸从口出

小林毕业不久后到一家工厂做班组长。

小林的上级车间主任是张梅,张梅做事雷厉风行,对自己和下属要求都很严格,小林不喜欢自己的上司,认为她总爱教训人。

有一次,小林因为犯了个错误,被张主任狠批了一顿。她特别生气,刚下班就和别的同事一起议论这位张主任。

"也不照镜子看看自己,长得丑不拉几的,就爱摆着脸训人。听说上次相亲时又被别人给踹了,她这样的人,活该嫁不出去……"

同事扯了一下小林的衣服,她没意识到什么,继续骂下去。一会儿,同事说刚才她的领导就在后面。小林立即傻了眼。

虽然张主任没说什么,但是那天以后,小林再见张主任总是有些尴尬,想来想去还是觉得没法待下去,只好辞了职。

10.1.2 如何与下级搞好关系

下属是班组长带领班组做好工作并成就职业生涯的帮手,因此妥当处理与下属之间的关系也很重要。

1. 与下级搞好关系的做法

班组成员是与企业生产联系最密切的群体,只有把他们安顿好了，生产才能顺利进行，企业运营才有保证，班组也才能顺利完成上级交代的任务。

班组长要与下级搞好关系，需采取正确的做法，下面列举了两种不同的做法，并将其进行比较，以便区分，具体的做法如图10—2所示。

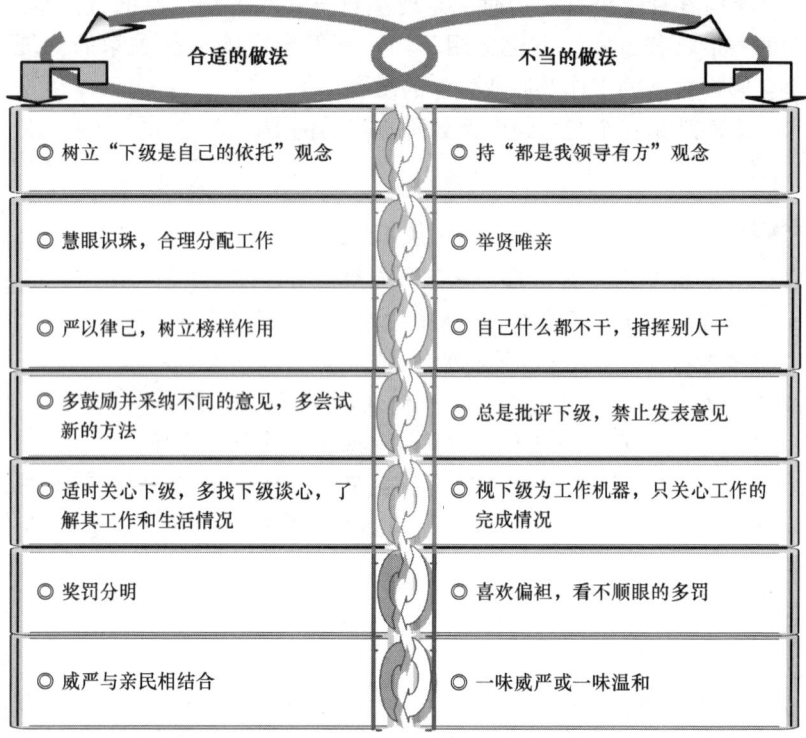

图10—2　处理与下级关系的两种不同做法

2. 与下级关系好坏的影响

作为一个生产小组的领头羊，班组长不但要关注工作的完成情况，更要着重处理好与员工的关系。与下级关系的好坏直接影响着工作，其具体的影响如图10—3所示。

第10章 班组长的人际管理

◆ 在下属员工中有个好人缘，不但心情好，工作也做得好
◆ 与下属的良好关系是顺利完成班组生产任务的助推器

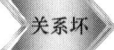
◆ 如果关系处理不当，不但影响他人工作情绪，自己工作也将难以开展

图10—3 与下级关系好坏的影响

下面就对下属关系处理不好造成的影响，进行举例说明。

新官上任

小林刚从学校毕业后进了一家公司，因为学历较高，他一来就在车间当上了班组长。也因自觉没有工作经验，总是把姿态放得很低。

一天，有人来请假，说火车票买得早了，要提前回去，他笑笑同意了。第二天，整个车间就剩下他自己了，原来所有人都请假提前回家过节了。为什么会出现这样的情况？原来当有第一个员工请假时，他同意了，而第二个用第一个员员工请假他没拒绝为由请假，他没理由拒绝，接下来的人，他都没法拒绝了。

他一人看着空荡荡的办公室，心理叹着气，老总来后看到这种情况没有吱声。

之后，小林想了很长一段时间，决定不能再这样好说话。当下次再有人来请事假时，他吸取了上次的教训，没批。第二天员工在洗手间讨论说他开始三把火了，他去洗手间听见，心里很是得意。一会儿，又有人来请病假，他也坚决没批，鼓励员工多坚持一会儿。

下午，有人报告说这名请病假的员工晕倒在楼梯上，差点没从楼梯上摔下去，小林抹了一把汗。公司的员工也怨声连天，说他不近人情。

后来，老板找小林谈话，告诫他管理员工要学会拿捏分寸，更要考虑事情的后果。

10.1.3 如何处理好班组长之间的关系

在班组长的职场中,上级重要,下级重要,平级同样不可忽视,好的同级关系,可以让班组长在职场中左右逢源,顺利完成工作。尤其是涉及利益冲突问题时,班组长更应妥当处理好与同级的关系。

1. 与同级班组长搞好关系的做法

班组长要想同事之间相处融洽,需采取合适的做法,下面列举两种不同的做法,以便班组长合理地采用借鉴,同时也更好地规避不当的做法,具体的做法如图10—4所示。

图10—4 处理班组长之间关系的两种不同做法

2. 与同级班组长关系的影响

班组长之间多存在合作又竞争的关系,这样敏感的关系若处理不当,不但影响彼此关系,严重时还会影响工作。

10.1.4 如何处理好与协作部门间的关系

企业内的生产系统是相互关联的,企业内部每个部门都是系统的一部分,需要密切配合才能做出好的产品,因此部门间协作是否良好,关系着企业运转效率的高低,好的协作关系是顺利完成工作的有力保证。

1. 处理协作部门关系的做法

处理好与协作部门的关系,是班组长必修的学问。图10—5列

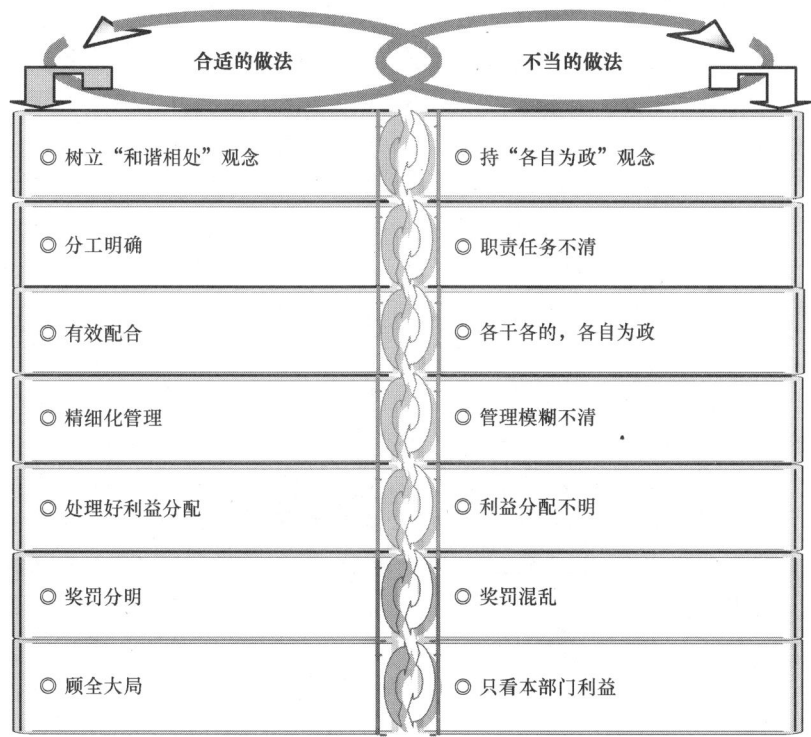

图10—5 处理与协作部门关系的两种不同做法

举了两种不同做法，以便班组长借鉴和比较。

2. 与协作部门关系好坏的影响

好的关系是成功的一半，处理与上级关系和下级关系，还有与班组长之间关系，都是面对个人，而处理与协作部门关系时则是面对一个群体，如何巧妙处理更是一个难题。处理得当，工作顺利进行，创出好的业绩，处理不当，既影响部门间的关系，又耽误生产。

下面是一则通过妥善处理部门关系扭转不利局面的例子。

互 利 共 赢

小叶是B组的组长，在会议上，由于A组和B组为了各自利益，同时上交了不同方案，最后B组胜出，经理在会上要求A组全力配合B组做好工作，但A组全体人员不服，觉得经理偏向了B组。

在方案实施中，B组人员来找A组商量，A组人员都是爱理不理，态度很是怠慢。B组人员生气之余决定自己单干，A组人等着看B组的笑话。

眼看交货日期快要来临，B组人员干着急就是无力完成，小叶想了想主动找A组组长沟通，说了当时经理选择他们这组的原因，又诚心地向A组人员解说了自己方案的优势。

B组组长看他低下身段来找自己，又如此诚心，自觉有些不好意思，自己领着部门人消极怠工，万一工作完不成也得担责任。在A组组长的诚心劝说下，A组人员也积极地投入了工作。最后，两个部门合力完成了工作，得到奖励。

10.2 建立良好的对外关系

10.2.1 与供应商建立良好的关系

"巧妇难为无米之炊",企业生产只有原材料、零部件等及时供应,才能保证生产的持续进行。因此,与供应商建立和谐、稳定的关系,对企业生产发展有着极其重要的作用,它能保证企业生产的完成,是企业发展壮大的基础。

班组长直接与生产相联系,与供应商打好交道也是保证顺利完成生产任务的一个重要方面。为了与供应商建立良好关系,可从以下几点着眼。

1. 了解自身需求

班组长与供应商进行顺利合作的前提是清晰自身生产的需求,制订准确、翔实的采购计划,然后对准市场,快速、有效地寻找到合适的供应商进行采购。

2. 充分的市场调查

市场上的产品琳琅满目,而且良莠不齐,进行充分的市场调查可以避免盲目购买,造成不必要的损失和浪费。

3. 货比百家

有比较才能更好地做出选择,在进行了市场调研后要进行详细而深入的比较,选择性价比最高的供应商。

下面列举一个综合运用上述三种方法,选择合适的供应商,生产出好产品的案例。

选择最适合的

张组长听员工反映欣欣企业供应的原料又涨价了,而且服务态度也不好,她想了想决定亲自到市场上去看看,重新换一家更好的。

> 她花了两天的时间和助理在市场上挑选,最后定了几家备选,回来后她让助理把几个样品给大家展示,让大家都比较一下,看哪家更适合她们。会议上她们比较了原料质量、价格、服务、市场需求、生产需求等,最后选择了两家。
>
> 定下这两家后张组长开始和供应商接洽,最终选择了一家性价比最好的。通过比较选择,她们既节省了成本又买到了合适的产品。
>
> 在下一次的评比中,她们生产组获得了第二名的好成绩。

4. 维护稳定而长期的供求关系

与供应商建立良好稳定的合作关系,需进行长期的关系维护,这样才能更好地为生产服务。建立长期合作关系的一些做法如图10—6所示。

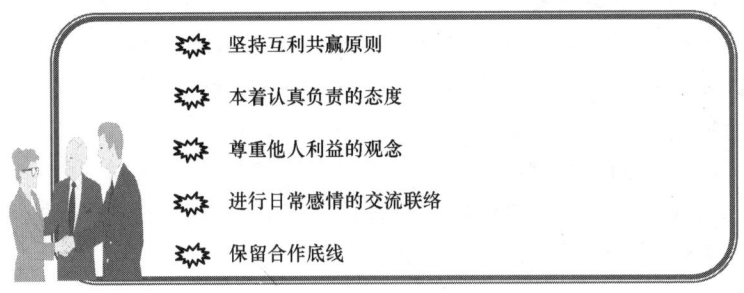

图10—6　维持与供应商长期合作的做法

10.2.2　与设备商建立良好的关系

在大工业的时代,设备的应用情况反映了一个企业的技术水平和综合素质。班组长需寻求合适的设备供应商,并与其建立良好的合作关系,将在以后的生产活动中起着重要的作用。

建立良好的供应商关系,可从以下几个方面努力。

1. 做好前期准备工作

班组长对于生产工作中需要什么设备,设备的规格、质量的要求,企业设备投入的预算是多少,都需有充分的了解,以便确定符合企业生产需求,并且价格合理的设备。

2. 选择设备质量和售后服务

设备是生产工具,如果工具坏了,工作将难以开展。班组长在选择设备供应商时,一定要尽量挑选那些质量和售后服务双优的设备商。只有好的设备供应商才值得花时间和精力去维护与他们的关系。

3. 保持及时的沟通与联系

机器由于长期的使用,也有坏的时候,设备出现故障或损坏很正常。当设备出现问题时,班组长需要及时与设备供应商进行反馈联系,以免引起不必要纠纷和损失,破坏企业和设备供应商之间的关系。

4. 树立互利共赢观念

班组长和设备供应商双方生意的达成是建立在共同利益基础之上的。双方要有互利共赢观念,追求在合作中寻求共赢,不要贪图一时的利益而损害了对方的利益,造成不可挽回的后果。

下面列举一个班组长贪图一时的利益而造成巨大损失的例子。

一时赚了

出纳小李向林班长报告说由于设备商的失误,把两样设备的价钱弄错了,少向他们算了几万块钱。林班长听了大笑,说天上还能掉下这样的馅饼,他想了想说平分了。出纳有些疑惑地说要是设备商来要怎么办,林班长笑着说那也不给,他们自己的错误怪谁?

公司因为这意外的馅饼去聚餐,很多人大醉而归。第三天,设备商委婉地询问林班长,他装作不知道不清楚,说回去查查。设备商等了好几天也没回信。

半个月后有设备出了故障,员工解决不了,林班长找人打电话请设备商来维修,他们口头上说来维修,等了半天也没人,再打电话没人接了。因设备的耽误,他们没有按时完成任务,结果被罚了很多的违约金,还取消了今后的合作。林班长等人后悔不迭!

10.2.3　与协作单位建立良好的关系

随着社会分工的加快和社会需求的多样,单个企业和个人都难以独立处理各种事情,这就面临着与其他单位的协作。企业与企业班组之间需要学会进一步相互配合、共同合作,依靠各自的优势为同一个项目共同出力。

班组长若能最大限度地发挥协作单位的优势,让协作单位有效配合,这样就能达到省时省力、资源有效利用的效果。班组在与协作单位建立良好的关系时,需要关注以下几个方面的问题。

1. 双方利益达成一致

在合作时,班组长首先要明确企业与协作单位双方间的利益,有共同利益是双方合作的最根本原因,也是驱动双方最终完成协作的推动力。

2. 双方意愿一致

企业与协作单位双方意愿一致是达成有效合作的基础,更是合作顺利进行的起点,在对外合作时要注意对方对协作项目的感兴趣程度。

(1) 如果对方很感兴趣,事情就有个好的开头。

(2) 如果对方表现出对协作项目的冷淡,班组长就要花一些时间和精力想办法激起对方的协作兴趣。

3. 了解协作单位的基础设施和人员水平

俗话说"知己知彼,百战百胜",了解对方的基础设施和人员水平是建立有效协作的前提。班组在整个合作过程中,包括建立联系前都要积极主动地了解对方的基础设施和人员水平,以便制订切实的实施计划,保证双方顺利合作。

4. 建立有效的沟通机制

重要及紧急信息的及时有效沟通是完成工作的重要保证,各协作单位间一定要建立有效沟通机制,确保按时保质保量地完成工作。

班组长应带头主动和协作方建立及时通信机制,确保第一时间能了解重要信息,明确工作任务和进度,及时解决所遇问题。对于生产过程中遇到的问题，班组长也应主动与协作单位沟通，共同寻求解决办法，确保按时完成工作。

下面列举一个不与协作单位沟通的案例。

早点沟通

李班长听了秘书小王的报告后急得抓耳挠腮，眼看交货日期就要来临，公司从南方购置的原料由于存储不当，全部变了质。如果重新购置原料不但时间有些紧张，原料成本和交通费用也是一个大问题，他把全车间的人都骂了一顿，怪大家都没意识到那么重要的问题，自己也不断地拍打脑袋。

他没敢告诉协作单位这边出了问题，怕他们嘲笑这边办事不力，总想着自己一定能解决好。眼看时间越来越紧，李班长急得实在不行后，自己拿钱重新购置了原材料，全车间紧急加班后在最后日期勉强交了货。

工作完成后，他才敢和协作方说了工作时的变故，协作方听说他重新购置原料时很是吃惊，说他认识的很多单位都有现货，李班长听到后没有做声。他后悔极了，不但自己吃了这么大亏，全车间紧急加班早就怨声连天。他怪自己没有早点和他们沟通才造成这么大的损失。

5. 建立应急机制

事情总是处在不断变化之中，生产中出现各种变故也是正常，班组要考虑各种突发事件，建立具有弹性的应急措施，及时处理好突发事件。

10.2.4 与客户单位建立良好的关系

客户是企业利润的来源，有了购买产品的客户，产品才能实现其交换价值。在商业活动中，客户就是上帝，企业建立并维持良好的客户关系,是企业经营成功的关键,也是班组长要学会做的工作。

班组想要建立良好的客户关系,可从以下几方面着手。

1. 产品市场定位

在生产之前以及生产后都要有明确的市场定位,比如该卖给哪些客户,然后制订销售计划,等明确后才能更有效地寻找到合适的客户,与其建立良好的关系。

2. 熟悉客户需求

熟悉客户需求,了解客户需要什么,也是有效建立合作关系的方法之一。将客户所需的产品卖给他们,这样才能使客户满意,提升客户对企业产品的信任度。

在了解客户需求的过程中,需要做大量的市场调研,找准需求单位。

3. 主动出击

生意不是等来的,机会都是给有准备的人,在与客户建立联系时,除了完备的计划,更要有切实主动的行动。

4. 信息反馈和总结

一笔生意进行中或者完成了,都要积极收集反馈信息,这样有好的经验继续坚持,出现差错的进行及时修正,只有及时有效的信息反馈,才能更好地满足客户需求,建立良好的客户关系。

5. 客户关系维护

与客户的长期合作关系的建立与维护对企业发展非常重要,企业需要积极推动与客户的再次合作,维护老客户的合作关系,确保企业长远稳定的发展。

不断开发新客户是企业生存的必需,而不断地维护老客户则能节省开发新客户所需的时间和精力,还能节省投资。

下面列举一个未能维持良好客户关系的例子。

第10章 班组长的人际管理

客户流失

刘班长带着助理去远达公司送新一季度的产品样本时，远达公司的行政助理说她们采购主任不在，让他们先回去。刘班长给采购主任打电话也没有人接，只好带着助理先回去。

刘班长等了两天，远达公司的采购主任都没有和他联系，他有些不解。再次来到远达，行政助理还是说了主任不在。他刚气咻咻地回头，听见后面送快递的叫了采购主任的名字，行政助理把快递拿去给了主任签字。

刘班长气呼呼地自己跟进去，远达采购主任见他闯进来，告诉他远达公司已经换了另外一家公司的产品，刘班长很惊愕。

采购主任说："你们的产品已经和我们公司的需求不相符了，售后服务也不行，咱们都是打交道这么久的老客户了，我就实话实说了。"

刘班长垂头丧气地回来，反思自己以为合作这么长时间，不必要花时间费力气维护关系，结果造成今天的不利局面。

10.3 化解人际交往中的冲突

10.3.1 冲突发生的原因

在班组人员管理工作中，班组长会面临不同的冲突，了解冲突发生的原因，是有效解决冲突的办法。一般来说，冲突主要由以下原因引起。

1. 利益冲突

利益冲突是班组长在人际交往中最基本也是最常见的冲突。班组长也是人，人在社会上最基本的需求是生存，为了满足生存需求人们既需合作也要竞争，不可避免地造成各种利益冲突。利益冲突主要表现为直接利益冲突和非直接利益冲突。具体的说明如图 10—7 所示。

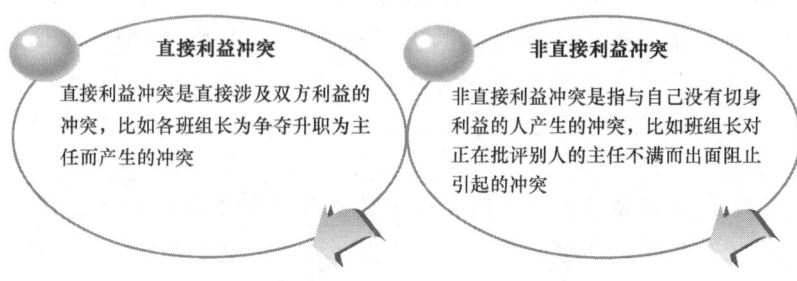

图 10—7　不同利益冲突

2. 价值观冲突

价值观是个人对周围的客观事物的意义及重要性的总评价和总看法,包括对国家、家庭、事业、金钱、幸福、生活方式等的看法,它是对事物好坏和对错等的评价,当价值观不同时容易造成冲突。

在生产中,班组长不但上有领导下有下属,左右有其他班组,每个人都有自己的价值观,班组长要妥善处理好价值观方面产生的冲突,就要认清矛盾症结所在。

下面列举一个因为不同价值观而造成冲突的例子。

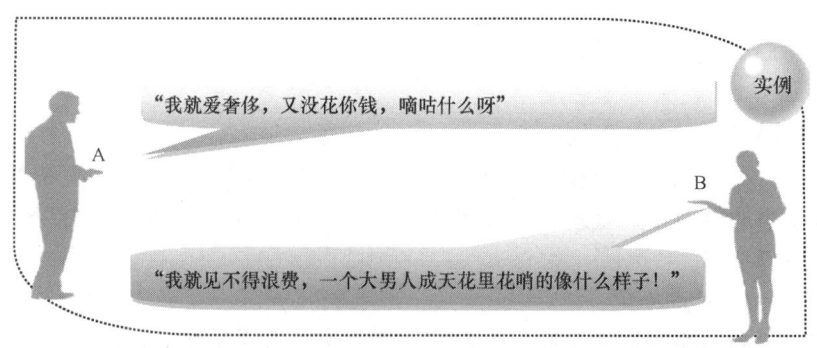

3. 性格冲突

人们为人处世方式除了受思想观念影响,最重要的还是受性格影响，当两个或多个性格不同的班组成员在一块儿工作或学习时，中间不可避免会因为性格不合产生矛盾。下面列举一个因性格不同产生冲突的例子。

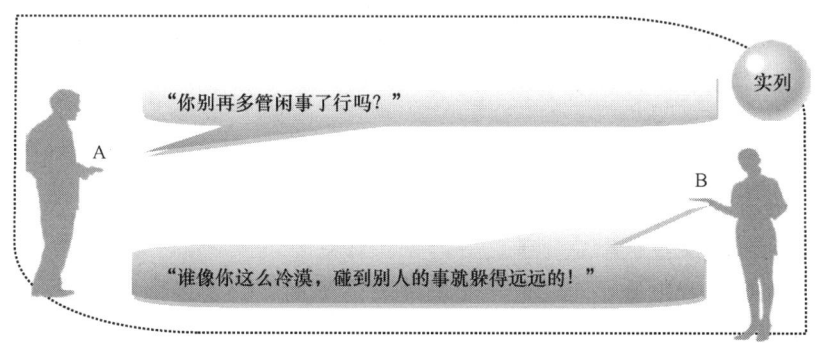

4. 目标冲突

俗话说"道不同不相为谋"，目标不同的人在人际交往中也容易产生矛盾。比如：A班组的目标是各班组成员一起努力加班提前完成任务，B班组的目标就是按时完成，保证休息时间规律，两个班长目标不同，就容易产生冲突。

5. 文化意识形态冲突

各班组成员的文化意识形态不同也是造成矛盾冲突的一个重要原因。比如班组成员宗教信仰不同就容易造成冲突。

6. 情绪冲突

当一个人心情好时，什么都好商量，当他心情不好又遇不顺心事时，就容易和他人发生冲突。比如班组长刚被主任训了一顿，这时如班组成员又犯了低级错误，矛盾就极易产生。

7. 生活习惯冲突

由于班组成员的成长时代、生活环境、地域、年龄、性别、文化层次、思想观念等差异将会形成不同的生活习惯，而不同的生活习惯的人凑一起若处理不当，则不免产生摩擦。

下面列举一个由于生活习惯不同产生冲突的案例。

班组长管理基础知识

大 锅 饭

方班长已经在车间工作了二十多年,他一直把车间当做自己家一样看待,他热爱工作,热爱在这里辛勤劳作的工人,大家都很喜欢他、尊敬他,他也从来没把大家当外人,都当自己人一样看待。

车间最近来了一个小伙子,挺有文艺气息的,爱读书,据说还会写小说。方班长读书不多,特别佩服肚里有墨水的人,所以很看重这个小伙子。

他找他谈了几次话,吃饭时也爱往他那边凑,没几天便发现那小伙子对自己爱理不理的,他百思不得其解。

一次,他在他吃饭时去找他询问一个历史知识,小伙子见他来,立即找个借口端着饭碗到另外一边了,方班长有些生气。

他想了好久也没想出来其中的原因,后来询问了一下和小伙子走得比较近的大江,大江刚开始说可能是小伙子惧怕他的威严,在方班长的"威逼"下大江说了原因,原来这个小伙子有洁癖,方班长每次把自己餐盘里的好菜热心地夹给他,却犯了小伙子的禁忌。

方班长恍然大悟,都怪他没了解年轻人的想法和生活习惯,和他们那个年代不一样了。他们那个年代都爱凑在一起,你尝尝我的,我尝尝他的,像吃大锅饭一样。

10.3.2 解决冲突的模式

班组长在日常生产管理乃至生活中会面临各种各样的矛盾冲突,当人际关系出现冲突时,就要寻求解决之道,以便及时解决,如果不解决任由冲突继续下去,将会酿成很大的损失。下面列举常见的几种解决冲突的模式。

1. 躲退

心理学上有趋利避害原理,此原理是说人们遇到困难或攻击时选择回避或撤退的方法进行处理。一般来说，班组长不应该先采取这种方式解决问题，但是当遇到的冲突暂时无法解决时，选择回避不失为一种好方法，要分情况而定。

2. 强制

有时候为了事情更快地解决，面对冲突，班组长选择强迫他人来解决冲突。这样做虽然能快速解决冲突，但很多时候不能从根本上解决问题，可能还会使矛盾加剧。

3. 圆滑处世

面对冲突，班组长可选择圆滑处事的方法，这样能缓解一下双方矛盾和冲突，也能有效避开矛盾或者解决矛盾。班组长要依据具体的情况而定。

4. 协商退让

"退一步海阔天空"，当双方冲突不可调和时，班组长可通过协商各退一步的方法，来缓冲矛盾冲突。有时这也许是最好的解决方法，彼此相争不下，不如各退一步。

5. 直面冲突

直面冲突也叫解决问题的模式，班组长会选择积极面对冲突，积极寻求各种解决之道，这种正面对待冲突的态度很可取，多数时候能从根本上解决冲突。

6. 寻求仲裁

当面临自己不知所措的矛盾冲突时，班组长可转向外界寻求帮助，这种方式可以避免和冲突对象的直面沟通，因为第三方能发挥不是当事人，没有直接冲突的优势帮助他们解决。

10.3.3 解决冲突的步骤

班组长在解决冲突时，需要因时因地因人因事而定。在不同的时间场合、对待不同的人及不同的矛盾冲突，班组长要采取不同的方式，但解决冲突的步骤也存在一定内在的共性。

解决冲突的一般步骤如图10—8所示。

下面列举一个有效解决冲突的例子，具体案例如下。

班组长管理基础知识

| 分析原因，换位思考 | ◆ 在冲突发生时，班组长都应该深入分析冲突产生的原因，学会换位思考
◆ 班组长只有深入分析，找到症结，才能有的放矢 |

| 态度主动积极 | ◆ 积极主动是一切事情开始的前奏，班组长只有怀有勇敢面对、积极改进的心态，才能使矛盾冲突尽快解决
◆ 班组长在深入分析之后，要勇敢面对自己，面对别人，主动寻求解决之道 |

| 采取有力行动 | ◆ 行动是把愿望化作现实的唯一途径，也是解决冲突的唯一道路
◆ 在了解了产生冲突的原因之后，班组长需积极主动、态度坚决地采取行动有效地解决问题 |

图10—8 解决冲突的步骤

有话好好说

李班长听说车间里两个员工闹别扭了，其中一个非要换宿舍。

李班长找小王和小张谈话，两人闹矛盾的原因极其简单，小王跑到阳台吃饭时，因为接一个电话，把饭菜放在阳台的桌子上，小张晒衣服时没注意，好好的一盒饭就被衣服滴的水弄脏了。

小王回头看见时立即高声骂谁这么不长眼睛，小张本想道歉，听她这么一骂顿时火冒三丈，骂道："你才不长眼睛，把东西放这儿。"两人一来一往骂着骂着就动了手。

"有话就不能好好地说，都不是故意的，怎么就闹成这样？"李班长看两人不说话，"都二十好几了吧？碰到点事就不会冷静一下，非得大动干戈？小王，我记得上次你胃疼，是人家小张把带的药给你吃了吧？还有小张，上次你妈妈来，是人家小王帮你值的班吧？都是这么好说话的姑娘，怎么碰点小事就闹得老死不相往来呢？"

李班长又帮两人分析，最后两人互相道了歉和好了。

第 11 章 班组长的问题解决

11.1 认识班组问题

11.1.1 什么是问题
什么是问题？这个问题似乎很难回答。

1. 问题的释义

在汉语字典中，问题包括 5 方面的意义。

(1) 要求回答或者解释的题目。

(2) 要研究讨论并加以解决的矛盾、疑难。

(3) 关键点、重要点。

(4) 事故或者意外。

美国经济学家、心理学家艾伦·纽厄尔与赫伯特·西蒙认为，当一个人接受一项任务，但不知如何去完成它时，就面临一个问题，因此，问题解决就是使面临的问题得到解决的认知活动。

在管理学层面上，问题就是目标——反应的冲突。简单地讲，问题就是现实与理想的差距。我们用一个图来形象的表示"问题"，如图 11—1 所示。

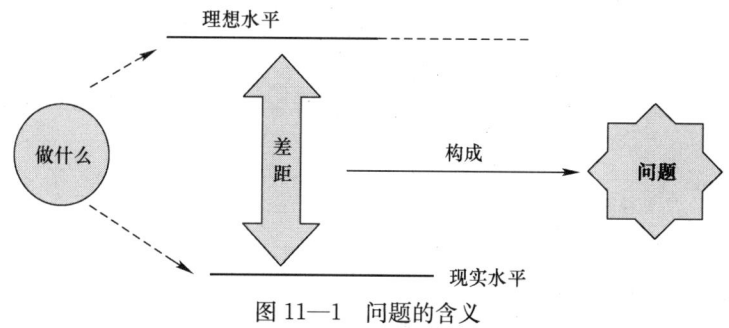

图 11—1 问题的含义

综上所述，我们可以得出一个结论，在班组管理过程中，问题就是指：为了达到管理目标及理想水平，在工作过程中所需要解决的各类矛盾、疑难，以及班组管理过程中的各类关键点、重要点，这些都可以称之为问题。

2. 问题的分类

在企业管理过程中，根据现状与目标、标准的关系，可以将问题划分为异常问题和改善问题两大类，如图11—2所示。

异常问题
◎ 应该达到而尚未达到，或者不该发生而发生的事件或行为，表示现状低于标准和规范，不属于正常的问题范围

改善问题
◎ 希望达到某项目标而目前尚未达到的情况，表示现状和目标之间存在差距，希望能够提升实力的情况

图11—2　企业中常见问题的分类

根据问题是否表现出来，问题又可以划分为表象问题和潜在问题，这两类问题及问题周期的关系如图11—3所示。

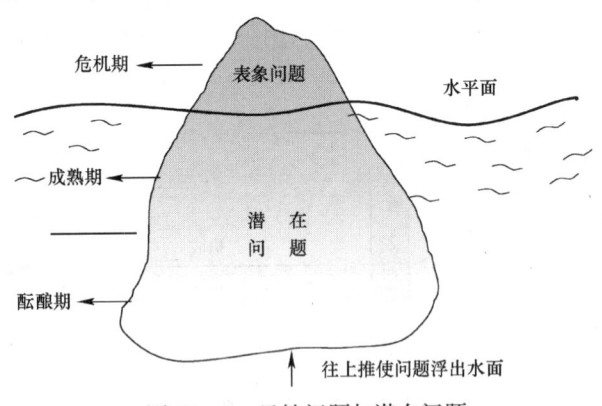

图11—3　显性问题与潜在问题

从上图可以看出，表象的问题一般是问题显现出来后，这种问题已经到了危机期，需要立刻解决，而潜在问题一般处于问题的酝酿期和成熟期。

11.1.2 班组存在的问题

在班组管理过程中，问题可以表现在生产过程、安全、质量、设备及人员管理等多个方面，也可以是一些突发情形，按照问题的性质，可以将其分为业务管理问题和人员管理问题两类。

1. 班组业务管理问题

班组的业务问题一般情况下包括但不限于以下 8 项，具体如图 11—4 所示。

图 11—4　班组管理过程中的各类问题

2. 班组人员管理问题

班组长的工作过程中，除了业务方面的问题外，还会遇到各类人员管理方面的问题，常见的人员管理类问题具体见表 11—1。

表 11—1　　　　　　班组人员管理类问题的表现

序号	问题类型	问题表现
1	员工工作管理	员工不服从安排，经常请假，不能按时完成作业计划
2	问题员工难管理	部门员工经常出问题、胡搅蛮缠、容易情绪化，员工抱怨较多，员工之间存在矛盾，部分员工爱打小报告等
3	员工调动管理	员工要求或者工作需要，对员工调换工种、调换设备、调换班次等
4	员工需求的照顾	对家庭存在问题的员工进行特殊照顾，由于安全问题对员工做好防护
5	员工奖励管理	如何对表现良好的员工进行各类奖励
6	处罚运用的问题	对工作中存在问题的员工进行如何处罚的决策

11.1.3　分析问题的思维

1. 了解问题发展的趋势

随着企业关系的越来越复杂，信息来源的不断增多，各类要素交织在一起，导致企业中的问题也会变得越来越复杂化、系统化，具体如图 11—5 所示。

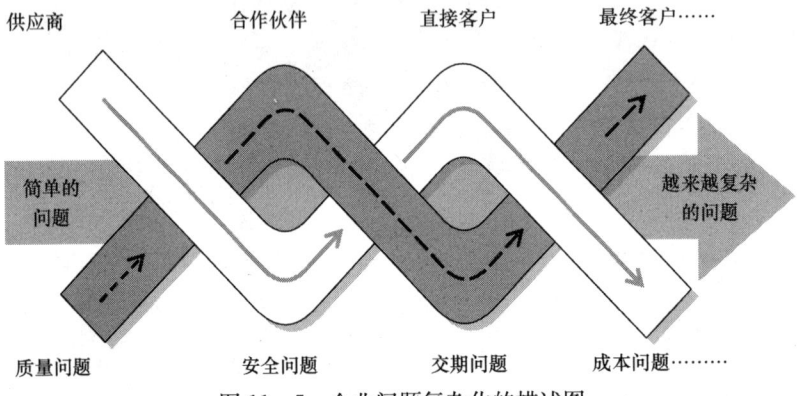

图 11—5　企业问题复杂化的描述图

企业中的沟通正在变得更加困难，有效信息越来越分散，迫切需要系统、有效的方法来解决企业中存在的各类问题。

2. 建立系统的问题解决思路

传统的发生问题后，一般都急于针对问题的表象作出解决问题的方法,事实上这种急于求成的方法并不能更好地解决问题,反而往往会由于解决一项问题而发生新的问题,导致管理人员不断地处于发现问题——解决问题——再发现——再解决等循环中。

系统的解决问题思路是:在发现问题后,不应当立即着手解决问题,首先应当对问题发生的根源进行分析,了解问题发生的温床,找出应对问题的长期策略,进而才能更好地解决各类问题。

以上两种方法的区别可以利用图11—6形象地表现出来。

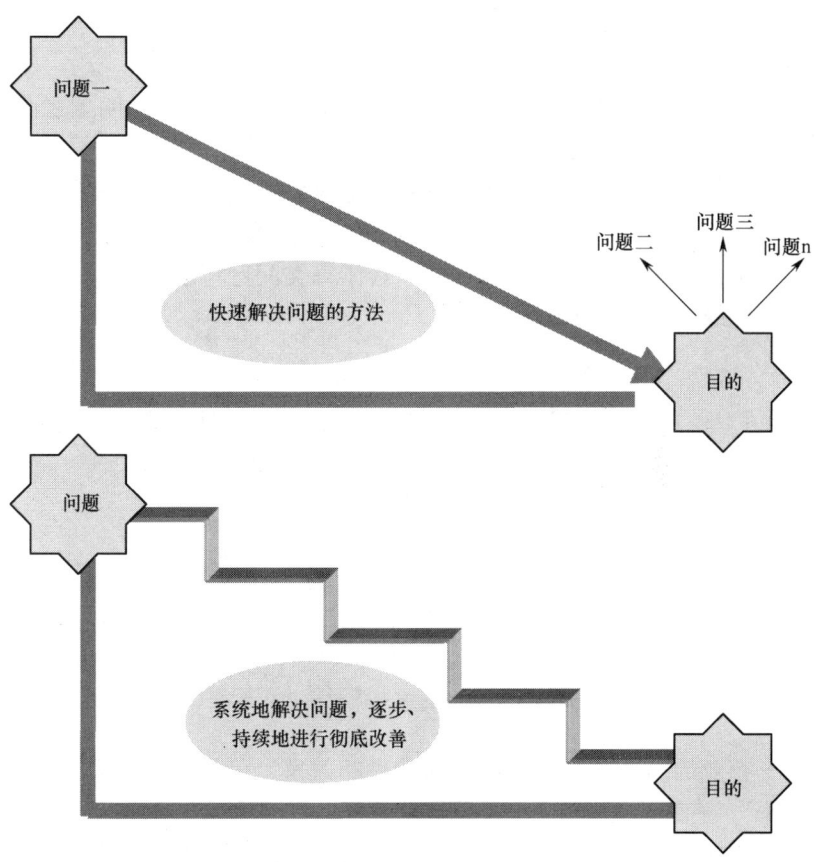

图11—6 传统解决问题方法与系统解决问题方法的比较

通过上图可以看出，系统地解决问题的理念，并非速效药，而类似于见效较慢的中药，解决问题缓慢，但是能够逐渐地改善企业各项运作。

系统地解决问题的方法，就是一个持续改进的过程，他要求企业各部门合力配合，使用科学的改善工具和方法，改善企业遇到的各类问题。

持续改进、系统解决问题的方法应用十分广泛，可以用在质量改进、成本改进、服务改进、交货期改进等方面。

3. 分析存在的主要问题

企业和人一样，精力和能力都是有限的，所以在解决问题之前，应当首先开展问题分析，抓住主要问题。

一般情况下，企业的问题按照紧急重要程度，可分为"很重要很紧急""不重要不紧急""很紧急不重要"和"不紧急很重要"4类，按照问题的重要和紧急程度，具体每类问题应投入的精力及解决优先级如图11—7所示。

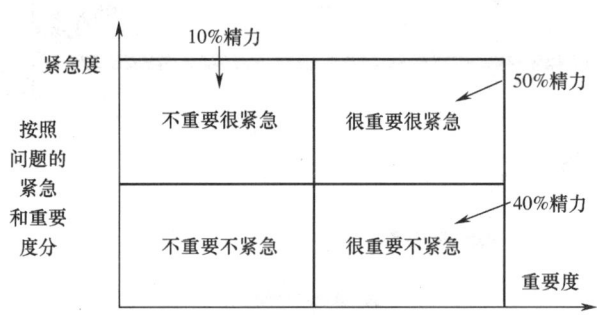

图11—7　问题解决的优先级及精力分配建议图

企业的问题按照解决过程的效果和效率，可以分为"有效果有效率""有效果无效率""无效果有效率"和"无效果无效率"4类，按照问题解决的效率及效果，应调整投入的资源和精力，具体每类问题应投入的精力及解决优先级如图11—8所示。

第11章 班组长的问题解决

图11—8 问题解决的优先级及精力分配建议图

11.1.4 问题解决的步骤

企业在解决班组问题时,应首先进行现场检查,确定问题,确定之后再对问题进行分析和排查,找出主要原因后制定解决方案并实施。

具体可以将问题解决的步骤分为8项,具体如图11—9所示。

1. 问题定义与描述

在确定问题后,应首先对问题进行定义和描述,汇报问题的情形,说明问题的类型。例如下列问题的描述。

(1) 由于竞争品的广告和近期产品问题,客户满意度有所降低。

(2) 班组最近不良品率有显著提升。

(3) 应当加强产品质量改进,使得多数客户都达到满意。

(4) 客户满意度指标在过去的半年内下降了。

2. 问题分析

对问题进行简单描述后,就需要进一步地分析问题了。问题处理人员应当观察问题现象,访谈收集来自各方的信息,调查使用书面访谈形式,搞清楚问题的重点,并列出进一步的处理措施,确定改善目标,将分析结果填入表11—2中。

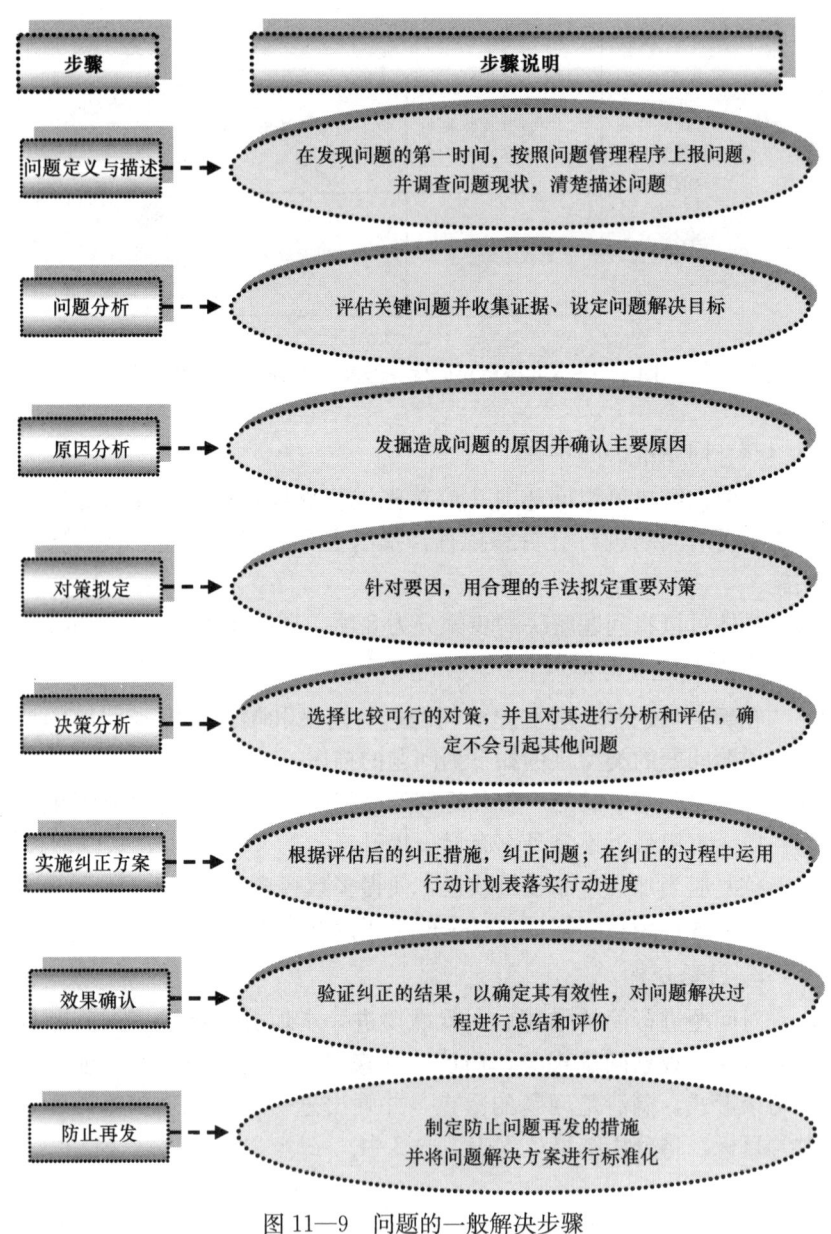

图 11—9　问题的一般解决步骤

第11章 班组长的问题解决

表 11—2　　　　　　　　　问题分析表

项目	内容
对问题的进一步定义	(WHAT、WHO、WHEN、WHERE、HOW MUCH)
问题分类	
问题再描述	
问题后果及影响	
紧急处理措施	
问题改善措施	
问题改善目标	
是否值得解决	

3. 原因分析

对问题进行准确分析描述后,应根据问题的表现及各个因素,对问题的原因进行分析。下面,以一个例子来说明,如图11—10所示。

某班组出现的神秘问题描述

某班组的夜班铸造班组长凌晨3点得到报告,本班组陆续有4名员工感到恶心、腹痛并已经住院,需要班组长立即查明原因并采取措施,安抚其他员工的情绪。

经调查,发现以下现象:

1. 最近夜班食堂饭餐偏冷。
2. 食堂打饭的人没戴手套,清洁不干净。
3. 班组内饮水机设施坏了,都将自来水烧开饮用。
4. 车间空气有异味,较为刺鼻。
5. 室内外温差过大,容易感冒。
6. 班车空调坏了。

图 11—10　某班组出现的神秘问题

在对其进行分析时,应将所有的可能性都列举出来分析,然后将分析结果用符号填入表11—3中。

表 11—3　　　　　　　班组问题分析示例表

可能原因 分析对比	最近夜班 食堂饭餐 偏冷	食堂打饭的 人没戴手套， 清洁不干净	班组内饮 水机设施 坏了	车间空气 有异味， 较为刺鼻	室内外温 差过大， 容易感冒	班车 空调 坏了
为什么发 生在铸造 班组						
为什么是 这种现象						
为什么是这 4名员工						
为什么发 生在凌晨 3点左右						
备注	在完全解释得通的原因处画"○"，在需要假设才能解释得通的原因下面画"*"，在完全解释不通的原因处画"×"					

在分析问题时，对于数据性问题，可采用鱼骨图→查检表→柏拉图等问题分析的程序或方法找出原因。

对于非数据性问题，可采用鱼骨图→系统图，以询问 5W2H 的方式找出原因。问题原因分析时常用到的手法有层别法、特性要因图、柏拉图、系统图等。

4. 对策拟定

在对策拟定过程中，主要通过利用头脑风暴法等方法来分析可能的解决方案，这一阶段应尽可能多地思考解决方案的数量，不必对其进行评价和筛选。

5. 决策分析

决策分析是要从目标点出发，找出最能完成此一事项的选择方案。

在这个过程中主要利用决策矩阵法，运用衡量标准对各种可行方案做比较，并对最可能衡量标准加上权重以利加速建立理性的选择。

最后针对选定的决策，评估是否有负面影响做成风险评估。宁可选择不十分理想，但风险小的方案，避免去选择接近理想，却具有危机的方案。

6. 实施追踪

在方案实施过程中,应当对实施过程进行追踪,用甘特图等方法控制实施的进度,用控制图等方法记录实施过程数据,确定实施过程在可控范围内。

7. 效果确认

实施完成后,应当对实施效果进行确认,评价对策的有效性。

8. 将问题处理结果标准化,防止再发

标准化,是指以科学的方法,系统地制定原材料、质量管理、设备管理、产品管理的作业指导书、作业方法、作业守则等标准和规范,并且有组织地、灵活地运用这些标准和规范,以达到经营管理目的的过程。

在问题处理完成后,企业应当将问题处理过程标准化,确定作业的准则,以及衡量效果的准绳,防止出现问题再发。

11.1.5 问题解决的注意事项

1. 问题解决的误区

企业在解决问题时,容易进入以下的误区,具体如图11—11所示。

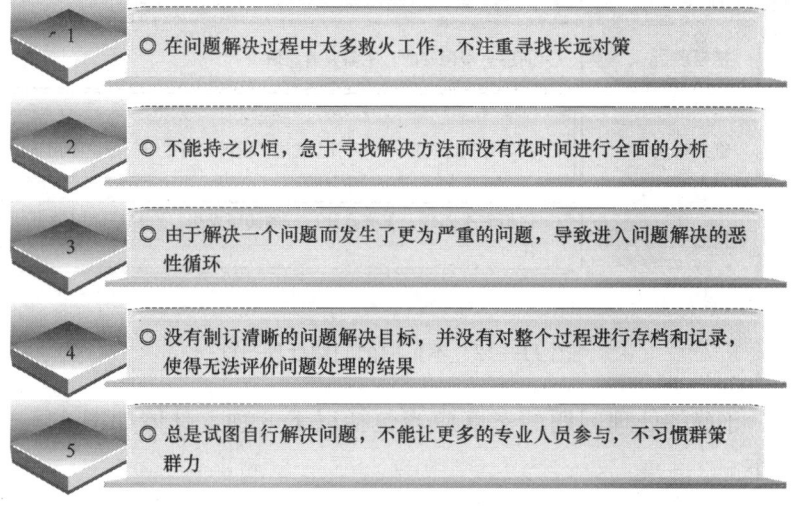

图11—11 问题解决的误区

2. 解决问题时的态度

无论是班组长，还是企业其他人员，在解决问题的过程中，必须有正确的态度，否则会对问题解决起到反向的作用，如图11—12所示。

图11—12　不可取的问题处理态度

正确的处理问题的态度应当包括以下8项，具体如图11—13所示。

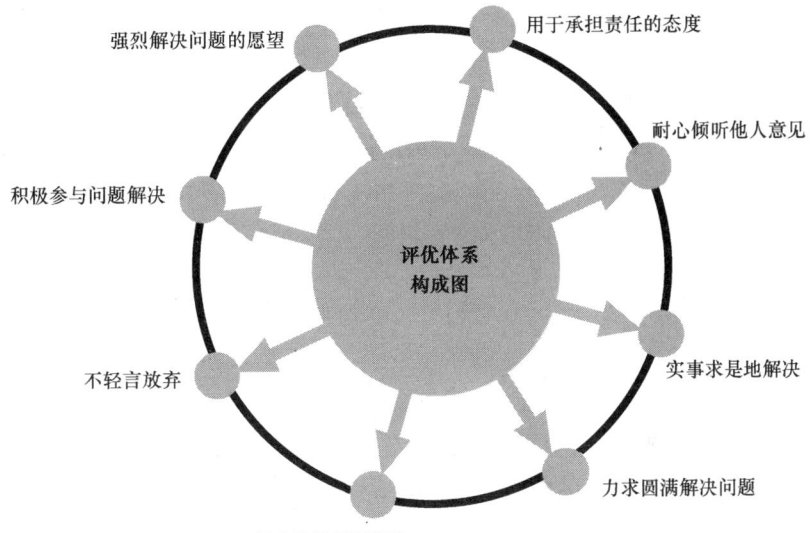

图 11—13　正确处理问题的态度

3. 问题处理原则

在处理问题的过程中，应当注意遵循以下原则。

(1) 注重团队合作，群策群力解决问题。

(2) 必须以事实为依据，用数据说话。

(3) 必须分清问题的重要性，用 80% 的精力和资源投入解决 20% 的重要问题。

(4) 在问题处理过程中，应注意沟通和细节处理，细心认真。

(5) 在问题处理过程中，应注重效率，并以结果为导向。

11.2　问题分析与解决工具

11.2.1　问题分析的工具

问题分析过程，就是将问题进行描述和剖析的过程，这一过程中会用到很多管理工具。例如在问题描述阶段，通常采用 5W2H 管理方法、检查表法，在问题原因分析时，常用鱼骨图法、推移图法、柏拉图法等，下面对这些工具方法进行简单的说明和介绍。

1. 5W2H 法

（1）方法简介。5W2H 分析法，又称七何分析法，它是用五个以 W 开头的英语单词（Why、What、Where、When、Who）和两个以 H 开头的英语单词（How、How much）进行提问，以发现解决问题的线索、寻找创新思路、进行构思设计、从而达到解决问题和管理创新的目的。

5W2H 法的核心即"5W2H"，分别是指 Why（为什么）、What（什么）、Where（哪里）、When（何时）、Who（谁）、How（如何）、How much（多少）。

5W2H 法在问题分析过程中，主要用于以下两类情况。

◇ 对经营过程进行分析，以发现其中的问题时。

◇ 需要解决问题并进行系统性思考时。

（2）方法应用的要点。在使用 5W2H 分析法时，应当注意三点事项，具体如图 11—14 所示。

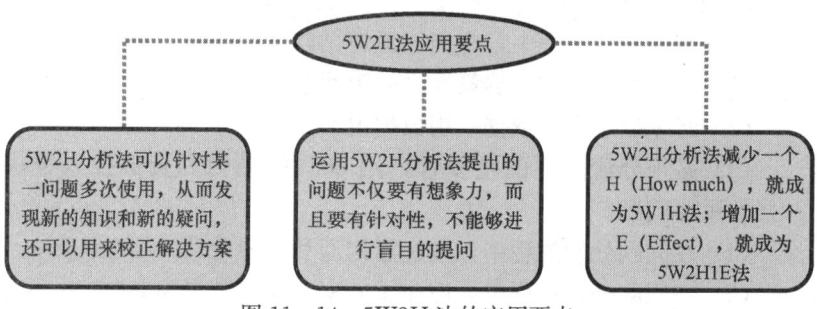

图 11—14　5W2H 法的应用要点

（3）方法应用的举例（见图 11—15）。

2. 鱼骨图法

（1）方法简介。鱼骨图又名因果图、石川图或特性要因图，是用于描述、整理和分析问题（特性）与影响问题的可能原因（要因）之间因果关系的一种图形，其通过全面系统地分析原因、寻找对策，最终促进问题的解决。

第11章 班组长的问题解决

5W2H方法描述问题的应用举例

某企业用5W2H方法对问题进行描述和分析。

1. What：什么产品、服务、事情出现了问题？……
2. Where：发生在哪里，问题在哪里？……
3. When：什么时间发生的或者发现的？……
4. Why：为什么现在解决，为什么解决它？……
5. Who：这项工作由谁来负责？涉及事件的关键人员？……
6. How：问题处于什么状态？怎样进行问题改进？……
7. How much：有多少数量或者多少比例，损失了多少？……

图 11—15　5W2H 法在描述问题中的应用

鱼骨图的基本结构及各部分名称如图 11—16 所示。

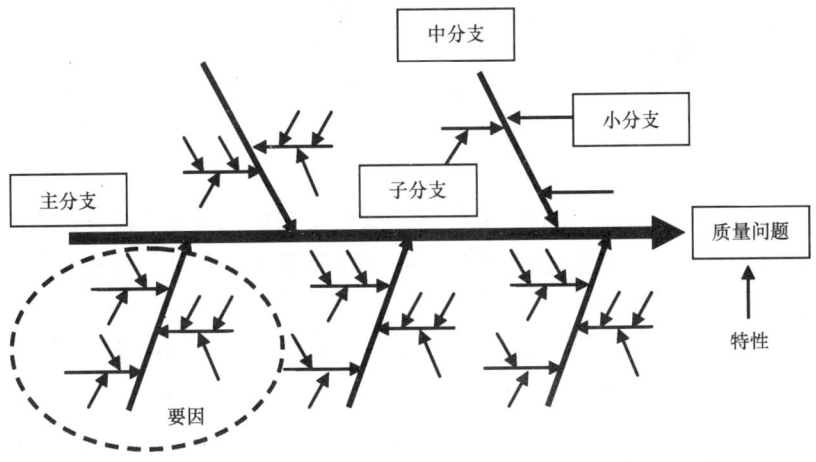

图 11—16　鱼骨图的组成部分示意图

(2)方法的应用。在问题分析工作中,鱼骨图适用于以下5种事项。

1)寻找关键问题。

2)寻找关键问题的关键原因。

3)根据找出的因果关系,制定改善的对策,以消除产生问题的原因。

4)表示改善期望结果与对策间的关系,以确定改善目标是否达成。

5)理顺混乱的因果关系,分析日常管理工作中的问题,帮助进行决策,明晰企业战略目标的重点等。

(3)方法应用的步骤

1)绘制鱼骨图前,首先需要分析现场或管理存在的问题,并将此问题作为所要分析的特性。

2)分析人员应当准备一张白纸,将特性记在白纸的右侧,然后从左至右画一粗箭头,作为主分支。

3)分析人员应分析造成问题要因的主要方面,并将这些要因记入鱼骨图中,形成中分支。一般情况下,现场问题可从人、机、料、法、环、测6个方面分析要因;管理问题从人、事、地、时、物5个方面进行分析。

然后对鱼骨图中每个中分支的要因进行分析,追究其存在的主要问题和产生的原因,并记入鱼骨图中,形成小分支,具体如图11—17所示。

4)所有的要因都记录完毕后,对鱼骨图进行检查,检查是否有遗漏的要因,分支的记述逻辑关系是否合理,中分支、小分支和子分支是否有重叠。

5)分析完成后,应寻找对问题有重大影响的要因,并对其进行标记。

6)将鱼骨图名称、绘制人员、绘制日期、主要问题等记入图中,完成鱼骨图的制作。

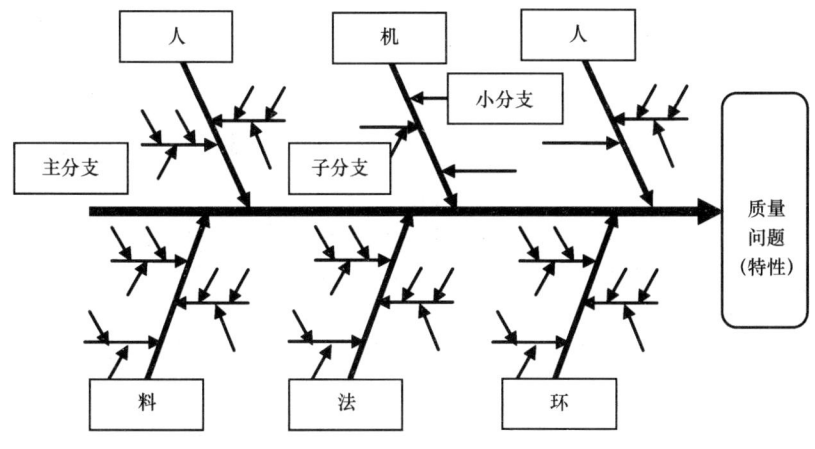

图 11—17　鱼骨图子分支示意图

（4）方法应用的举例。某汽车配件厂最近生产的轴承总是出现刀痕，针对这一现象，该厂从生产轴承设备的人、机、料、法、环5个方面入手，利用鱼骨图进行了分析。轴承出现刀痕的鱼骨图如图11—18所示。

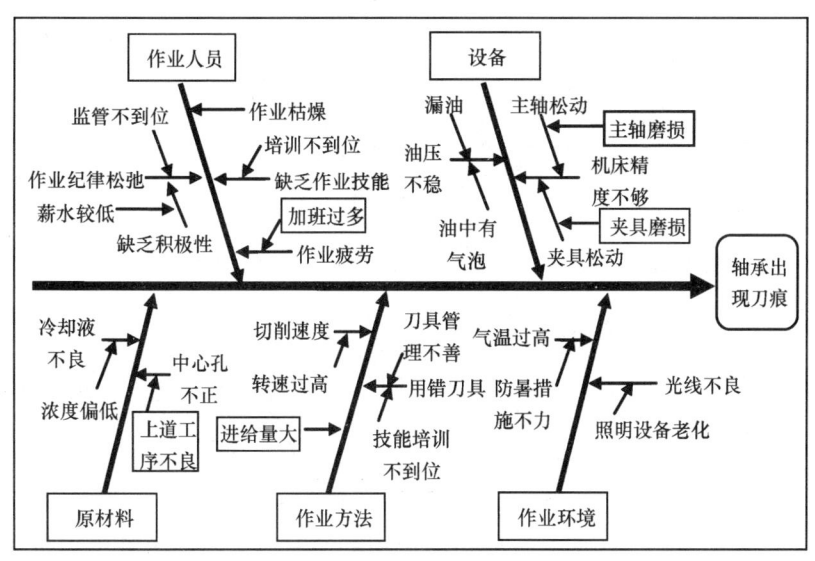

图 11—18　轴承刀痕问题的鱼骨图分析

3. 柏拉图法

(1) 方法简介。柏拉图（又称排列图、主次因素分析图）是将某一期间所收集的数据按照影响质量的各种原因进行分类，并按其对问题的影响程度从最高到最低进行排列，从而找到问题改进方向的一种简单图示方法。

柏拉图用双直角坐标系表示，左边纵坐标表示质量问题的频数，对应图中的柱状图；右边纵坐标表示问题的累积百分比，对应图中的累积曲线；横坐标表示影响质量的各类因素，按照它们对问题的影响程度大小（即出现频数多少）从左到右排列，具体如图 11—19 所示。

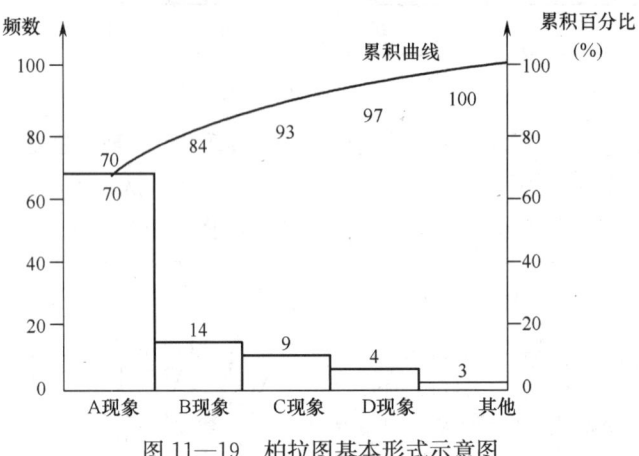

图 11—19　柏拉图基本形式示意图

(2) 方法应用。在问题分析工作中，柏拉图法主要适用于以下 4 种情况。

1) 分析出现问题的数量，掌握最关键的问题。
2) 该方法只适用于计数值统计条件下，分析关键少数及有用的多数。
3) 发生问题后，用柏拉图进行分析，以确定改善的目标。
4) 将改良前后的柏拉图进行对比，用以确认问题改善的效果。

(3) 方法应用的举例

下面应用一实例进行柏拉图应用的说明，该实例为利用柏拉图分析焊接缺陷问题的过程，具体如图 11—20 所示。

第11章 班组长的问题解决

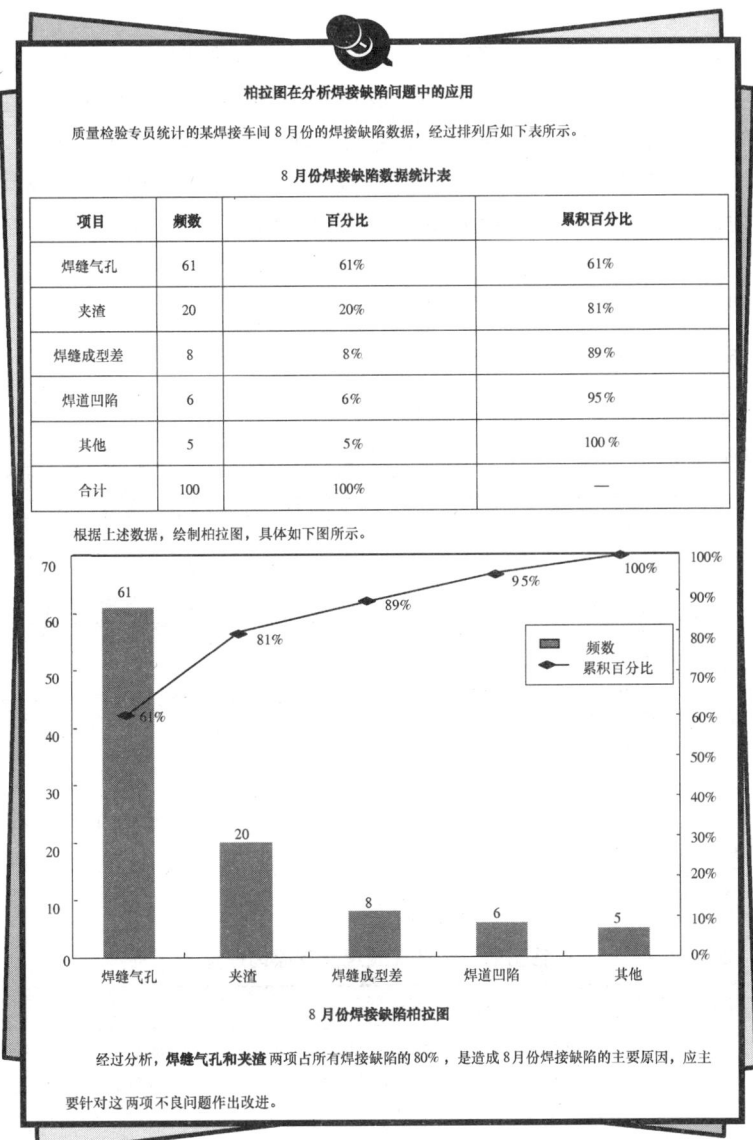

图 11—20 用柏拉图法分析焊缝缺陷问题的举例

4. 推移图法

(1) 方法简介。推移图（Run chart），又称时间序列图、趋势图、链图，是以时间轴为横轴，变量为纵轴，用折线将数据点连接起来，以观察变量是否随时间变化而呈现某种趋势的图形工具。

推移图可以对故障问题的历史数据及趋势进行分析，掌握问题的发展形势。推移图的示例如图11—21所示。

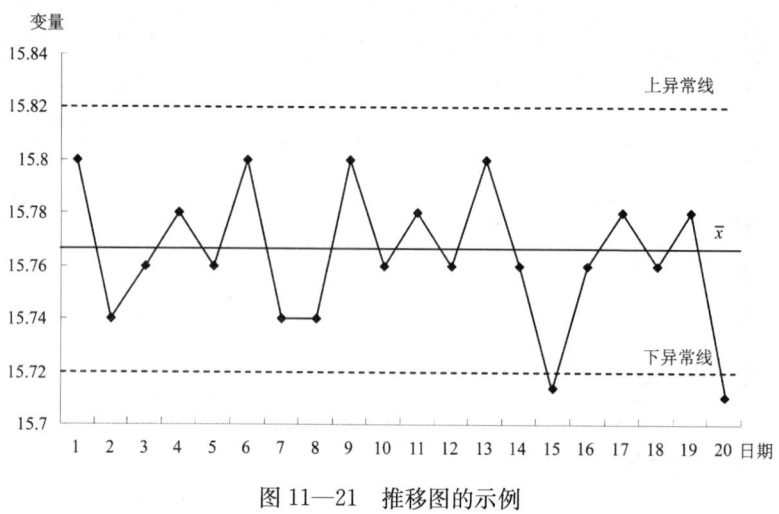

图11—21 推移图的示例

(2) 方法分析。在分析推移图时，应注意重点分析推移图中的异常情况。推移图主要具有5大异常情况，其表现及原因见表11—4。

表11—4　　推移图的异常情况表现及其原因一览表

重点情况	表现	原因
趋势 (Trend)	过程数据呈现连续递增或者递减的变化趋势，表现有二：当图中点数大于20时，出现6个及以上的连续递增或者递减的点；当图中点数小于20时，出现5个及以上连续递增或递减的点	造成这类现象的特殊因素包括温度或湿度的逐渐改变、原材料逐渐失效、工具的逐渐磨损等

续表

重点情况	表现	原因
震荡 (Oscillation)	过程突然的改变与跳动	由于新的操作人员、测量方法的改变、机器故障等
混合 (Mixture)	出现过多靠近中心线的点,或者出现周期等情况	样本数据来源于不同总体,例如用不同的测量方法取得样本、收集样本的产品采用了不同的原材料等
群集 (Cluster)	数据点聚集在图中的一个区域,表现为过多的点连续落在平均线的同一侧,如12个点中有11个在同一侧,14个点中有12个在同一侧,或者连续8个点分布在平均线的同一侧	由于抽样不随机、抽到不良样本、存在测量误差等情况造成
循环型周期 (Cyclic Patterns)	数据点显示出一个波状或周期性的高低点	由于原材料的季节性变化、周期性轮换操作等情况造成

(3) 方法应用。推移图主要适用于分析事物随时间发展的变化趋势,具体来说,推移图在问题分析管理过程中适用于下列5种情况。

1) 监测各项作业数据随时间的变化情况。

2) 通过均值线寻求过程变量的趋势、震荡、周期、混合和群集等特征。

3) 在作业过程数据收集过程中,没有足够样本点绘制控制图时,可使用推移图。

4) 记录有用的过程数据信息,以初步判断或预测过程质量随时间的发展趋势。

5) 比较推行某项问题改善活动的前后绩效,以确认问题改善的效果。

11.2.2 问题解决的方法

在进行问题解决时,可以通过头脑风暴法确定解决问题的各类方案,在处理过程中,可以使用甘特图制订处理计划,在进行效果确认时,可以使用雷达图等,下面我们对常用的问题解决方法进行介绍。

1. 头脑风暴法

(1) 方法简介。头脑风暴法(Brain Storming),又称智力激励法、BS法、自由思考法。它是一种通过小型会议的组织形式,让所有与会人员在自由愉快、畅所欲言的气氛中,自由交换想法或点子,并以此激发与会者的创意及灵感,使各种设想在相互碰撞中激起脑海的创造性"风暴",创造性地解决问题的激发性思维方法。

在问题解决过程中一般来说,头脑风暴法主要用来集思广益,确定各类解决问题的方案,并且可以用于发现问题,列举情况时。

(2) 方法使用注意事项。在应用头脑风暴法时,应用人员与所有成员应遵循5项原则,具体如图11—22所示。

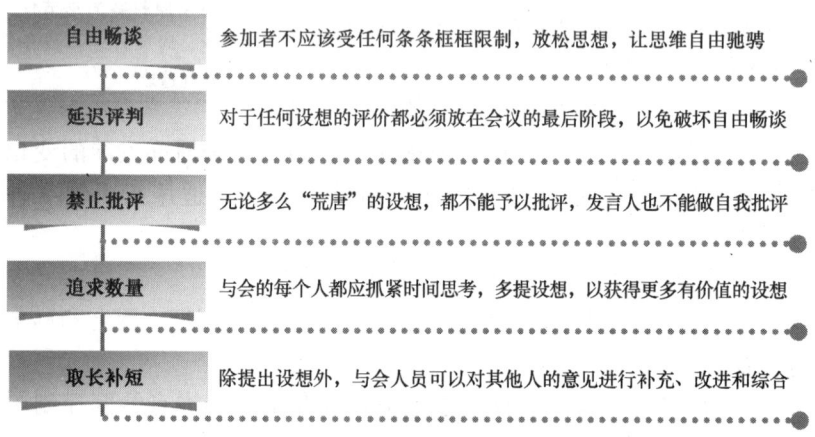

图11—22 头脑风暴法会议原则示意图

头脑风暴法力图通过一定的讨论程序与规则来保证创造性讨论的有效性,因此,讨论过程成为决定头脑风暴法能否有效实施的关

第11章 班组长的问题解决

键因素。一般来说,组织头脑风暴法的关键环节包括图 11—23 所示的 6 个方面。

环节	内容
确定议题	必须在会前确定一个目标,使与会者明确通过这次会议需要解决什么问题,同时不要限制可能的解决方案的范围
会前准备	会前收集一些资料预先给与会者参考,以便与会者了解与议题有关的背景材料和外界动态,还可以出一些创造力测验题供大家思考
确定人数	需根据不同的头脑风暴方法科学确定与会人数。人数太少不利于交流信息,激发思维;人数太多则不容易掌握会议,且每个人发言的机会相对减少,影响会场气氛
会议分工	会议要推定一名主持人,在会议中启发引导、掌握进程、归纳发言内容等。并设置1~2名记录员,将与会者所有设想及时编号、简要记录,并写在醒目的地方
会议纪律	与会者应积极投入、不消极旁观、不私下议论、相互尊重、平等相待,切忌相互褒贬,发言要针对目标、开门见山、不许客套,也不必过多解释
会议时间	会议时间以几十分钟为宜:时间太短与会者难以畅所欲言,时间太长则容易产生疲劳感,影响会议效果;创造性较强的设想一般要在会议开始10~15分钟后逐渐产生

图 11—23 头脑风暴法的关键环节

(3)头脑风暴法的应用举例。

案例名称	头脑风暴法在解决问题中的应用举例	编 号	

一、案例背景

有一年,美国北方格外严寒。大雪纷飞,电线上积满冰雪,大跨度的电线常被积雪压断,严重影响通信和电力供应。许多人试图解决这一问题,但都未能如愿以偿。××电信公司经理应用奥斯本发明的头脑风暴法,尝试解决这一难题。

二、会议原则

电信公司经理组织召开了一场座谈会,被邀请参加会议的是不同专业的技术人员,经理要求他们在会议中必须遵守"自由思考、延迟评判、以量求质、结合改善"四条原则。

三、畅谈问题

按照这种会议规则,与会人员七嘴八舌地议论开来。有人提出设计一种专用的电线清雪机,有人想到用电热来化解冰雪,也有人建议用振荡技术来清除积雪,还有人提出能否带上几把大扫帚乘坐直升机去扫电线上的积雪……

续表

案例名称	头脑风暴法在解决问题中的应用举例	编 号	
对于这种"坐飞机扫雪"的设想，大家心里尽管觉得滑稽可笑，但在会上也无人提出批评。相反，有一工程师在百思不得其解时，听到用飞机扫雪的想法后，思维突然受到冲击，一种简单可行且高效率的清雪方法冒了出来。 　　他想：大雪过后，出动直升机沿积雪严重的电线飞行，依靠高速旋转的螺旋桨即可将电线上的积雪迅速扇落。他马上提出"用直升机扇雪"的新设想，顿时又引起其他与会者的联想，有关用飞机除雪的主意一下子又多了七八条。不到1小时，与会的10名技术人员共提出90多条新设想。 　　**四、筛选总结** 　　会后，公司组织专家对设想进行分类论证。专家们认为设计专用清雪机、采用电热或电磁振荡等方法清除电线上的积雪，在技术上虽然可行，但研制费用大、周期长、一时难以见效。那种因"坐飞机扫雪"激发出来的几种设想，倒是一种大胆的新方案，如果可行，将是一种既简单又高效的好办法。经过试验，发现用直升机扇雪真能奏效。一个久悬未决的难题，终于在头脑风暴会中得到了巧妙的解决。			

2. 甘特图法

（1）方法说明。在问题解决的过程中，可以通过甘特图跟踪问题解决过程的进度，列出行动计划表，监控问题解决的完成情况。

甘特图，又称横道图、里程碑图或活动图，是通过任务列表和时间可以形象表示出项目活动顺序与持续时间的图表分析工具。

在甘特图中，以横轴表示时间，纵轴表示任务，线条表示任务持续的时间，能够直观地表明任务进度计划，以及实际进度与计划要求的对比。

（2）方法应用举例。我们以某企业在产品设计创新问题解决中使用甘特图的实例，对其进行简单的说明。

某企业产品设计落后，成本较高，为了解决这一问题，满足提升产品质量与降低成本的双重要求，需重新设计××产品，要求从2012年3月1日开始，用3个月的时间完成设计工作。产品设计开发部门使用甘特图制订产品设计更新项目的进度计划。

根据企业要求和目前产品生产情况，产品设计更新项目包含的具体工作任务内容见表11—5。

表11—5　　　　××产品设计更新工作任务表

任务名称 \ 进度安排 \ 任务说明	开始时间	结束时间	任务连接
总体规划	3月第一周周一	3月第一周周五	
设计策划	3月第一周周三	3月第二周周五	
质量设计输入	3月第二周周二	3月第三周周五	
质量设计输出	3月第四周周一	3月第四周周五	设计输入完成后开始
设计优化	3月第四周周四	4月第一周周五	
设计验证	4月第一周周五	4月第二周周三	
制作设计图	4月第二周周一	4月第二周周五	
设计图审批	4月第三周周一	4月第三周周五	设计图制作完毕后开始
审批通过		4月第三周周五	
新产品样品制作	4月第四周周一	5月第一周周五	审批通过后开始
样品试用	5月第二周周一	5月第二周周五	
设计调整	5月第三周周一	5月第四周周五	
批量生产开始		5月第四周周五	

根据已确定的工作任务、进度，绘制甘特图，并用箭头将任务之间的依赖关系表示出来，如图11—24中的箭头所示。

绘制完成后，应从工作内容的完整性、任务之间的依赖性、时间标注等方面检查图形，以免出现遗漏现象，发生误解，影响计划编制的正确性。

3．雷达图法

（1）方法简介。将企业各项指标的数字或比率，就其比较重要的项目集中画在一个正多边形或圆形的图表上，以形象地反映企业各项财务指标的情况，从而让人能一目了然地了解企业各项指标的变动情形及其变动趋势，如图11—25所示。

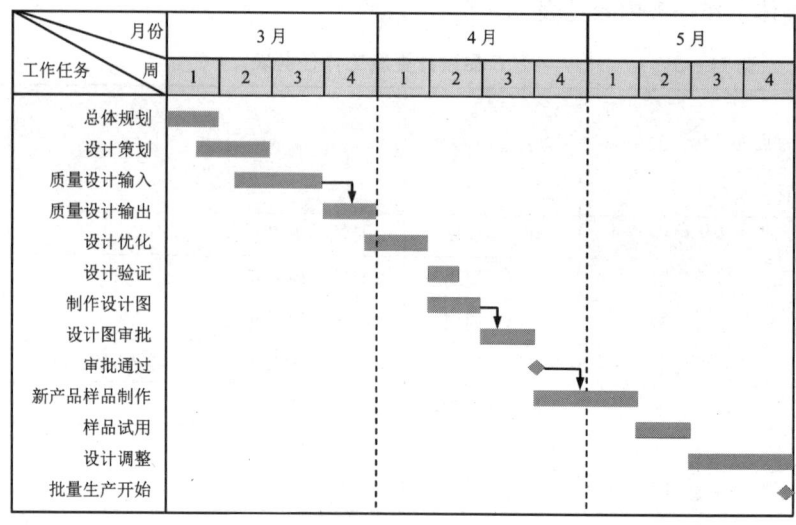

图11—24 ××产品设计更新进度计划

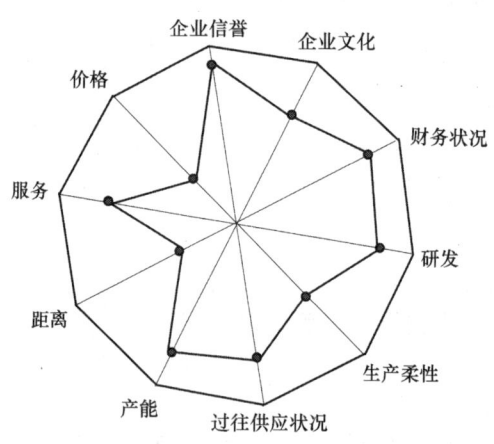

图11—25 雷达图示例

雷达图通常由中心点引出的若干等距离放射线及其之间的联系

组成,其中每条放射线代表一个指标,线上的点代表该项指标的得分。

(2) 雷达图的适用条件

1) 在问题解决过程中,雷达图主要用于改进前后效果的对比。

2) 用于检查需要改进的项目:在离中心点较近表示较差、离中心点较远表示较好的情况下,如果雷达图上某部分最靠近中心点,那么该项就是需要改进的因素;如果某指标的值最接近外端,说明该项为优势,应予以巩固和发扬。

(3) 雷达图应用举例。我们使用一个例子来说明雷达图的应用。

某班组为了改进产品质量,降低消耗,提高全员质量管理水平,计划用 QC 小组活动的方式开展本公司群众性质量管理活动,并计划用雷达图的方法对 QC 小组活动进行评价。

活动前,经外部专家测试,对 QC 小组综合素质进行了评价,具体得分见表 11—6。

表 11—6　　　活动前 QC 小组综合素质评价表

项目	团队精神	质量意识	提案能力	QC 工具运用能力	工作热情	改进意识
得分	75	75	70	65	80	60

活动后,经同一批外部专家评审,对 QC 小组的综合素质进行了评价,具体得分见表 11—7。

表 11—7　　　活动后 QC 小组综合素质评价表

项目	团队精神	质量意识	提案能力	QC 工具运用能力	工作热情	改进意识
得分	85	90	90	95	85	80

根据活动前后专家对 QC 小组的打分,通过雷达图,能够看出 QC 小组成员的能力在各个方面都得到了很大提升,具体如图11—26所示。

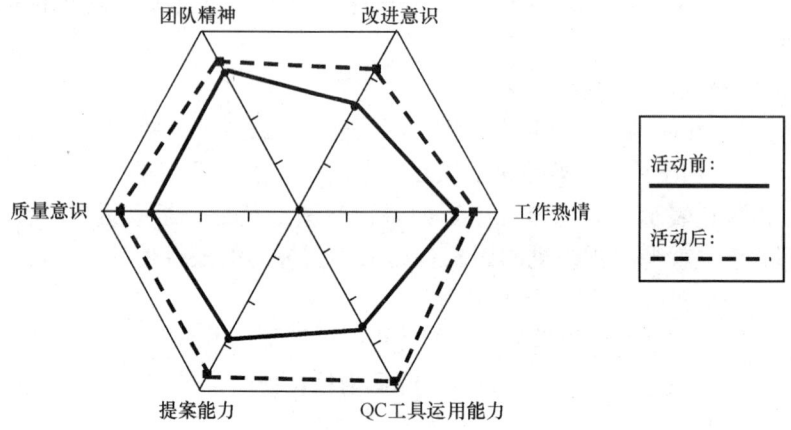

图 11—26　QC 小组活动前后状况对比雷达图